Der Taifun

Erinnerungen eines Rebellen

Andreas Krebs Salih

Der Taifun

Erinnerungen eines Rebellen

IMMERGRÜN

Impressum

creative commons
Verlag immergrün
www-verlag-immergruen.de

Cover und Satz: elemer
Druck: mcp

ISBN: 978-3-910281-13-4

»Man kennt mich genauso unter diesem Spitznamen… denn so bin ich auf den Gegner zugegangen, als auch im Knast auf die Beamten: Wie ein Taifun, schlagartig und ohne großes Blabla…«

Inhalt

I. Zu der hier vorliegenden Ausgabe

Dieses Buch spricht für sich, wir wollen ihm kein Vorwort voran stellen.

Allerdings fehlt das letzte Kapitel – die letzten sechs Monate.

Deswegen an dieser Stelle eine kleine Ergänzung: Andis Situation gibt keinerlei Anlass zur Hoffnung, er wird wahrscheinlich bald sterben. In dem Moment als diese Zeilen verfasst werden, ist es nicht einmal sicher, ob er die Erscheinung dieses Buches noch erleben wird. Nehmen wir also kein Blatt vor den Mund: Das Ziel des Staates ist es Andreas das Leben zu nehmen. Seit Anfang 2018, damals noch in deutscher Haft, klagt Andi über starke gesundheitliche Probleme und schrieb darüber [siehe Anhang], dass der Staat verweigerte ihn entsprechend ärztlich zu untersuchen. Als Begründung diente der Vorwurf, dass Andi Terrorist sei und deswegen auch im Krankenhaus stets von mehreren Bullen bewacht werden müsste, was nicht zu bezahlen sei. Seitdem er in Italien ist, verschlechtert sich sein gesundheitlicher Zustand permanent und momentan [August 2020] kann er sich nur noch mit dem Rollstuhl fortbewegen. Bereits zu Beginn des Jahres 2019 wurde Andi offiziell Krebs attestiert und bis Mitte 2020 nichts dagegen unternommen bzw. ein Eingriff verweigert. Nun haben die Metastasen bereits so weitgestreut, dass eine Operation nutzlos wäre. Allerdings verweigert die Justiz auch im Hinblick auf seine niedrige verbleibende Lebenserwartung seine vorzeitige Entlassung mit der Begründung, dass er gefährlich sei. Hinzu kommt, dass Andreas inzwischen Spezialnahrung braucht, welche komplett durch Angehörige finanziert werden muss. An dieser Stelle könnte über etliche weitere gegen Andi gerichtete Schikanen des Staates gesprochen werden, wie z.B. das ständige »Verschwinden« von persönlichen Gegenständen und Geld etc. Die momentane Situation ist aussichtslos und aus juristischer Sicht skandalös. Wir wollen Andreas nicht als Opfer darstellen und wir geben einen Scheiß auf die Kategorien von Schuld und Unschuld. Es ist wie es ist, Andreas wird auf Grund seiner rebellischen Einstellung, also auf Grund seiner Einstufung als gefährlich/ terroristisch/ linksextrem etc. im Knast Stück für Stück getötet... Doch auch wenn der Knast ihn körperlich tötet, bleibt sein Geist kämpferisch. Auch in diesem Drecksloch bewahrt er seine Würde und »verreckt lieber, als irgendjemandem in den Arsch zu kriechen«.

An dieser Stelle noch eine Ergänzung zu der hier vorliegenden Ausgabe: Das Buch beinhaltet stellenweise die ungeschminkte und krasse Darstellung von Gewalt als auch von Suizidgedanken – wem das vielleicht zu viel ist, der oder die sei gewarnt.

Zur vorliegenden Ausgabe bleibt darüber hinaus zu sagen, dass wir lediglich Korrekturen und Anmerkungen formeller Natur gemacht haben und alle inhaltlichen Veränderungen mit Andi abgesprochen sind – auf manche Kritiken ist er eingegangen, auf manche nicht. Alle Worte, die dieser Vorbemerkung folgen, entstammen Andis Feder, wir haben lediglich den Anhang zusammengestellt. Seine gelegentlichen Zeit- und Gedankensprünge haben wir durch Kursivsetzung versucht ein wenig zu entwirren. Die Reihenfolge des gesamten Textes stammt von Andi selbst.

In diesem Sinne wäre es schön, wenn auch ihr, die Leser und Leserinnen dieses Buches, euch mit euren Reaktionen und Kritiken an den Autor selbst wendet (insofern dieser noch lebt):

Andreas Krebs
JVA Tegel
Seidelstraße 39
13507 Berlin

[Bücher, Zeitschriften etc. können auch geschickt werden.]
Auf andreaskrebs.blackblogs.org oder abc-wien.net könnt ihr eventuelle Neuigkeiten oder Adressenveränderungen nachschauen.

Zu guter Letzt noch ein paar direkt an Andi gerichtete Worte: Danke, dass du deine Erinnerungen und Überlegungen mit uns geteilt hast! Durch dein Engagement und deinen Kampfeswillen hast du uns immerzu motiviert und bestärkt gegen diese Knastgesellschaft zu kämpfen und allen Widersprüchen zum Trotz zusammenzuhalten und der widerlichen Fratze des Staates unsere Wut und Solidarität entgegenzuschleudern. Danke für Alles!

Vorwort zur neuen Auflage

Andi schreibt in diesem Buch über seine Zeit in verschiedenen Knästen in Deutschland, über seine Flucht- und Untergrunderfahrungen und schließlich über die Zeit, die er im italienischen Knastsystem verbringen musste. Er erzählt Geschichten, die teilweise sehr gewaltvoll sind (TW: explizite Darstellung von Gewalt), schildert die Zustände in den verschiedenen Knästen und schreibt auch über die psychische Belastung im Knast (TW: Suizidgedanken).

Im März 2020 beendete Andi vorzeitig seine Aufzeichnungen über die Schikanen der Haft in Italien, da es ihm gesundheitlich immer schlechter ging. Er hat viel Gewicht verloren und war nicht mehr in der Lage, weiter zu schreiben. Der Knast verweigerte ihm jegliche medizinische Versorgung, obwohl er die Diagnose Krebs bekam. Damals war unklar, ob er die Erscheinung des Buches überhaupt erleben wird oder ob ihn das System Knast bis dahin elendig verrecken ließ. Mittlerweile wurde er nach Deutschland verlegt und lebt und kämpft weiter.

Wir wollen hier auch die Gelegenheit nutzen, um Andi, wie wir ihn kennen gelernt haben, zu beschreiben: Andi ist ein lustiger und wahnsinnig hoffnungsvoller Mensch. Er ist ein Kämpfer, der weder den Weg noch das Ziel aus den Augen verliert. Er kämpft nicht nur für sich selbst: Er prangert die Zustände (auch gemeinsam mit anderen Gefangenen) in den Knästen ganz allgemein an. Er ist sehr hilfsbereit, sei es mit Übersetzungen oder anderen bürorkatischen Hürden im Knast. Außerdem bringt er viele Informationen nach draußen, dafür scheut er auch praktisch kein Risiko. Er geht keine Kompromisse ein und bleibt seinen Idealen treu - unter allen Umständen! Andi ist extrem stark. So, wie der Knast ihn zugerichtet hat, ist es ein Wunder, dass er noch lebt bzw. kämpft. Auch Andi hat schon mal die Hoffnung aufgegeben, sie sich aber immer wieder zurückerkämpft - natürlich auch mit der Hilfe und Solidarität von außerhalb. Andi freut sich immer über Briefe. Sie geben ihm Kraft, Mut und Hoffnung!

Andreas Krebs
JVA Tegel
Seidelstraße 39
13507 Berlin

Um das Vorwort mit Andis Worten zu beenden:

»Solange wie ich kann, werde ich weiter kämpfen, kämpfen bis zum Letzten! Ich hoffe, dass irgendetwas eines Tages auch Früchte trägt. Ich hoffe so sehr!«

Für eine Welt ohne Mauern und Knäste!

25.08.2024

II. Einleitung

Viele Freunde bundesweit, egal ob aus München, Hamburg, Berlin, Hannover, Frankfurt, Düsseldorf, Köln, Österreich und zahlreichen anderen Orten haben mich seit Jahren immer wieder dazu angeregt meine Geschichte niederzuschreiben, aber das kostete mich über Jahre sehr viel Überwindung und auch die nötige Motivation.

Ja, sogar europaweit kamen Anfragen diesbezüglich.

Nun raffe ich mich dazu auf und ich denke es ist vielleicht gar nicht so perfekt geschrieben, doch in Anbetracht der ganzen Umstände, der psychischen Verfassung, sowohl der körperlichen, gebe ich mir die allergrößte Mühe.

Und ich überlasse es meinen Freunden wie sie was umbauen und verbessern und hinzufügen.

Durch zahlreiche schriftliche Aufzeichnungen die meine Freunde haben, schlage ich vor diese relevanten Zeitzeugnisse hier mit einzufügen.

Denn das, was ich hier schreibe ist nur ein Bruchteil von dem, was wirklich alles passiert ist.

Um so wichtiger sind die handschriftlichen Aufzeichnungen, die sicher bei dem ein oder anderen noch existieren, so wie auch Radiointerviews im Internet, als ich im Untergrund war.

Gefühle, Emotionen, Verzweiflung, Berichte über Schikanen von anderen Mitgefangenen spielen im Gesamtbild eine sehr große Rolle.

Diese Zeilen widme ich meiner Frau Jutta, allen meinen Freunden und allen Inhaftierten weltweit.

Insbesondere Rigaer Str. 94, Liebig, Kalabalik, ABC Wien mit Team, ABC Frankreich mit Team, Schweiz, Leipzig, Magdeburg, W. von der GI und allen, die daran arbeiten, A., S. aus Flensburg, R. mit ihren Freunden, M., der schon über 34 Jahre in Haft ist, J., dem ganzen Hausprojekt in Salzburg, ABC Köln mit Team, Briefe die ich aus England (leider ohne Absender, so dass ich nicht zurück schreiben konnte), der Ukraine, Polen und den USA bekam, meiner Anwältin H., Ärzten und anderen Anwälten, und allen den Menschen, die ich jetzt nicht mit aufgezählt habe. Alle diese Menschen die mich ständig unterstützen, egal in welcher Form auch immer.

Besonders den Menschen, die diese Zeilen vervielfältigen und an die Öffentlichkeit bringen. *Danke Euch Allen!*

III. Ein kurzer Lebenslauf

Andreas Krebs wurde am 08.12.1971 in Augsburg Deutschland geboren und wuchs als erstes Kind mit seinen zwei Geschwistern in Nürnberg auf. Mutter Deutsche vom alten Schlag und der Vater aus Neapel. Schon im Kindesalter war Andreas ein begeisterter Kampfsportler und fing dementsprechend sehr früh heimlich mit der gefälschten Unterschrift der Mutter zum Trainieren an.

So ging er zum Geräteturnen, Ringen und wurde ab und an auch von Antonio Basarelli, einem ehemaligen Olympiasieger trainiert, und er widmete sich leidenschaftlich seinem Shotokan und Kyukushinkai Karate. Er ließ keinen Tag aus, um mit gemeinsamen Freunden zu trainieren, das war sein Leben, zumindest die nächsten zwanzig Jahre. Er lernte viele Kampfsportgrößen in der Kampfsportwelt kennen und besuchte sogar noch als Jugendlicher heimlich die BUDO Gala Show in der Düsseldorfer Philipshalle.

Bis er sich entschloss mit dem Kickboxen in Vollkontakt und dem Muay Thai zu beginnen.

Er war neugierig, aber auch sehr hyperaktiv, letzteres stellte man leider erst im Erwachsenenalter fest.

In den Neunzigern, noch während des Jugoslawienkrieges, verpflichtete er sich bei der deutschen Bundeswehr zu vier Jahren beim ABC (Atom Biologischer Chemischer Abwehrdienst), wo man seine Aufnahme aber zum Schluss wegen einer Lappalie, einer kleinen Vorstrafe, verweigerte. Er überlegte es beim BGS (Bundesgrenzschutz) zu versuchen, was aber keine Herausforderung darstellte und so ging er zur Fremdenlegion und verpflichtete sich für fünf Jahre. Nach einer Trainingsausbildung in Französisch-Guayana und einem Einsatz in Bosnien brach er aufgrund schlimmer und erschütternder Ereignisse inklusive kleineren Verletzungen nach drei Jahren ab. Zur Flucht hatten ihm die Albanischen UCK Freiheitskämpfer verholfen.

Die Desertion hatte aber auch zur Folge das er zehn Jahre Einreiseverbot nach Frankreich bekam.

Dann kam die erste längere Haftstrafe, die ihn komplett aus der Bahn warf.

Beziehungen zu Frauen hielten meist nicht lange.

Weiter beschäftigte er sich in der Haft als Ausgleich intensiv mit der Kunst der Ölmalerei und fing auch damit an sich mit Motoren auseinanderzusetzen, wie etwa dem Motorenbau für Motorräder und der Möglichkeit eigene Ideen zur Modifikation und Verbesserungen als Zeichnungen zu entwerfen, was nach der Haft ein großes Sprungbrett für ihn sein sollte.

Jedoch kam er draußen nie mehr so richtig auf die Beine – gerade psychisch.

Den Spitznamen »The Taifun« gab man ihm im Kampfsport, da er schlagartig wie ein Sturm auf seine Gegner zugeht und so wurde er auch von vielen ausländischen Gefangenen in verschiedenen Anstalten genannt. Denn wenn er etwas machte, dann schlagartig wie ein Sturm bis zum bitteren Ende, egal wie letztendlich alles ausgeht. Das wussten alle in der Haft. Mit Entschlossenheit ging er auf die Beamten zu und machte auch ganz klare Ansagen und stellte sich ihnen, wenn nötig auch im Kampf. Immer höflich mit einen kleinen Lächeln, aber bestimmt, und jeder wusste, dass dies nicht nur ein Spruch ist, sondern die Entschlossenheit mit allen Konsequenzen für ein Ziel zu kämpfen.

Dies ist meine Geschichte, direkt gerade heraus und ohne Gnade für dieses korrupte System.

IV. Der Taifun

Erinnerungen

Als ich das erste Mal ein Gefängnis von innen sah, die JVA Nürnberg, war ich schockiert, eingeschüchtert und der einzige Gedanke damals war, wie kann man fliehen. Nie werde ich den Geruch dieses Knastes aus meinem Kopf bekommen. Es hat nach wirklich allem gestunken. Nach Fäkalien, Essen und Reinigungsmittel zugleich. Schon auf dem Weg zur Bekleidungskammer wurde ich dermaßen eingeschüchtert, dass ich es niemals vergessen werde. Ich musste mich vollständig ausziehen und jeder Winkel meines nackten Körpers wurde von zwei Beamten besichtigt, was eine totale Erniedrigung gewesen ist und wobei mein Schamgefühl in jeder Form verletzt wurde. Ich musste mich sogar vornüberbeugen, damit sie mir in den Arsch sehen konnten. Das wird auch heute noch so praktiziert und hat sich bis heute, zumindest in Bayern, nicht geändert. Dann bekam ich die Anstaltswäsche und Anstaltsgeschirr, was beim Auspacken in der Zelle schon komisch gerochen hat und auch gebraucht gewesen ist. Nichts von alldem Zeug war neu, sondern wurde wahrscheinlich schon von hunderten oder gar tausenden anderen Gefangenen vor mir benutzt, die dies bei ihrer Entlassung oder Verlegung abgeben mussten. Ich kann mich noch ganz genau an die Pferdedecke erinnern, die auf der Haut gejuckt hat. Sie war braun und wie aus Vlies. Sie kratzte einfach am ganzen Körper und wurde noch nie gewaschen! Zumindest kann ich mich in all den Jahren nicht an ein einziges Mal daran erinnern.

Ich wurde zuerst ohne irgendetwas auf eine Zugangsabteilung verlegt. Man bekam blaue Anstaltswäsche, blau-weiß gestreiftes Bettzeug und das Essen war einfach scheußlich. Mit einem weiteren Gefangenen bezog ich eine Zwei-Mann-Zelle in der ich circa vier Tage bleiben musste. Ich musste mich einer Untersuchung ergeben, die eine Lungenröntgung und eine Blutabnahme umfasste.

Dabei entdeckte ich einen der Anstaltsarzt, den ich von draußen kannte. Er verkehrte viel in homosexuellen Lokalen, in denen ich hin und wieder bei Veranstaltungen Türsteher gewesen bin.

Dieser Arzt verkaufte, zusammen mit dem Anstaltsfriseur, der regelmäßig auf Freigang war, draußen gerne Rezepte. Der Anstaltsarzt ließ sich natürlich nicht anmerken, dass er mich kennt und ich machte ebenso einen auf Nichterkennen.

Bis auf eine Stunde Hofgang wurde man nicht raus gelassen. Ich glaube, dass ich mindestens eine Woche nichts gegessen habe. Die Beamten waren furchtbar und viele waren vom ehemaligen BGS (Bundesgrenzschutz) oder Ex-Soldaten. Dementsprechend haben sie sich auch verhalten.

Nach den vier Tagen Zugang wurde ich auf eine Abteilung im B-Flügel verlegt, in der ich schnell versuchte Kontakt zu Mitgefangenen zu finden, um irgendwie zu fliehen. Denn dazu muss erwähnt sein, dass das Gericht und der Knast unterirdisch verbunden sind und so auch die Nazi-Prozesse nach 1945 geführt wurden. So wurden alle Gefangene unterirdisch in das Gerichtsgebäude Saal 601 gebracht.

Die Idee mit der wir über das Gerichtsgebäude fliehen wollten, war ganz simpel: Wir waren sieben Personen und ich hatte einen kleinen Holzknüppel in meiner Jacke. Als es endlich soweit gewesen war und als wir uns den Stationsbeamten schnappen wollten, kam plötzlich ein Rollkommando von sicherlich vierzig Beamten.

Mir war sofort klar, dass irgend jemand uns verraten hat.

Ich wurde allein auf die Kammer gebracht und dort musste ich mich entkleiden, so fanden sie dann auch den Holzknüppel und sofort gingen sie damit auf mich los. Ich, nackt vor all den Beamten, und dann gab es Schläge mit dem eigenen Holzknüppel, was ich niemals vergessen werde. Ich war fast der Ohnmacht nahe und wurde mit einer Papierunterhose in einen sogenannten BZ-Raum gebracht. BZ steht für Beruhigungszelle. Heutzutage sagt man besonders gesicherter Haftraum (hört sich für die schöner an).

Ich kann mich heute nicht mehr genau daran erinnern, wie lange ich in diesem Raum gewesen bin, doch kam es mir vor, als wären es Wochen gewesen. Ich kann diesen Raum heute noch ganz genau beschreiben. Es war ein Raum mit zwei Eingangstüren, einem Plumpsklo, versehen mit einem elektrischen Sensor zur

Spülung. Ein Fenster war nicht vorhanden, stattdessen 24 Stunden Licht und der ganze Raum war von unten bis ober gefliest. Der Raum wurde zusätzlich geheizt, mit dem Hintergedanken, dass man schon ziemlich schnell K.O. ist, allein durch die extreme Hitze. Ich habe gestunken nach Schweiß und Scheiße und das einzige, was ich anhatte, war eine Papierunterhose.

Keine Matratze oder Decke. Man lag einfach nur auf den gefliesten nackten Boden. Jede Stunde schaute ein Beamter durch die Kostklappe, die doppelt so groß wie eine normale Kostklappe gewesen ist und meinte, hier bleibst du erstmal ein paar Wochen.

Ich bekam nichts zum essen und auf Wunsch mir doch bitte was zum Trinken zu geben, weil ich durch diesen geheizten Raum soviel Körperflüssigkeit verlor, lachte man nur und haute die Kost-klappe einfach mit Gewalt zu, so dass es regelrecht knallte.

Durch den Verlust von Körperflüssigkeit blieb mir nichts anderes übrig als das Toilettenwasser aus dem Plumpsklo zu trinken. So steckte ich die Hand in das voll gepisste und verschissene Loch und schöpfte durch gleichzeitige Betätigung der Spülung, das Wasser raus und zu meinen Mund und trank.

Irgendwann nach Tagen kamen mehrere Beamte und eine Ärztin und man fragte, ob ich ruhig bin oder weiter Ärger machen möchte. Ich blieb ruhig und man entließ mich nach einer halben Ewigkeit durch vorherige Begutachtung dieser Ärztin aus diesen Raum. Ich zog meine Kleidung an, durfte nicht duschen und man steckte mich in eine Zelle mit drei weiteren Personen.

Das war meine erste Erfahrung nach zwei Wochen Haft.

Ich erlebte Schläge von Beamten, sogar durch die Kostklappe einen Faustschlag ins Gesicht, oder mehrere Beamte standen vor dir und gaben dir einfach ein paar Ohrfeigen. Wenn ein Beamter den Namen »Krebs« hörte, brachte er das sofort in Verbindung damit, dass ich doch das Schwein gewesen bin, mit der damaligen geplanten Aktion und sofort gab es Ärger und Schläge.

Dieser Ruf, der mir voraus eilte, hielt mehrere Jahre an und immer wenn ich zu einem Gerichtstermin nach Nürnberg verschubt wurde, sagten die Beamten bei der Ankunft schon: »Das ist doch dieser Krebs«. Das hatte natürlich immer wieder Schwierigkeiten für mich gegeben. Doch diesmal schwor ich mir, haue ich dem nächstbesten eine in die Fresse, und so ist es dann auch gekommen, dass ich die ersten zwei Beamten so übel hergenommen habe, dass sie das ihr Leben nicht vergessen werden.

Natürlich wurde ich dann überwältigt und bekam Schläge vom allerfeinsten. Man hat es aber vermieden mir ins Gesicht zu schlagen, das wäre ja dann zu offensichtlich für jeden gewesen, was sie mit mir in Haft machten. Mir war es den Preis wert, denn dafür habe ich den Beiden zuerst richtig Schaden zugefügt.

Ich wurde schon mehrfach in der Krankenstation mit Händen und Füßen ans Bett gefesselt und neben mir waren Beamte. Ich bat darum doch bitte auf die Toilette gehen zu dürfen oder dass man mir zumindest etwas wie eine Bettpfanne unter schiebt, damit ich pinkeln könnte. Aber das war denen egal und ich war gezwungen mir in die Hose zu machen. Solche Aktionen wurden öfter bei mir angewendet. Erst bis zur Ohnmacht zusammen geschlagen und irgendwo fixiert aufwachen.

Es war die Zeit der zweiten und dritten Generation der RAF und ich sammelte jeden Bericht von ihnen, wusste so vieles und fand toll, was sie alles machten. Schon da war mir klar, dass ich nicht wie ein Normalsterblicher bin, sondern das System hasste und so politisierte ich mich bald darauf.

Die scheiß Bullen und alles, was sie mit uns getrieben haben, was auch kaum in Worte zu beschreiben ist. Die ganzen Politiker, Richter und Staatsanwälte, alle kotzten mich so sehr an. So hielt ich zu einigen aus der inhaftierten RAF sehr guten Briefkontakt und mich verwundert es noch heute, dass niemand mittels Briefzensur eingeschritten ist oder den Kontakt unterbunden hat. Die Briefumschläge versah ich alle mit dem Zeichen der RAF.

Vielleicht erhoffte man sich aber auch nur irgendwelche Informationen. Mir war klar, dass die Briefe zensiert werden und so vermied man eben gewisse Dinge oder Themen, obwohl es oft auf meiner Zunge brannte!

Ich habe viel gelesen oder Nachrichten gehört und fand, dass sich unsere Politiker alles schön zurecht legen wie sie es eben gerade brauchten. So auch in meinem jetzigen Fall. Alle halten nur die Hand auf! Geld ist das einzige, was auf dieser Welt noch zählt!

Meine ganzen Erfahrungen während der so langen Haft und ganz besonders die Isolation in fast über zwei Jahre haben mich extrem geprägt. Die damaligen Zustände sind leider noch heute ganz tief in meinem Kopf verankert und ich bekomme es einfach nicht mehr raus. Die Erinnerungen holen einen immer wieder ein, egal in welcher Situation man sich auch gerade befindet. So bin ich extrem schreckhaft und ich kann nichts dagegen tun. Ich erkannte schon an den Schritten außen auf dem Gang, welcher Beamte gerade Dienst hatte. Ein Psychologe sagte einmal zu mir in Freiheit, dass ich dringend in therapeutische Behandlung müsste, da ich ein Trauma ersten Grades habe – das allerdings nicht nur durch die Haft. Vielleicht schreibe ich hier etwas durcheinander, aber ich möchte versuchen zu erklären, warum ich so bin, wie sehr mich alles geprägt hat, und nicht nur mich sondern sicher tausende andere Gefangene ebenfalls. Heute bin ich jemand, der nicht mehr mit anderen Menschen klar kommt.

Ich kann keine Versammlungen mehr ertragen. Wenn ich zu Hause war und Besuch kam, hielt ich es kaum lange aus und musste nach einer Zeit den Raum verlassen. Der einzige Mensch, den ich an mich ran ließ, war und ist meine Partnerin und Ehefrau Jutta. Wie oft beobachte ich Situationen und denke sehr viel darüber nach. Oder saß nachts am Bettrand und weinte oder war einfach nur fertig von den Albträumen (auch heute noch). Meine Partnerin wachte auf und beruhigte mich und sagte, dass alles gut ist und ich in Sicherheit bin. Nachts schlafe ich immer mit einem geschlossenen und einem offenen Auge, immer auf der Hut vor dem, was vielleicht kommen kann in der Nacht. Ich fühlte mich plötzlich nirgends mehr zu Hause und Lärm war und ist heute ein reiner Albtraum für mich.

Zu dieser Zeit gab es ständig Schläge durch Beamte und es war eine Zeit der reinen Gewalt, die ich niemals vergessen werde! Wirklich reine Gewalt. Natürlich ließ ich mir oft nichts gefallen und kickte den ein oder anderen Pfleger[1] um, so dass ihm Hören

---

1 Anm. d. Hrsgb.: Andi sagt statt Wärter des öfteren Pfleger, da er sich wie in einem Sanatorium, einer psychiatrischen Klinik vorkommt, wo ihm das Hirn gewaschen werden soll.

und Sehen verging. Jedoch hatte das nur weitere Schläge zur Folge und es war dann ein reiner Racheakt von ihnen. Irgendwann gab ich es auf zurück zu schlagen, verdeckte mit meinen Armen mein Gesicht und bestimmte Körperregionen, damit es nicht ganz so heftig wurde.

Es wurde in der Haft kurzer Prozess gemacht. Sagte man was falsches oder vertrat seine eigene Meinung und kritisierte etwas, dann gab's einfach eine aufs Maul und das nicht nur einmal. Wie viele Menschen lernte ich in den über 18 Jahren Gefängnis kennen und wieviele sind plötzlich durchgedreht oder nahmen sich das Leben. Wie viele bekamen regelmäßig ihre Haldolspritze und bewegten sich nur noch wie Roboter und pissten sich in die Hose. Sie verschwanden plötzlich für ein paar Wochen und wurden nach Straubing ins Haus 3 gebracht, wo sie dann mit Medikamenten zugedröhnt wurden. Also besser gesagt der besagten Haldolspritze. Menschen aus allen Bereichen des Lebens, vom Veteranen bis zum studierten Akademiker, Menschen, die einfach wie ein Stück Dreck behandelt wurden!

Aber auch unter den Gefangenen war es die Zeit, wo man sich behaupten musste und so war es kaum eine Seltenheit, dass man sich schlug oder anderen Rasierklingen an den Hals hielt und drohte. Auch ich musste mich sehr oft behaupten, um meinen Standpunkt klarzustellen und hatte in kürzester Zeit meinen Ruf weg. Aber es war leider notwendig so manchen Spitzel oder Großmaul, der versuchte den Kleineren zu unterdrücken und um seinen Einkauf abzuziehen, in seine Schranken zu weisen.

Ich konnte nicht mitansehen, wie Unrecht untereinander geschah, wie sich die Gefangenen gegenseitig fertig machten, anstatt sich mit der überschüssigen Energie auf das System zu konzentrieren und dagegen anzukämpfen. So wurde eine Zahnbürste zu einer bedrohlichen Waffe, bestückt mit vier Klingen made by Wilkinson. Aber auch eine ganz normale Zeitung, ganz fest eingerollt, ergab einen effektiven Schlagstock.

Es war die Zeit, in der man nicht einfach ein TV-Gerät haben durfte und da kamen schon einige auf dumme Gedanken. Aber man beschäftigte sich auch untereinander mehr, und nicht wie heute, wo jeder für sich ist und niemanden nichts mehr interessiert außer sein TV-Gerät.

Als es zur Gerichtsverhandlung wegen der Fluchtaktion kam, die als versuchte Geiselnahme bezeichnet wurde, sagte die Richterin, dass sie keinen Anlass dafür sieht uns alle wegen versuchter Geiselnahme zu bestrafen, da wir ja alle ohnehin genug in der Haftanstalt bestraft wurden. Es war den Herrschaften also klar, was mit uns gemacht wurde und dass man uns geschlagen hat.

Im Nachhinein und nach so vielen Jahre seit dem Vorfall muss ich jedoch gestehen, dass eine Flucht wie wir sie planten, unmöglich gewesen wäre! Während der Untersuchungshaft hatte ich zwei korrupte Bullen, die mich drei mal in der Woche aus der Anstalt holten, mit der Begründung, dass es zur Vernehmung geht. Aber der wahre Grund war, dass sie mich rausholten und wir gingen in den Restaurants meiner Familie gratis groß essen, oder sie warteten unten im Auto, während ich bei meiner Bekannten war und vögelte. Dafür ist viel Geld geflossen.

Ich schreibe diese Geschichte heute, weil es verjährt ist und man den beiden Bullen nichts mehr antun kann. Ich bin ein sehr loyaler Mensch und möchte auch im Nachhinein keinen anderen Schaden zufügen, ob Gefangener oder Bulle. Zumindest den Bullen, die mir Gutes getan haben, wenn auch durch Schmiergelder. So schmuggelte ich alles mögliche durch die zwei korrupten Bullen in den Knast und hatte eigentlich wirklich alles. Ja, für einen Kumpel brachte ich sogar einen Döner mit. Von den Beamten wurde ich ja nach Ankunft meiner Ausflüge nie kontrolliert, da ich ja angeblich auf dem Polizeipräsidium gewesen bin. Es war immer ein riesiger Triumph für mich und auch eine kleine Genugtuung, wenn ich der Anstalt und dem System eins auswischen konnte. Ich war ihnen einen Schritt voraus.

Jahre später habe ich erfahren, dass man gegen diese zwei Bullen ermittelt hat und sie versetzt wurden. Sie bedienten sich aus der Asservatenkammer und, und, und.

Nach geraumer Zeit der Untersuchungshaft wurde ich, im Gerichtssaal 601 in Nürnberg, berüchtigt für seine Naziprozesse, abgeurteilt, »im Namen des Volkes«. So so, dachte ich mir, im Namen des Volkes, warum nicht im Namen der Staatsanwaltschaft oder Richter? Diese Heuchler!

Als ich dann endlich in Strafhaft war, war es natürlich aus mit den beiden korrupten Bullen. Ich befand mich plötzlich in einem

Knast in der Oberpfalz und das war so ziemlich der zweitschlimmste Knast in ganz Deutschland, nach Straubing versteht sich, und zwar die JVA Amberg. Ich musste zu einem Zugangsgespräch, wo Anstaltsleiter, Psychologischer Dienst, Sozialarbeiter und so weiter mit anwesend waren und mich musterten. Ich kam mir vor, als wäre ich vor Gericht und nun wird entschieden, wie es mit mir weiter geht. Eine sehr merkwürdige Situation und einschüchternd zugleich. Als man meine Akte nur flüchtig ansah, sagte man noch heuchlerisch, wenn ich ein Problem hätte, könnte ich mich jederzeit an sie wenden. Naja, ich hörte sofort raus, dass es sich um einen Standartsatz handelte, den sie zu jedem sagen. Eingeteilt wurde ich in den Betrieb der Schlosserei und was ich da anfangs machen musste, war ein Albtraum. So musste ich Blechsärge mit Sichtfenster anfertigen, was eine sehr große Belastung für mich gewesen ist. Natürlich machte ich das nicht lange und ich hatte auch keinen Bock irgendwie produktiv mitzuwirken, schon gar nicht so eine Arbeit wie diese. Also baute ich Fehler ein, womit der Betriebsbeamte gar nicht einverstanden gewesen ist und völlig unzufrieden sagte: »Das geht so nicht Herr Krebs. Ich glaube wir suchen eine andere Arbeitsstelle für sie«.

Das war damals auch die Zeit, wo noch im Nachhinein die Dachbesetzung in Straubing und in sehr vielen anderen Haftanstalten, in sehr vielen Köpfen, präsent gewesen ist. Auch heute noch wird vereinzelt, nach dreißig Jahren, davon erzählt und geschwärmt. Straubing war und ist noch heute sehr berüchtigt. Zumal dort die meisten Lebenslänglichen einsitzen. Hier möchte ich auf das Buch von Dimitri Todorov verweisen, mit dem Titel: »22 Jahre Knast«. Ein dickes Lob an dich, Dimitri, und Danke für deine Arbeit! Es ist zwar dreißig Jahre alt, aber immer noch aktuell, denn so hat sich bis heute nicht wirklich viel geändert und die Zustände sind die gleichen. Ich habe es so oft gelesen und immer wieder gibt es mir doch ein wenig Kraft. Es beeindruckt mich mit welcher Konsequenz und Entschlossenheit Dimitri alles anging. Wie er sich seinen Tagesablauf geschaffen hat, um nicht selbst vor die Hunde zu gehen, wie er studierte und jeden Tag etwas für die Gehirnzellen machte. Und was er sagt, ist die absolute Wahrheit, als ob er mir in diesem Augenblick aus der Seele spricht. Ich muss immer wieder zu diesem Buch greifen, um mir alles vor Augen zu halten. Daher kann ich nur allen Langzeitgefangenen empfehlen zu probieren es zu lesen und mitzufühlen und sich vielleicht ein paar Beispiele aus dem Buch herauszuziehen. Leider gibt es dies nur auf Deutsch. Zu gerne würde ich es auch hier in Italien den Gefangenen zugänglich machen!

Der damalige stellvertretende Anstaltsleiter aus Straubing wurde kurz darauf Anstaltsleiter in der JVA Amberg. Dies hatte zur Folge, dass die ersten Jahre in Amberg mit wirklich aller Härte durchgegriffen wurde. Was haben sie alles mit uns gemacht! Permanenter Einschluss und nur zum Fressen wurde die Zelle geöffnet. Jedoch hatte ich alles in meiner Zelle, um mich zu beschäftigen. So malte ich, hatte einen Röhrenfernseher und konnte auch mit Holz in der Zelle basteln, aber dafür war man eben 23 Stunden eingesperrt. Der Spion in der Türe durfte die ersten Jahre nicht zugeklebt werden, wollten sie doch immer genau sehen, was man in seiner Zelle treibt. In der Tür war die Kostklappe, durch welche die ersten Jahre das Essen durchgereicht wurde, was dann aber eines Tages verboten war und augrund des Gesetzes nicht mehr erlaubt. Hier gleich mal ein Danke an die Gefangenen, die dagegen geklagt hatten!

Manchmal vegetierte ich auch nur vor mich hin, weil ich einfach alles so satt hatte. Täglich immer nur das Gleiche! Man flüchtete in seine Träume, schmiedete unrealistische Fluchtpläne, nur um sich selber aufzubauen, um nicht aufzugeben.

Ich schaffte mir einen eigenen Tagesablauf, um den Druck standzuhalten und weiterzumachen.

Ich fing an, ein Japan-Studium mit sechs Semestern zu machen, da ich ohnehin einen starken Bezug zu Japan hatte, durch meinen jahrelangen Kampfsport. Das Studium schloss ich dann mit Erfolg ab. Machte mein Abi und habe unentwegt gelesen, ja die Bücher regelrecht verschlungen.

Latein hatte mich stark interessiert, Philosophie, die Augenoptik und, und, und. Ich hatte in meiner Zelle in kürzester Zeit sicher um die 120 Bücher und niemand sagte etwas dagegen zwecks Übersichtlichkeit des Haftraumes. Ja, ich durfte sogar Zusatzregale anbauen, damit ich alles sauber einordnen konnte. Aber erst mit der Zeit verstand ich, warum man in der Zelle den Freiraum hatte – Hauptsache der Gefangene ist ruhig. Nur denen keine Arbeit machen.

Einmal hatte ich die Idee, dass wenn sich genug Gefangene zusammenschließen und Anträge auf gerichtliche Entscheidung stellen, am Besten pro Person fünf Stück, dann könnten wir so in binnen kürzester Zeit die Verwaltung lahm legen.

Naja, der Plan wurde aber ziemlich schnell aufgegeben, da nicht viele Gefangene mitmachen wollten.

Briefe wurden ein- und ausgehend gelesen, auch heute noch und das in der Strafhaft. Ich glaube die schlimmsten Gefängnisse in Deutschland findet man in Bayern. Die Gesetze werden systematisch unterlaufen, egal wie gut man argumentiert und seine 109er (Antrag auf gerichtliche Entscheidung) schreibt. Ich war wegen verschiedener Delikte in Haft, Eigentumsdelikte, Betrug in Form von Leistungserschleichung, Menschenraub (Geiselnahme) und räuberische Erpressung.

Heute schreibe ich diese Zeilen aus der Haftanstalt Secondigliano in Neapel, wo mir der Vorwurf des Mordes gemacht wird und ich in der ersten Instanz bereits vierundzwanzig Jahre Haft bekam.

Ich darf hier legal und offiziell an diesem Manuskript schreiben, was in meinen Augen als sehr positiv für Secondigliano ist und ich niemals erwartet hätte. Lediglich das Ausdrucken gestaltet sich als sehr schwierig und muss erst durch meinen Rechtsanwalt beantragt werden. Die absurde Argumentation von Seiten der Anstaltsleitung war, dass ich meine Korrespondenz zu meinen anarchistischen Freunden auf diese Weise führen könnte. Eigentlich eine scheiß Begründung, denn wenn ich etwas schreiben will, dann kann ich das genauso gut schriftlich machen. Ich unterstehe ja keiner Zensur.

Als mein Anwalt Di Rubbo. (ein super Anwalt) eine Instanza beantragt hatte, aus welchem Grund ich nicht ausdrucken darf, meinte die Anstaltsleitung plötzlich, dass ich jederzeit ausdrucken dürfe, aber kein Geld für die Toner vorhanden ist. Aha, also plötzlich doch?

Nun schrieb mein Anwalt erneut an die Anstaltsleitung, dass wir bereit wären für die Kosten der Toner aufzukommen.

Nun heißt es abwarten, doch bin ich da sehr zuversichtlich, dass sie ein Entgegenkommen finden werden, was natürlich auch zum Vorteil aller anderen Mitgefangenen auf meiner Universitätsstation ist. Schließlich dürften auch sie dann Aufzeichnungen oder Schulmaterial ausdrucken.

So habe ich meinen Freiraum und kann fast schon tun und lassen, was ich möchte. Natürlich ist das nicht selbstverständlich, was ich hier mache, doch merkwürdigerweise lässt man mir meine Ruhe und sicher hat es mit meiner Öffentlichkeitsarbeit zu tun, da man weiß, dass ich jede Zeile, egal was ich schreibe, an die Öffentlichkeit bringe und ich weltweit Menschen wegen meinen politischen Aktionen an meiner Seite stehen habe.

Seit meiner Anwesenheit in dieser Anstalt ist natürlich bekannt, das ich der linken Szene angehöre, doch behandelt man mich hier um einiges besser als in Deutschland. Na gut, die ärztliche Versorgung ist katastrophal und eine wirkliche Schweinerei, aber unterscheidet sich wahrscheinlich durch nichts auf der Welt, egal in welcher Haftanstalt man sich befindet.

Auch hierzu werde ich noch einiges schildern.

Während meiner letzten Jahre in Haft in Deutschland hatte ich die Sicherheitsstufe eins und egal wohin ich musste, ob zum Sani oder Besuch, hatte ich immer zwei bis drei Beamte am Arsch. Mittendrin kamen Schließer und filzten, ohne dass man gerade damit rechnete. Klar hat man nie etwas gefunden, oder man wollte auch nichts finden. Wie gerne hätte ich den ein oder anderen begleitenden Beamten, die ständig an meiner Seite waren und manchmal blöde Sprüche los ließen, in die Fresse gehauen!

»Immer wieder, na, sie haben ja ganz schön was auf dem Kerbholz und stehen unter ständiger Beobachtung, das volle Programm eben«. Was für ein Arschloch, dachte ich mir. Oh, es wäre zu dieser Zeit ein leichtes gewesen und ich denke es war auch ihnen klar, dass wenn ich gewollt hätte...

Doch die Vernunft war dann doch stärker und ich versuchte, egal in welcher Lage, ruhig und gefasst zu bleiben. So sprach ich kaum mit jemanden und die Mitgefangenen wollten sich auf Grund des Vorwurfes der Zugehörigkeit bzw. dem Kontakt zur dritten Generation der RAF nicht mit mir abgeben. Sie erfuhren das noch nicht einmal von mir, sondern die Beamten und Beamtinnen machten die Reklame für mich und da im Knast eh alles wie eine Zeitung funktioniert, hat sich das in Windeseile herum gesprochen. Wahrscheinlich meinten sie, dass sie im Umgang mit mir nur in die gleiche Schublade kommen. Klar gab es den ein oder anderen, aber das war nur oberflächlich.

Gefangene wurden von der Anstaltsleitung auf mich angesetzt, um Informationen aus mir rauszuquetschen. Doch habe ich es sehr schnell durchschaut. War es doch sehr komisch, wenn plötzlich ein Gefangener zu mir kommt, der mir die ganze Zeit aus dem Weg ging, da schrillten sofort die Alarmglocken in meinem Kopf. Ich unterband den Kontakt, oder spielte ihnen etwas vor, was mir vielleicht einen Vorteil bringen könnte. Ich wusste, dass sie alles der Anstaltsleitung mitteilen und manchmal machte ich mir sogar einen Spaß daraus. Sie glaubten doch ernsthaft so irgendwelche Informationen von mir zu bekommen und dachten, dass sie schlau sind. Na, da war ich dann doch allen einen Schritt voraus. Und das gab mir auch eine gewisse Genugtuung! Ich sah es regelmäßig als eine Art Schachspiel und darin war ich gut.

Mehrfach kam mitten in der Nacht das SEK (oder wie man im Internet schreibt, die »Anti-Terror-Einheit«) und verlegte mich ganz plötzlich, ohne mein ganzes Hab und Gut, wovon Dinge total zerstört und einige Dinge geklaut und schließlich nach Wochen an die neue Haftanstalt verschickt wurde. Straßen wurden wegen mir gesperrt und es war ein Konvoi von immer mindestens sechs Fahrzeugen verdunkelt und alle schwer bewaffnet. Sowas sah ich bisher wirklich nur im Krimi! Einmal beobachtete ich, dass ein Helikopter die Anstalt an der Außenmauer entlang abgeflogen hat, weil sie ernsthaft glaubten, dass da draußen Freunde von mir stehen, demonstrieren, illegal Feuerwerk veranstalten oder mir gar zur Flucht verhelfen wollen. Mit Sirene und einen Sanitäter mit dabei, falls doch etwas passieren könnte, wurde ich in Höchstgeschwindigkeit in eine andere Haftanstalt gebracht. Natürlich wurde auf Nachfragen, ob ich meinen Anwältin verständigen darf mit »Jetzt erst mal nicht« geantwortet. Auf weiteres Nachfragen, wohin es geht, sagte man mir: »Dazu können wir Ihnen nichts sagen.« Ich musste mich entkleiden, alles wurde kontrolliert, dann zog ich mich wieder an und bekam eine schusssichere Weste angezogen, die ich verweigerte. Dann an Hände und Füße gefesselt und mit rundum schwer Bewaffneten in ein Fahrzeug gebracht.

Klar war ich ein wenig geschockt, doch ließ ich mir nichts anmerken und irgendwie war ich darauf auch gut gefasst. Ich machte mir eher Sorgen um mein ganzes Hab und Gut, welches ich aber bald bekam und ganz besonders mein kleines Drogenversteck, welches ich nun komplett aufgeben musste. Scheiße! Ich machte mir natürlich auch große Sorgen, ob meine Frau irgendwie verständigt wird oder ich die Möglichkeit bekommen werde, sie zu verständigen.

Manche Aktionen von denen ließen mich innerlich lachen und ich dachte mir oft, was das für Hosenscheißer sind und einen Aufstand betreiben nur wegen einer einzelnen Person. Die hatten solche Angst, dass sie wirklich befürchteten, dass draußen Tag und Nacht Menschen von mir warteten. Meine Verlegungen konnte keiner vorhersehen und sie kamen ganz plötzlich und überraschend.

Der Vorwurf in Deutschland lautete, dass ich Kontakt zur linksextremen Szene habe, zum harten Kern gehöre und Kontakt zur dritten Generation der ehemaligen RAF habe und zur Ex-Brigade Rosso pflege und einfach zu viele Unterstützer auf meiner Seite sind. So muss ich auf der Flucht und auch in Haft unterstützt worden sein, was für die Behörden ein Rätsel gewesen ist und sie sich fragten: Was hat Krebs ihnen Gutes getan, dass er so viele Unterstützer weltweit hat, da muss einfach mehr dahinter sein. Dass ich nur über die ganzen Zustände berichtete, viele Interviews gab und in Freiheit Vorträge über das staatliche System hielt, hat keinen interessiert. »Krebs muss also in der linken Szene mehr sein als nur ein Berichterstatter oder jemand, der die Gefangenengewerkschaft mit aufbaute.« Ich habe in der Haft so viele aus verschiedenen Haftanstalten zum Hungerstreik bewegt, ob aus Solidarität für die griechischen Gefangenen oder für unsere eigene Sache. Egal in welche Anstalt sie mich verlegten, jeder Gefangene kannte mich und sofort kamen Menschen und fragten um Rat oder wie man diese ganze Scheiße umdrehen kann. Ich wurde auch immer mit allem eingedeckt, mit Tabak, Kaffee oder was auch immer ich brauchte. Gerade die ausländischen Gefangenen schlossen sich mir mit aller Konsequenz an, insbesondere alle russischen Gefangenen. Wenn einer kein Deutsch konnte, wurden sofort andere geholt, die uns halfen unser Vorhaben zu übersetzen.

Nie ging ich in den Hofgang. Aber wenn ich ging, dann war den Beamten sofort klar, dass irgendetwas nicht stimmte und geplant wurde. So hörte ich einen Beamten in seinen Funk sprechen, als ich in den Hofgang ging: »Ach du scheiße, der Krebs geht in den Hofgang.« Dieser Vorfall ereignete sich in der JVA Landshut. Im Hofgang angekommen wurde ich schon von allen begrüßt und wir versammelten uns in einer großen Gruppe. Dabei war nicht zu übersehen, dass plötzlich unzählige Beamte mit im Hof waren, die von weitem das Treffen beobachteten. Und in einem der Treppenhäuser war das Rollkommando und machte Fotos. Uns war das scheißegal, denn wenn es darauf angekommen wäre, hätten sie in dem Augenblick den Kürzeren gezogen. Dafür waren wir viel zu heiß und zudem sind einige gute Kampfsportler mit in unserer Gruppe gewesen, die nur darauf warteten, ich erst recht... Keine Schmerzen, das war unsere Einstellung. Viele Gefangene waren ehemalige Gefangene aus dem tiefsten Sibirien und wir hatten auch richtige Söldner aus dem Tschetschenienkrieg unter uns, aber auch zig andere Nationen. Wenn ich erzählte, dann hörten mir alle gespannt zu und es kam kaum ein Widerwort. Denn sie wussten, dass wir nur so etwas erreichen können. Jede Nationalität hatte seinen Anführer und ich verstand mich mit ihnen blind!

Ich glaube, dass die Bundesrepublik Deutschland ganz froh ist, dass ich mich in keiner ihrer Haftanstalten mehr befinde. Ich war wirklich der Schrecken der Anstaltsleiter und oft verweigerten Anstalten sogar meine Aufnahme. Einmal sagte ich in einer Zeitung, dass ich am liebsten den ganzen Justizapparat in die Luft sprengen möchte. Nun das war ernst gemeint, auch wenn es von Journalisten anders geschrieben wurde.

Denn egal wohin man mich mitten in der Nacht auch verlegte, in kürzester Zeit hatte ich ein neues Netzwerk aufgebaut und die Kontakte in andere Anstalten wurden mit versteckten Handys gepflegt.

Wir waren also gut vernetzt und hatten immer Kontakt von einer Anstalt zur anderen. Die Telefonnummern waren natürlich streng geheim und die SIM-Karten wurden immer gut versteckt getragen. Nach jedem Telefonat wurde das Handy von allen Daten befreit und auch dafür hatten wir unsere eigenen Spezialisten. Ja, wir waren alle sehr gut organisiert!

Hier ist es das absolute Gegenteil. Ich bewege mich im Haus, als würde ich schon ewig hier sein. Doch von den Gefangenen traut sich hier niemand etwas machen. Da durchgedrungen ist, wer ich bin, gehen die meisten Mitgefangenen mir zum Teil genauso aus dem Weg und ich bin absolut alleine. Ich bin auch einer von ganz wenigen Gefangenen in dieser Anstalt, die alleine in ihrer Zelle untergebracht sind, wofür ich sehr hart kämpfte und es auch zu zwei Auseinandersetzungen kam mit zwei Ratten, denen ich durchs Gitter eine aufs Maul haute – vor den Beamten, während ich auf dieser Observationsstation gewesen bin.

Die hatten so Schiss, dass sie nicht einmal meine Zelle öffnen wollten. Habe ich doch den Ruf als zweiten Dan-Träger in Karate und dass ich mit jeden kurzen Prozess mache, der mir zu nahe kommt, mich jedem stelle. Ich sagte: »Ich scheiß auf eure Überwachungskameras oder das man bei guter Führung alle sechs Monate 45 Tage erlassen bekommt.« Meine Mentalität und ganze Einstellung ist wie als wäre ich im deutschen Gefängnis. Ich mache meinen deutschen Knast und nicht dieses psychiatrische System, wie es hier ist.

Wenn ich sehe, wie die Gefangenen sich aufführen, wie dicke sie mit den Beamten sind, als wären sie schon ewig Freunde, und wie viele in den Büros den höheren Beamten Infos zustecken, was ich selber schon mehrfach mitbekommen habe, nur um ihre Vergünstigungen zu bekommen, so etwas hätte es in Deutschland nie gegeben. Zumindest nicht so offensichtlich. Und sobald die Gefangenen auf der Station sind und kein Beamter in Reichweite, reißen sie das Maul auf. Sie verkaufen dich hier für nichts und haben auch keinerlei Hemmungen. Das ist mit ein Grund, warum ich mich so sehr von allem distanziere. Nur so kann ich sicher sein meine Ruhe zu haben. Klar mache ich meine paar kleinen Geschäfte, aber das nur mit zwei Gefangenen, bei denen ich mir einigermaßen sicher sein kann, obwohl es eine Sicherheit nie wirklich gibt. Dafür bin ich über die vielen Jahre zu sehr auf die Schnauze gefallen, von Menschen bei denen man es nie erwartet hätte!

Aber wenn ich den Vergleich ziehe, so geht es mir bis aufs Telefonieren, die Besuche und eben die medizinische Scheißversorgung und einigen hinterlistigen Mitgefangenen um einiges besser. Hier kommt auch meine jahrelange Erfahrung ins Spiel. Denn ich sehe es den meisten Gefangenen vom Verhalten schon an, ob es was bringt mit ihnen zu reden und sich mit ihnen abzugeben oder nicht. Natürlich sind auch Beamte mit am Start, die keinen Deut besser sind, als in Deutschland und nur auf ihre Gelegenheit warten. Doch der Anteil hier in meinem Haus ist sehr gering. Die lassen mich merkwürdigerweise komplett in Ruhe. Und obwohl ich den Ruf eines Terroristen trage, habe ich keinerlei Briefzensur oder sonstiges, was mich stark wundert und stutzig macht. Ich glaube ja eher, dass sie keine Ahnung haben, wer ich wirklich bin. Nun, nach erscheinen dieser Zeilen, hoffentlich auch schnell in Italienisch, dann wissen sie erst wirklich Bescheid. Ich kann mich durch die Arbeit mit putzen in der Zentrale und den Büros frei bewegen und niemand kommt und schafft mir was an. Sie sagen: »Mach wie du meinst.« Und das mache ich auch so…

Der Nachteil im italienischen Gefängnis ist, dass man scheiß viel Geld benötigt. Man muss sich selber verpflegen, Putzmittel kaufen und so weiter. Auch Trinken, denn von der Anstalt gibt es nichts. Überschlagen habe ich mal, dass man praktisch einen Hartz4-Satz im Monat benötigen würde, damit man überhaupt über die Runden kommt. Hat man kein Geld, ist man WIRKLICH auf verlorenem Posten. Darum hoffe ich immer noch, dass ein paar kleine Spenden kommen, damit ich den Alltag einigermaßen überstehen kann. Aber ohne Hilfe von draußen ist das unmöglich!

Auch Vitaminpräparate sind hier selbst zu besorgen, doch ohne Geld keine Vitamine.

Das nächste Problem ist die neapolitanische Mentalität. Diese Charakterzüge, diese Einstellung im ganzen Verhalten ist wirklich sehr schwierig zu verstehen und obwohl meine eine Hälfte der Familie italienisch ist und aus dieser Region kommt, ich in meiner Jugend auch in Neapel viel Zeit ver-

bracht habe, tue ich mich weiter unwahrscheinlich schwer. Ich hatte die spezielle Sprache verlernt und muss mich auch heute noch sehr anstrengen, mich in dieses Verhalten einzufinden um zu begreifen wie sie ticken. Es ist jeden Tag eine neue Herausforderung für mich. Mir kommt es auch oft so vor, dass ein Menschenleben nicht viel wert ist. Denn so habe ich noch nie Leute aus einer Region gesehen, die wegen Mord sitzen und offen vor Gefangenen oder den Beamten sprechen und es nichts besonderes ist. Man muss es gesehen und selber erlebt haben, um es besser zu verstehen. Wenn ich das gerade so schreibe, so kommt es mir unglaublich vor, dass Italien ein EU-Land ist. Tötungsdelikte, auch mehrfache sind, so scheint es mir, das normalste auf der Welt.

Ich war vorher ein Monat in Santa Maria, circa sechzig Kilometer von Neapel entfernt und da hat man mich alle zwei Tage geschlagen, schikaniert, aufs übelste beleidigt und gefoltert, ohne Hemmungen vor den Überwachungskameras. Anwaltsgespräche wurden mitgehört und man sagte gegenüber meinem Anwalt, dass man mir am liebsten den Tod wünscht. Ich bekam Faustschläge auf den Hinterkopf, in die Nieren und auch Fußtritte in die Seite und in den Rücken. Ich wurde in eine Zelle gesperrt, wo nach und nach ein Beamter nach dem anderen die Zelle aufsperrte, mich begutachtete und zu einem anderen sagte: »Das ist er?« »Ja, das ist das Stück Scheiße!« Nach dieser Prozedur wurde ich wieder zurück auf die Station gebracht, wo ich meinen drei Mitgefangenen davon berichtete. Doch keiner traute sich mir zu helfen, denn alle hatten Angst. Außer einem von einem Camorra-Clan, der mir ständig zur Seite stand und mir auch mit ein paar Dingen ausgeholfen hat. Wenn ich zur Zentrale gerufen wurde, dann wusste ich schon was passieren würde, wovon ich auch immer meinen Anwalt berichtete und auch der Deutschen Botschaft in Rom schrieb.

Die Generalstaatsanwaltschaft in Berlin sagte einmal bei meinem Auslieferungsverfahren und als ich über diese Vorfälle an sie schrieb: Das ist unmöglich und kaum zu glauben, denn schließlich befinden wir uns in einem EU-Staat. Bis das zuständige Gericht in Italien es schriftlich bestätigte und den deutschen Behörden versicherte, dass ich nicht wie-

der nach Santa Maria Capua Vetere komme, sondern nach Secondigliano. Es war schlimm, sehr schlimm und sie hatten keine Hemmungen mich vor den Überwachungskameras zu schlagen! Tja, mein Pech war ganz einfach, dass das Opfer aus genau diesen Ort kam und sowohl seine ganze Familie und sein Schwager in der Haftanstalt arbeitet.

In Deutschland hat man mich behandelt wie den letzten Terroristen. So wurde zum Beispiel der JVA Burg durch das SEK mitgeteilt, dass gleich ein Gefangener kommt, der mit der ehemaligen RAF und den drei gesuchten Mitglieder aus der dritten Generation zu tun hat. Klar war da helle Aufregung und alle in der Anstalt waren total durch den Wind, weil angeblich so ein Kaliber kommt und alle möglichen Sicherheitsvorkehrungen wurden wegen mir getroffen. Diese Vollidioten!

Doch dazu später vielleicht etwas mehr. Ich möchte zuerst über die weiteren Zustände berichten und was alles mit den Gefangenen in Deutschland gemacht wurde und gemacht wird. Ich hoffe, dass diese Schweine in Deutschland diese Zeilen zu lesen bekommen, gleich ob Justizbehörde, Staatsanwalt und sonstiges Gesindel! Für mich sind sie einfach nichts wert und bleiben Dreck für mich. Sie verurteilen den Menschen »Im Namen des Volkes«. Was für eine Scheiße. Die Wirklichkeit ist doch, dass sie aus sich heraus entscheiden. Wer hat das Volk gefragt, wer fragte meine Familie, Freunde und so weiter, wie kommt es dazu zu sagen »im Namen des Volkes«? Ist es nicht ein Vorwand, um von sich abzulenken, der gerade das Urteil spricht und entscheidet ?

Auch möchte ich über einige persönliche Geschehnisse mit Mitgefangenen und Freunden berichten, die zum Teil vielleicht lustig erscheinen, aber auch schockierend und dramatisch sind.

Vielleicht erscheinen diese Zeilen erst in der Öffentlichkeit, wenn ich nicht mehr lebe, denn so habe ich es satt und bin einfach nur noch ausgepowert von dem ganzen Dreck und der Justiz! Ich erhole mich gesundheitlich kaum noch und wenn sich die Situation nicht bald ändert, tja, dann rafft mich eben die

Krankheit hin. Ich bin es Leid und überdrüssig mit der Haft und beabsichtige diese auf keinen Fall zu Ende zu führen, egal was noch kommen mag! Ich mache auch kein Geheimnis daraus, denn von Seiten des Staates kann mich so ziemlich jeder am Arsch lecken, und manche dürfen noch nicht einmal das! (Ein Spruch von einem meiner besten Freunde, Sepp.) Für mich ist, egal wie die Sache aus geht, dem Dasein ein Ende zu setzen!

Irgendwann kommt man einfach an einen Punkt, wo es nicht mehr geht, wo man zu sich selber sagt: Schluss aus und vorbei. Die Luft ist raus. Ich bin müde, sehr müde und möchte einfach nur noch schlafen. Keine Ängste mehr in meinen Träumen, keine Qualen mehr und nicht mehr gezwungen sein, denen ihre Schiene zu fahren! SIE haben mich auf dem Gewissen!

An Gerechtigkeit glaube ich kaum noch und auch wenn mir so viele Menschen finanziell helfen, was Gutachter und so weiter betrifft, mir in den Briefen gut zureden und versuchen mich wieder aufzubauen, mir zur Seite stehen und wirklich alles versuchen, mir auch jeden Wunsch erfüllen wollen, so glaube ich bei diesem korrupten Staat nicht an wirkliche Gerechtigkeit. Ich bin sehr glücklich mit der ganzen Anteilnahme und dass man mir in den Briefen zeigt, dass ich nicht alleine bin, ja es gibt auch sehr viele Menschen, die sich immer wieder bei mir bedanken für meine Arbeiten und was ich bis jetzt alles bewegt habe und ich bin verdammt dankbar solche lieben Menschen verstreut durch ganz Europa zu haben, ja sogar auf der ganzen Welt. Ich wüsste, wäre ich heute draußen, ich hätte tausende Menschen geschlossen auf meiner Seite.

UND DAFÜR DANKE ICH EUCH ALLEN!

Die Hoffnung stirbt zuletzt, sagt man bekanntlich. Aber ich habe leider keine Hoffnung mehr, wenn ich mein Umfeld so betrachte. Wie sehr habe ich bei der Urteilsverkündung in Santa Maria die anwesenden Beamten darum gebeten, mir doch eine Kugel in den Kopf zu schießen. Die wiederum schockiert waren über mein Verhalten und auf mich einredeten, dass ich doch die nächste Instanz abwarten solle. Ja, sogar das Gericht habe ich beschimpft. Es wäre eine reine Erlösung für mich und ich müsste nicht weiter diese Qualen durch stehen! Aber ich denke mir auch, da hast du so viele Menschen auf deiner Seite, die alles für dich machen, was wäre es für ein Kummer, den ich ihnen allen bereiten würde, meinen ganzen Freunden und nicht zuletzt meiner Ehefrau. Sie alle stehen bedingungslos hinter mir und das ist wundervoll und ein tolles Gefühl!

Vieles werde ich auch nicht schreiben, da ich einiges schon vor Jahren habe veröffentlichen lassen, was sicher viele, viele Seiten umfasst und mit Sicherheit existieren diese ganzen Aufzeichnungen noch, und man kann sie hier mit hinzu fügen, was wichtig ist, da es in meinen Augen zeigt, was aus den Menschen systematisch gemacht wird! Eine Art Nachlass und Zeitzeugnis an dieses verschissene System, egal wo man sich auf dieser Welt auch befindet!

Schikanen in Richtung Homophobie, Schikanen durch Beamte, die Isolationshaft und und und. Alle diese Unterlagen existieren noch und sollten draußen systematisch mit in dieses Manuskript, zumindest zum Teil, eingebaut werden. So gibt alles noch ein viel besseres Bild über die ganzen Erniedrigungen und Machenschaften.

Ich habe immer das Gedicht von Dietrich Bohnhoeffer im Kopf, der von den Nazis umgebracht wurde. Ein evangelischer Geistlicher, der in Haft gesessen ist.

Es heißt: »Wer bin ich.« Ich bin kein gläubiger Mensch, doch in gewisser Weise hat mir dieses Gedicht sehr gefallen! So gehe auch ich täglich erhobenen Hauptes aus meiner Zelle wie ein Gutsherr. Ich zeige keinerlei Peinigung, keine Schmerzen und ertrage es im Stillen für mich. Immer mit einem kleinen Lächeln auf meinen Lippen, höflich und zuvorkommend gegenüber jeden menschlichen Lebewesen. Jeden Tag, wenn ich morgens das Bett verlasse und ins Bad gehe, kann ich mich ruhigen Gewissens im Spiegel betrachten. Ich respektiere das Leben, schütze es und versuche, für jeden da zu sein, ohne auf mich selbst zu achten. Aber wer achtet auf mich?

Knofo, für viele sicher ein Begriff, schrieb bevor er sich das Leben in Berlin Spandau nahm: ***Es gibt keinen besseren Staat, sondern nur noch viel schlimmere!*** *Wie Recht er* *doch mit Allem hatte! Auch ich habe nicht immer Gutes getan, sondern auch viel Schlechtes. Aber wenn ich bedenke, wie viele Jahre ich hinter Gittern gewesen bin, nur weil ich immer alle deckte und die Schnauze hielt, was mir natürlich ein paar Zusatzjahre, mindestens jedoch die Hälfte, eingebracht hat. Dies hat sich bis zum heutigen Tag nicht geändert und ich werde immer der bleiben, der ich gewesen bin, und wie mich meine Freunde kennen.*

Jedoch bin ich ruhiger geworden, was sicher durch mein Alter und mit meinem Gesundheitszustand zu tun hat. Auch ist es eine Qual getrennt von all den lieben Menschen und meiner Frau zu sein. Das schafft einen und ist in Worte kaum noch zu beschreiben. Briefe, das einzige was mich mit der Außenwelt noch verbindet, rühren mich oft zu Tränen, weil die Menschen sich so aufrichtig um mich kümmern und versuchen mich am Leben draußen teilhaben zu lassen und nicht vergessen mich am Leben erhalten zu wollen. Ich vermisse sie alle! Sie alle geben mir noch etwas Kraft weiter zu machen und nicht aufzugeben, zu kämpfen bis zum bitteren Ende. Doch nun weiter zu einigen Knastgeschichten, die sich wirklich so ereignet haben, wie ich sie hier Schreibe.

Ich befand mich für eine gewisse Zeit in Stadelheim in der Schubabteilung, und da war ein Hausarbeiter, also ein anderer Inhaftierter, der nach dem Essenverteilen einfach meine und die anderen Haftraumtüren schloss. Am Abend dann ging die Türe durch den Beamten auf und der Gefangene stand draußen mit dem Abendessen. Ich sagte zu ihm, solltest du noch einmal meine Zelle schließen oder die der anderen, dann haue ich dir bei nächster Gelegenheit eine in die Fresse. Der Beamte meinte, ich solle ruhig bleiben, woraufhin ich sagte, dass es seine Arbeit ist und nicht die des Gefangenen. Der Beamte verschloss meine Türe, aber die Konsequenz war, dass ich in der ganzen Zeit in der ich in Stadelheim gewesen bin, nur noch Dauerlicht hatte und nicht in den Hofgang kam. Ich besaß nichts und hatte auch nichts, um mich abzulenken, außer Stift und Papier.

Das war also die Quittung, weil ich denen die Meinung sagte, was ich davon hielt, dass dieser lausige Hausarbeiter an Ratte es wagt seine eigenen Leute einzusperren. Ich ertrug es und band mir am Abend ein Handtuch um die Augen. Hatte ich doch keine Möglichkeit um an die Leuchtstoffröhre zu kommen oder sie gar zu zerschlagen, dafür war die Decke viel zu hoch.

Die Geschichte Paul

Eines Tages befand ich mich zur Überstellung über Weihnachten und Silvester in der JVA Regensburg auf einer Zwei-Bett-Zelle, in der ich alleine untergebracht gewesen bin, trotz Überbelegung. Die Beamten waren alle relativ ruhig und ließen mich komplett in Ruhe, da sie wussten, wer ich bin und was ich schon abgerissen habe an Haftzeit.

Eines Tages, so nach 21 Uhr ging plötzlich meine Zellentür auf, als ich gerade dabei war meine Kampfsportübungen zu machen. Ein Beamter stand in der Tür und fragte mich sehr höflich, ob er mir einen Gefangenen in die Zelle legen kann, einen älteren Mann von über 70 Jahren, der auf der Gemeinschaftszelle von drei Menschen schikaniert und beklaut wird. »Nur für ein paar Tage«, meinte er. Ich stimmte zu, denn ich sah am Verhalten des Beamten, dass irgendetwas nicht passte. Er sagte noch: »Ich lasse deine Zelle offen und die andere Zelle ist ebenfalls offen«, und zwinkerte mir dabei zu. Als der Beamte ging, wartete ich einen Augenblick und verließ meine Zelle und ging den Korridor entlang in Richtung der Gemeinschaftszelle, wo ich schon von Weitem lautes Gelächter hörte. Ich trat in die Gemeinschaftszelle ein und verschaffte mir erst einmal einen Überblick.

Ich sah drei junge Gefangene mitte Zwanzig und auf dem Bett kauernd einen alten Mann, von wirklich über siebzig Jahren, der zitterte. Ich erkannte ihn sofort, es war Paul, der jahrzehntelang Hofkehrer in der JVA Nürnberg gewesen ist und unter den alteingesessenen Gefangenen schon einen gewissen Knast- bzw. Kultstatus hatte. Eine Legende wenn man so sagen will. Und niemand, egal welcher Gefangene hätte sich je getraut diesen Menschen etwas anzutun, solch einen Stand hatte er. Ich fragte: »Paul, was ist los?« Er weinte und erkannte mich sofort und sagte, dass sie ihn ständig verarschen und den ganzen Tabak geklaut haben. Ich drehte mich um und erblickte sofort den Rädelsführer. Mit schnellen Schritten ging ich auf ihn zu und in dem Augenblick versuchte der sich hinter dem Tisch zu verstecken. Er wusste das nun sein Stündchen geschlagen hat. Ich schmiss den Tisch ins Eck und haute dem eine in die Fresse, so dass er sofort auf die Knie ging. Die anderen Beiden ermahnte ich, jetzt ja keine falsche Bewegung zu machen und dass die ganze Station geschlossen ist und kein Beamter da ist, der ihnen hilft. Dann drehte ich mich zu Paul und sagte, dass er seine Sachen packen soll, er kommt zu mir in meine Zelle. Und zu den anderen sagte ich, dass sie ihm den gestohlenen Tabak zurück geben sollen, was sie sofort machten! Ich machte eine weitere Ansage, und zwar, dass solange ich hier bin mir keiner von den Dreien mehr über den Weg laufen darf und sie nickten eingeschüchtert.

Paul begleitete mich und bekam sofort das untere Bett, da er schließlich schon so alt und gebrechlich war. Dann kam der Beamte und sagte: »Danke Krebs«, wobei ich nur nickte und er verschloss die Zelle. Auch bei den Beamten war Paul kein Unbekannter und jeder ältere Beamte kannte Paul und ließ ihn in Ruhe.

Paul weinte immer noch und bedankte sich unzählige Male bei mir und wir quatschten die ganze Nacht bis zum Morgen und er erzählte mir sein ganzes Leben. Ein wahres Abenteuer.

Er war immer nur ein paar Monate draußen gewesen und wurde dann wieder wegen Diebstahl eingesperrt. Das zog sich solange hin, dass er auf 40 Jahre Haft gekommen ist und das alles fast immer in der JVA Nürnberg. Paul kannte eigentlich jeder und zu seinen Glanzzeiten hätte er wahrscheinlich die drei Typen alleine richtig platt gemacht. Sie wollten sich einfach an einem Wehrlosen auslassen und hatten keine Ahnung auf wen sie da getroffen sind.

Am nächsten Tag mitten bei der Essensausgabe sagten die Hausarbeiter, dass ich das gut gemacht habe und ich sagte zu ihnen: »Gebt diesen drei Ratten nur das nötigste an Essen und ja nicht zu viel.« »Wird gemacht Andy, kannst dich auf uns verlassen«, bekam ich zur Antwort.

Einige Tage später, nach den Feiertagen, sollte ich in die JVA Amberg zurück verlegt werden und so verabschiedete ich mich bei Paul der Legende. Er weinte wieder und ich sagte ihm, dass er mir jederzeit schreiben könne, wenn er möchte. Dann schenkte ich ihm noch ein paar Päckchen Tabak und ging.

Im Aufenthaltsraum wartete ich mit zig anderen auf den Schubbus und plötzlich ging die Türe auf und ein Gefangener, ein Kammerhausarbeiter, richtete mir von einem anderen Gefangenen, einem mit dreißig Jahren hinter sich, liebe Grüße aus und überreichte mir eine Tüte mit richtig viel Kaffee und Leckereien. Dieser Gefangener war ein sehr guter Freund von mir und hatte lebenslänglich mit anschließender Sicherungsverwahrung.

Dann ging es wieder ab in die JVA Amberg.

Die Geschichte Dimitri S.

Dimitri, ein wirklich wahrer Künstler, der Ölbilder im Stil Bob Ross im Akkord malte, war wegen etwas Haschisch inhaftiert und hatte noch sechs Monate abzusitzen. Ein ganz armer Kerl, der gerade eine Nierentransplantation hinter sich hatte und täglich einen Arsch voll Tabletten zu sich nehmen musste.

Bei dem wenigen Aufschluss, den wir hatten, trafen wir uns regelmäßig in seiner Zelle, malten zusammen und spielten Schach. Zu dieser Zeit entwickelte ich eine kleines Geschick in der Ölmalerei; inspiriert von Salvator Dalí, Van Gogh und so weiter. Auch machte ich gerade einen Fernkurs in Japanisch in Wort und Schrift, bei dem mich ein Freund vom Goethe Institut Tokyo mit Lesestoff unterstützte. Das Studium habe ich in sechs Semestern mit Bravour abgeschlossen! Numerus Clausus. Ich arbeitete in der Anstaltsbibliothek und war zuständig für Schulmaterial, Basteleinkauf und wenn Mensch zum Kraftsport wollte.

Wenn jemand entlassen wurde, dann stand da immer ‚Abgang‘ auf einer Liste, die ich im PC eingeben musste, den ich als Gefangener in der Bibliothek zur Verfügung hatte. Andere Gefangene durften den Bibliotheksbereich nicht betreten und auch andere Beamte nicht. Lediglich meine zwei Mitarbeiter, die Sportbeamten und unser Betriebsbeamter.

Jeden Tag sah ich Dimitri, wie er im Hofgang seine Landsleute aus Russland grüßte. Doch irgendwann drehte jeder ihm den

Rücken zu und ich erfuhr, dass man ihn schon ein paar mal geschlagen hatte. Dimitri hatte einen dummen Fehler gemacht bei seiner Festnahme. Er war total platt vom Hasch und sagte gegen einen Landsmann aus, dem aber nicht viel passiert ist. Dimitri war äußerst loyal und hatte in all den Jahren der Haftzeit, in denen ich ihn kannte immer eine gute Stellung bei den Mitgefangenen, er war weder eine Ratte oder sonst irgendwie ein Zuträger der Beamten.

Eines Tages ging ich morgens wie gewohnt zur Arbeit und lief an einem Leichenwagen vorbei und dachte mir nur noch: Scheiße, wieder jemand, der es nicht packte. Ich ging an meinen PC und nahm die Liste, die ich vom Beamten bekam. Die schaute ich so durch und sah Dimitris Namen und daneben ‚ABGANG'. Erst dachte ich mir, dass er vielleicht vorzeitig entlassen wurde, was ich aber nicht glaubte, denn das hätte er mir doch erzählt. Den einen Tag zuvor traf ich ihn noch, als er mich um ein wenig Tabak gebeten hatte, den ich ihm auch gab. Doch er war nicht wie sonst, sondern eher sehr ruhig und verhalten. Ich ging zum Beamten ins Büro und fragte: »Ist S. entlassen worden?« Der Beamte sah mich an und ich hatte kein gutes Gefühl. »Nein, er hat sich heute Nacht die Schlagadern geöffnet.« Ich hatte in diesen Augenblick einen solchen Schock, dass ich einige Tage brauchte, mich davon zu erholen.

Sechs Monate hatte er nur noch, noch nicht einmal. Warum?

Aber seine Landsleute legten ihm nahe, dass wenn er sich nicht das Leben nimmt, man ihm noch richtig Schwierigkeiten machen wird und auch seiner Familie draußen. Das alles habe ich im Nachhinein erfahren. Ich war so traurig darüber, dass ich das bis heute niemals vergessen werde.

Er war einer meiner besten Freunde!

Die Geschichte Sigi M.

Sigi war ein zweifach verurteilter Polizistenmörder und durch die Dachbesetzung, an der er mit dran beteiligt gewesen war, von Straubing nach Amberg verlegt worden. Eigentlich war er nur wegen *einem* Mord in Haft. Doch bei einem Gespräch mit einem Mitgefangenen erzählte Sigi diesem, dass er noch einen Bullen auf dem Gewissen hat. Und dieser Gefangene sagte letztendlich gegen Sigi aus und somit war er wegen zweifachen Polizistenmord in Haft.

Sigi arbeitete in der Schuhmacherei und er war es, der mich für mein restliches Leben sehr prägte! Nach Dimitris Tod saß ich jeden Tag mit Sigi in seiner Zelle, wir schauten gemeinsam TV oder machten uns was zum Essen in der spärlichen Stationsküche. Wir führten Gespräche über das System und über die zu der Zeit noch existierende RAF.

Ich war verheiratet und hatte noch drei kleine Kinder. Wöchentlich hatte ich meinen Besuch und alles war soweit in Ordnung. Allerdings hatte ich noch ein richtiges Brett abzusitzen, wobei ich dazu sagen muss, dass ich meine damalige Frau schützte und alles auf mich genommen habe, damit nicht die Kinder ihre Mutter verlieren.

Eines Tages sah ich mit Sigi *Sat 1 Regionalnachrichten* und wir waren dabei gerade in ein Gespräch vertieft als plötzlich ein Gefangener zu uns in die Zelle rennt und ruft: »Andy, das was im TV gerade läuft, ist das bei dir zu Hause?« Ich schaute die Nachrichten, wo gerade live die Polizei gewaltsam eine Wohnungstüre in Nürnberg öffnete und dabei drei kleine schreiende Kinder halb verwahrlost in ihrer ganzen Scheiße verschmiert und halb verhungert befreite. Von der Mutter weit und breit keine Spur. Oh Gott, das waren meine Kinder und ich war erschüttert und total geschockt! Sigi rannte ins Dienstzimmer und sagte zum Beamten, dass sie sich jetzt schleunigst etwas einfallen lassen müssen wegen mir. Sofort wurde ich durch einen kommenden Sani ruhig gestellt und ich verkroch mich Wochen alleine in meiner Zelle und wollte nicht mehr leben!

Meine Eltern besuchten mich und erklärten, dass dieses Miststück von Ehefrau nächtelang auf Tour ging zum Ficken und Gifteln bei anderen Typen und die Kinder sich selbst überließ. Sie wollten die Kinder im Krankenhaus besuchen, wurden aber dank der Ex, die immer noch Mitspracherecht hatte, nicht zu den Kindern gelassen. Diese drei Kinder waren doch mein Ein und Alles und jedes mal eine helle Freude, wenn ich Besuch hatte und die Drei bei mir auf dem Schoss gesessen sind.[2]

Ein einschneidendes Erlebnis und ich versuchte alles damit diese Frau die Kinder nie mehr bekommt. Leider habe ich meine drei Kinder nie mehr gesehen, was nun über zwanzig Jahre her ist.

Sigi kümmerte sich rührend um mich und war ständig für mich da.

Eines Tages wurde ich auf eine andere Station verlegt und ich hatte nur noch schwer Zugang zu Sigi, aber er nahm Kontakt zu meiner Schwester auf und pflegte einen guten Briefkontakt. Ich strebte eine Verlegung nach Kiel an, wo ich jemanden kennen lernte und spielte der Anstalt vor, dass ich sonst niemanden mehr hier habe. So hielt Sigi wegen meiner eventuell anstehenden Verlegung den Kontakt zu meiner Familie und informierte mich immer über alles und ließ mir Grüße ausrichten. Doch plötzlich konnte Sigi nicht mehr laufen. Er war 48 Jahre und hatte sein 26 Jahre Knast gerade hinter sich. Was war passiert?

Sigi kam ins Krankenhaus und seine Haft wurde unterbrochen. Ich erfuhr vom Anstaltsgeistlichen, dass er schwere Multiple Sklerose im fortgeschrittenen Stadium hatte. Er wollte sich im Krankenhaus mehrfach das Leben nehmen, also fixierten sie ihn. Ein Bein und dann das andere wurde ihm abgenommen. Tage später war er tot.

Ich weinte wie ein kleines Kind und sah in nichts mehr einen Sinn. Selbst der Anstaltsgeistliche hielt extra für ihn einen Gottesdienst ab, der sehr traurig gewesen ist. Ich war so am Ende und brauchte Jahre bis ich diesen Verlust einigermaßen verdaute. Er war ein wirklicher Freund und wir teilten alles. Unsere ganzen Gespräche werden mir für immer in Erinnerung bleiben.

---

2 Anm.d.Hrsgb.: Der Grund warum Andy seine Kinder und damalige Frau nur kurz in einem Nebensatz erwähnt ist, dass ihn diese Geschichte einfach zu traurig macht, da seine Kinder den Kontakt zu ihm verweigern, da er als Mörder und Terrorist abgestempelt ist.

Ich wurde immer verschlossener und zog mich von allem etwas zurück. Ich fragte mich, wenn es einen Gott gibt, warum lässt er so was zu? Sigi war ein Kämpfer, fit und ließ nicht zu, dass der Knast ihn zerstört. Wir machten so viele Lumpereien im Knast und plötzlich war er weg.

Sein einziger Kontakt bestand zu einer Ordensschwester irgendwo in Afrika, die auch extra wegen ihm nach Deutschland kam.

Während ich diese Zeilen schreibe kommen die Erinnerungen wieder hoch und ich muss etwas weinen.

Nie werde ich diesen außergewöhnlichen, intelligenten Menschen vergessen, der mir fürs Leben wirklich viel mitgab und mein Leben bis zum heutigen Tag prägte. Oh, nicht alles im Gefängnis ist schlecht und man kann durchaus Positives mitnehmen, wenn man die richtigen Menschen trifft, so wie ich. Doch der Tod hinter Gittern spielt nun mal eine extrem große Rolle und gerade Menschen wie ich, ***Langzeitgefangene ohne Aussicht auf Entlassung,*** *auch wenn noch nichts sicher klar ist bei mir, wünschen sich einfach nur jeden verschissenen Tag den Tod oder die unverzügliche Todesstrafe! Nicht wie in Amerika, wo man zehn oder mehr Jahre darauf warten muss – vorher noch schön gequält und dann ab zum Henker!*

Weder muss man selbst weiter leiden und alles ertragen und man muss auch nicht weiter das Leid anderer mit ansehen. Ich bin sehr müde von allem und möchte nur schlafen, nichts als schlafen und einfach nicht mehr aufwachen. Was für eine Erlösung nichts mehr ertragen zu müssen, erlöst von all den scheiß Qualen!

Doch sehe ich es als meine Pflicht an, meinen Freunden und all den Menschen diese Zeilen und Erlebnisse zu schreiben, um ihnen einen kleinen Nachlass zu hinterlassen. Ich habe so viele Menschen hinter mir stehen, ja sogar weltweit mittlerweile, die ich nicht ohne Antworten auf so viele Fragen alleine lassen möchte. Ich gebe mir hier also die allergrößte Mühe, um so genau wie möglich alles aufzuschreiben. Verzeiht also das Durcheinander.

Die Aktion Wurst

Ich war irgendwann Hausarbeiter in Amberg. Wir waren zwei Personen, der eine hieß Max und wir waren verantwortlich für die Hygiene und die tägliche Essensausgabe. Mein Mitarbeiter war ein absolut cooler Typ und wir hatten so einiges in Schwung gebracht! Ach eine herrliche Zeit und was ich hier schildere, ist wirklich die absolute Wahrheit und so manch einer wird sicherlich abkotzen bei dem was ich hier gleich schreibe.

Also mein Kumpel und ich organisierten es so, dass wir regelmäßig aus der Anstaltsmetzgerei Wurst bekamen. Doch wir fragten uns, wie wir es am besten anstellen, dass wir täglich gut verpflegt sind?

Zu dieser Zeit waren ständig neue Beamte bei uns auf der Station, die ihren Dienst machten und wir hatten von der Erscheinung und unserem kompletten Auftreten schon so den Eindruck gemacht, dass die anwesenden Beamten sprangen, wenn wir was sagten. So gingen wir gemeinsam zum Beamten und erzählten ihm die Story von der wilden Sau, und dass wir doch zur Metzgerei müssten um ein paar Sachen abzuholen, die auf der Station gebraucht werden. Wir hatten natürlich den Metzgermeister in Beschlag, der ebenfalls ein Gefangener gewesen ist und dort in der Anstaltsmetzgerei das Sagen hatte. So ging also der Stationsbeamte mit uns beiden zur Metzgerei, im Glauben, dass wir täglich was abholen müssten... Als er die versperrte Türe öffnete, wurde mir und meinem Kollegen schon ein großer Eimer entgegen gereicht, mit einem Tuch abgedeckt, so dass man den Inhalt nicht gleich sehen konnte. Dabei beobachteten wir, dass nicht zufällig ein anderer Beamter, der uns kannte, uns sah und wir beobachteten auch den Wachturm, der sich hundert Meter entfernt befand, damit der darin sitzende Beamte uns nicht sah. Der begleitende Beamte war schon sichtlich nervös und merkte, dass gerade irgendetwas verdammt schief läuft und auf keinen Fall nach Vorschrift. Mein Mitarbeiter, Max, hat Schmiere gestanden oder auch mal ich, und ich griff mir den Eimer und sagte zum Beamten: »Alles O.K. und wir können wieder auf die Station.«

Er verschloss die Metzgereitüre, sichtlich immer nervöser, und wir marschierten durch einen Hintereingang in unser Haus und auf die Station, so dass wir von niemandem gesehen wurden. Der Beamte ging in sein Dienstzimmer und mein Arbeitskollege und ich gingen mit dem Eimer in die Stationsküche und deckten das Tuch ab, was auf dem Eimer gewesen ist. Sonst war ja niemand auf der Station. Denn die Mitgefangenen waren entweder arbeiten oder unter Verschluss. Oh was für ein geiler Anblick!

Hier schaute uns eine Stange Salami entgegen, Bierwurst, Presssack, der schon von Weitem schrie »Bitte fresst mich auf!« Mettwurst von einer ganzen Stange, ein großes Stück Schinken, Leberkäse und so weiter. War das geil und nun teilten wir die ganzen Sachen durch drei. Ein Teil für den Metzgermeister, ein Mitgefangener, ein Teil für meinen Arbeitskollegen und mich, und der andere Teil sollte für den Beamten sein, der ungewollt Mittäter wurde. Ich ging ins Dienstzimmer und sagte zum Stationsbeamten: »Das ist für sie.« Und als er das ganze Zeug sah, stellte er keine weiteren Fragen, schaute nur erst etwas dumm aus der Wäsche und packte dann alles schön sauber in seinen Rucksack für zu Hause.

Mein Kollege und ich bereiteten uns dann ein Frühstück zu, welches in Worten kaum zu beschreiben ist. Kaffee auf dem Tisch im Aufenthaltsraum, O-Saft, frische Semmeln und der ganze leckere Aufschnitt und dazu frische Butter, Marmelade und Nutella. Es war einfach alles im Überfluss da und was übrig blieb, bekamen andere, denen wir natürlich vertrauen mussten, ohne dass sie uns verpfiffen. Auch der Metzgermeister verteilte einiges an vertrauenswürdige Mitgefangene. Ein herrlicher Anblick und wir fraßen uns so richtig den Wanst voll!

Manchmal kamen zufällig am Aufenthaltsraum andere Beamte vorbei und schüttelten nur den Kopf, was mein Kollege und ich veranstalteten und wie gut es uns ging. Das machten wir fast täglich und scheißegal welcher Beamter auch gerade da war, wir haben sie wirklich fast alle übernommen! Und jeder bekam aber auch seinen Anteil. Keiner der Beamten konnte sich jemals beschweren! Niemand! Die Semmeln organisierten wir aus der Anstaltsbäckerei, die noch warm waren, oder auch noch ganz warmes Brot und manchmal fiel auch ein Stück Plundergebäck ab, wie etwa eine leckere Nussschnecke oder ein Nusshörnchen. Die Beamten, die uns zufällig beim Frühstück angetroffen haben, schüttelten nur den Kopf, doch niemand stellte auch nur ein Mal die Frage, woher wir denn die ganzen Leckereien hätten.

Ein trauriges Ereignis

Eines Tages hörte ich in der Nacht einen dumpfen Knall, der sich nicht zuordnen ließ. Etwas erschrocken, aber doch nachdenklich über dieses unübliche Geräusch, legte ich mich wieder ins Bett bis zum frühen Morgen um fünf Uhr. Dann blickte ich aus meinem Zellenfenster und sah Richtung Wachturm, wo gerade ein Mega-Aufgebot an Menschen war und auch Fahrzeuge der Polizei.

Etwas später erfuhr ich, dass ein Beamter, den ich sehr gut kannte, sich in der Nacht mit dem Schnellfeuergewehr in den Kopf geschossen hat. Ein Ereignis, was mir bis heute keine Ruhe lässt, ganz besonders die Beweggründe dafür.

Der Beamte, den ich aus Schutz seiner Persönlichkeit nicht nennen möchte, war in der Anstalt bekannt dafür, dass er den Gefangenen hilft, soweit es nur möglich war und er war immer nett und hatte ein offenes Ohr für die Gefangenen. Aber es hat mir an diesen Tag gezeigt wie menschlich wir doch alle sind, und wie sehr auch ein Beamter Depressionen haben kann und Probleme. Er hatte einfach den falschen Beruf gewählt und war hier auch absolut fehl am Platz. Sein ganzes Verhalten unterschied sich von allen anderen Pflegern.

Die Anstaltsleitung kehrte diesen Vorfall einfach unter den Teppich und weder in der Zeitung, noch sonst wo wurde ein Laut darüber vernommen.

Dieses Ereignis ließ mir jahrelang keine Ruhe.

Aus Spaß wurde Ernst

Nun hatte man mich wieder verlegt und ich kam in den F-Bau. Neben meiner Zelle ein junger, aber sehr verrückter Kerl, der sich immer wieder Nachschlag von der Justiz einhandelte und so auch immer wieder beim Kaufmann klaute. Ich machte mir einen Spaß und klopfte am Abend so um 21 Uhr an die Wand und er kam sofort ans Fenster und sagte: »Andy was gibt es?« Ich sagte: »Komm dann rüber, ich bin durch und wir können gehen.« Er antwortete darauf: »Warte ich rauche noch einen Dübel (Joint) und komme dann.«

Ach du Scheiße, keine zwei Minuten später kam das Rollkommando, zog mich aus der Zelle und zerlegte diese zwei Stunden lang ohne etwas zu finden. Anschließend war mein Zellennachbar dran und um Mitternacht war alles vorbei. Dieses Spiel wiederholte sich nun drei mal in Folge und nie hat man irgendetwas gefunden.

Heute kann ich mich outen, denn wir hatten durchaus die Absicht durch den Keller, der direkt zur Straße liegt, zu flüchten und dazu klopfte ich schon ein Stück der Fliesen raus und hatte mir zu diesen Zweck einen kleinen Hammer und einen Meißel besorgt und verdammt gut in der Zelle versteckt. Mir gibt es heute noch ein Rätsel auf, dass das Rollkommando nichts in der Richtung gefunden hatte. Wenn wir um ca. 16 Uhr in den Hofgang gingen, dann konnten wir von da beobachten, dass das Licht anging und jemand in unseren Zellen schnüffelte.

Klar waren wir für die Zukunft vorsichtiger. Als ich das aus dem Fenster relativ leise zu ihm rief, muss das irgendwie ein Beamter aus dem benachbarten Büro mitbekommen haben und rief daraufhin seine Kollegen zur Hilfe. Also diese Fluchtmöglichkeit war begraben und verbrannt.

Eines Tages hörte ich jedoch, dass im zweiten Stock mehrere Gefangene sich durch die Toilettendecke gruben, um so auf das Dach im C-Bau stiegen. Doch die waren sowas von laut auf den Ziegeln, dass auch hier ein Bulle hellhörig wurde und plötzlich alles um das Haus, sowohl im Innenhof als auch im Außenbereich umstellt war und die Feuerwehr anrückte und die Bullen jeden einzelnen vom Dach runterholten. Die Konsequenz war, dass alle für mehrere Wochen im Bunker landeten und dann auf andere Stationen verlegt wurden. Schade, ich hätte es ihnen so gegönnt und auch eine Niederlage für die Knastleitung wäre super gewesen.

In den Neunzigern versuchte ich entschlossen einen Ausbruch zu starten. Die Gitter waren aus Manganstahl, also gar nicht so leicht durchzusägen. So entwarfen wir, drei an der Zahl, ein Erodiergerät mittels Starkstrom, Salz und Wasser und setzten das Gitter unter Starkstrom. Das funktionierte wie ein heißes Messer durch kalte Butter.

Als wir das Gitter durch hatten, mussten wir nur noch den Anker aus einem Stuhl und Seil vorbereiten, um über die Mauer zu kommen, was ein Kinderspiel gewesen wäre, da es keine Überwachungskameras oder Wachturm gab.

Gut, gesagt und getan. Doch einer von unserem Trio fehlte und war auf der Station nicht aufzufinden. Es war wieder Abend und draußen stockdunkel, ideal zur Flucht.

Das ganze Geschehen spielte sich in der Müllkammer ab und um an die ganzen Kabel zu kommen meldeten wir uns freiwillig zu einem Lehrgang im Elektrobetrieb, wo wir alles klauten, was wir benötigten. So schmuggelten wir einfach alles raus, und ich meine wirklich Alles!

Aber als es soweit war, fehlte einer und wir warteten, wie abgemacht, in der Müllkammer. Doch plötzlich ging die Türe auf und mehrere Beamte standen da und schauten sich erst mal verdutzt das Ergebnis an, denn das war einzigartig in ganz Deutschland und hat es auch so nie wieder gegeben. Wir wurden beide abgeführt in die Arrestzellen und ich sagte nur noch laut: »Diese kleine Drecksau hat uns verraten.« Ich, der Anführer der kleinen Gruppe, wurde zu vier Wochen Bunker und Bibel Lesen verurteilt. Der andere zu zwei Wochen. Und die Ratte wurde in sein Heimatland Österreich abgeschoben, noch in der gleichen Woche. Das schien seine Bedingung und das Entgegenkommen der Anstaltsleitung gewesen zu sein.

Ich ärgerte mich noch lange darüber, denn es war alles fertig und wir hätten es auch geschafft. Würde ich die Sau heute erwischen, nach so vielen Jahren, er würde seine Quittung im Nachhinein bekommen. Denn ich vergesse das niemals!

Irgendwann musste ich in dem Malerbetrieb in der JVA Amberg arbeiten und das waren Zustände, die man sich kaum vorstellen kann. Es wurde mit chemischen Mitteln aus 200 Liter Fässer gearbeitet und für die Firma Grammer Fensterrahmen hergestellt. Irgendetwas lief da mit dieser Maschine schief und die chemische Substanz aus dem 200 Liter Fass war nicht mehr zu gebrauchen. Ich musste also dem Malermeister dabei helfen, dieses Fass heimlich verschwinden zu lassen und niemand von dieser bekannten Firma, noch Anstaltsleitung durfte das erfahren. Mir war sehr mulmig zumute. Dieses drecks chemische Fass wurde einfach an Ort und Stelle vergraben, da sich neben der Malerei ein Schweinezuchtbetrieb innerhalb der Anstalt befand. Ich teilte dies natürlich meiner Anwältin mit, für den Fall, dass diese Sache einmal auffliegen sollte.

Manche Machenschaften waren wirklich sehr erschreckend, aber was hätte ich zu dieser Zeit auch machen sollen?

Eines Tages ließ ich mir original japanisches Seidenpapier und Leinwände über eine spezielle Firma schicken, was natürlich irre kostspielig gewesen ist. Viele sahen, sowohl Beamte als auch Gefangene, was ich für tolle Kalligraphien machte und da kam ein Angebot nach dem anderen von den Beamten, Kalligraphie auf Leinwand zu pinseln. Sofort kam die Frage, was ich denn dafür möchte. Ich ließ mich also in Form von Lebensmitteln von den Beamten bezahlen, die mir sogar mitten in der Nachtschicht die Kostklappe öffneten und tütenweise frische Sachen aus der Metzgerei durch reichten. Geil! Einfach nur Geil!

Klar teilte ich das mit meinen Freunden bei dem wenigen Aufschluss oder Duschen. Das kam dann regelmäßig vor, dass in der Nacht die Kostklappe geöffnet wurde und einer der Beamten fragte, wie weit sein Bild mit japanischen Schriftzeichen wäre. Tabak wollte ich nicht, also ließ ich mir nur Essen bringen, was es so in der Anstalt nicht gab.

Ein wirklich sehr lukratives Geschäft...

Irgendwann freundete ich mich mit dem Beamtenkoch an. Er war für das Beamtenessen zuständig, für welches die Beamten allerdings zahlen mussten. Also pro Essen um die 3,50 Euro. Dieser Freund war genial, denn er brachte mir heimlich fast ein Jahr kostenlos täglich eine große Portion Beamtenessen vorbei, was logischerweise nicht mit unserem zu vergleichen war. So gab es Filet mit leckerer Rahmsoße und Rosmarinkartoffeln, oder Forelle á la Müllerin Art. Selbst die Süßspeisen waren ein Traum!

Die Beamtenkantine befand sich außerhalb der Anstalt, circa 50 Meter entfernt und der Gefangene hatte das Privileg jeden Tag in der Kantine von den Bullen zu arbeiten. Ich frage mich noch heute, wie er das geschafft hat, immer zwei Edelstahltöpfe von draußen durch die Torwache zu bringen, ohne dass Fragen gestellt wurden. Das ging ein Jahr super gut und ich nahm das Anstaltsessen schon gar nicht mehr an. Eine weitere Genugtuung für mich, denn die mussten für ihr Essen bezahlen und ich bekam es gratis...

Leider wurde dieser Freund dann entlassen und da war Schluss mit diesen Leckereien. Aber wie sagt man so schön, die Not macht erfinderisch und so kam ich auf eine weitere Idee.

Da ich unglaublich gerne Pfannkuchen esse und es in Amberg leider keine Eier zu kaufen gab, ging ich zu einen Beamten und fragte ihn frech, ob er mir nicht Eier und das ein oder andere mitbringen könnte und ich würde ihn in Form von Briefmarken bezahlen.

Bingo, der Beamte ließ sich darauf ein und so hatte ich wieder eine Quelle aufgemacht und machte mir zusammen mit meinen zwei Arbeitskollegen aus der Bücherei regelmäßig mittels einer 220 Volt Kochplatte, die wir ebenfalls vom Beamten kauften, Pfannkuchen. Klar durfte dies niemals jemand mitbekommen. Da aber ohnehin niemand die Bücherei betreten durfte, waren wir relativ ungestört.

Andi, ein Journalist, und ich kochten und Miro, unser Legionär, der im ersten Irakkrieg war, passte auf, falls nicht doch jemand auf die Idee kommen könnte, mal nachzusehen, denn es roch verdammt lecker. Unser Betriebsbeamter war ja öfters in der Anstalt unterwegs und schloss uns in die Bücherei ein. So waren wir für die Zeit ungestört und für den Beamten war wichtig, dass er sich auf uns verlassen konnte – konnte er ja auch... Das ging soweit, dass wir uns dann irgendwann auch schon zubereitete Sachen an Lebensmittel mitbringen ließen, wie Wiener, Schnitzel oder Döner und ab und zu auch mal für jeden eine Flasche Bier.

Essen ist im Knast sehr wichtig. Das ist wie in der Armee, das Essen hebt oder senkt die Stimmung. Manchmal ließ ich auch von draußen jemanden mit Sachen von McDonalds warten und einer unserer Beamten ging raus, nahm es in Empfang und brachte es über die Torwache und durch die Schleuse zu uns, wo wir es dann gemeinsam mit den Beamten aßen.

Wir gingen auch täglich zum Kraftsport und da man beim Einkauf Aminosäure und verschiedene Eiweißprodukte kaufen konnte und dazu täglich im Hofgang Gewichte stemmen konnte, waren wir alle verdammt gut durchtrainiert. Ich habe noch keinen Knast gesehen wie Amberg oder Straubing, wo wirklich so viele Brecher auf einmal herum liefen. Selbst die Alten mit sechzig Jahren würden draußen auf der Straße die Leute erschrecken. Da ich eh schon immer etwas von über hundert Kilo hatte und trainierte wie ein Besessener, hatte ich ein leichtes, meine Figur gut zu halten. Dazu mein täglicher Kampfsport, der mich über die Jahre fit hielt. Tja, und dank der Fresserei der Pfleger war auch für die Ernährung gesorgt. Passende Trainigspartner fanden sich immer und ich hatte das Glück einen Ex-Europameister und dann Weltmeister im Kickboxen an meiner Seite zu haben. Ein Hammer Typ, der die Kokosnüsse nur so zerschlug mit seinen Händen.

> *Hier in Italien wäre ein solches Training fast unmöglich, da die Mentalität eine ganz andere ist und vielleicht auch provokativ erscheinen könnte. So vermeide ich fast schon meine Kata-Übungen, da man eh nie ungestört ist. Eigentlich ist hier das ganze System auf einen Witz aufgebaut. Was will man hier schon für sportlichen Aktivitäten nachgehen?*

Briefmarken waren überhaupt kein Problem, da diese in Deutschland als Tauschgeschäft 1:2 angesehen werden. Und es gab in Deutschland so gut wie kein Limit mit dem Bezug von Briefmarken, so dass man sich welche schicken lassen kann und genug kaufen konnte.

Ich hatte mal einen Freund, der in seinem Stuhl und in zig Büchern um die 10.000 Briefmarken einarbeitete, so dass sie von den Beamten nie gefunden wurden. Allerdings hatte der Idiot die Rechnung ohne den Wirt gemacht. Denn er dachte, wenn er entlassen wird, bringt er diese zur Post und lässt sich auszahlen. Tja, falsch gedacht, denn die deutsche Post nimmt nur bis zu zehn Briefmarken an.

Und als er nun entlassen wurde, saß er auf seinen Marken und musste sie sehr weit unter den Wert schwarz verkaufen, was sich gar nicht so leicht heraus stellte. Er meinte diese an Firmen verkaufen zu können. Geschieht ihm recht, denn er zockte die Gefangenen regelrecht ab, wenn er Dinge wie Kuchen oder Tabak verlieh. Der Typ war total geizig und hortete wirklich alles auf extremen Vorrat.

Wahrscheinlich sitzt er heute noch auf einem Teil seiner Briefmarken.

Ich habe gelernt, dass im Knast wirklich alles möglich ist, wenn man nur will! Wenn man nur den Willen dafür aufbringt und sich gut untereinander organisiert, schafft man wirklich alles. Doch der Zusammenhalt hier ist nicht das was ich erwartet habe.

Im Internet steht, dass Secondigliano, der italienische Knast in dem ich gerade sitze, zur zweithöchsten Sicherheitsstufe in der Region gehört. Da muss ich oft innerlich lachen, denn auch hier beobachte ich oft so viele Sicherheitslücken und es ist wirklich in keiner Weise ein Vergleich mit Deutschland! Auch wenn sie alle vor der Anstalt eine Waffe tragen, ist es doch lächerlich und in Deutschland wäre das unmöglich! Aber, und das muss erwähnt werden, so locker sie hier herum springen und nachlässig mit vielen Dingen sind, so sind sie dennoch nicht zu unterschätzen.

Ich konzentriere mich sehr auf sie, so dass ich ganz genau weiß, wie jeder einzelne von ihnen tickt und wie man ihn nehmen muss. Jede Bewegung, jede Geste, jede Haltung, einfach alles.

Das hat sehr viele Vorteile, aber auch Nachteile.

Das Ehe - und Partnerseminar

Es gab auch die Möglichkeit mit seiner Partnerin an einem Eheseminar teilzunehmen. Dies sah so aus: Ein 8-stündiges Beisammensein mit der Partnerin inklusive Knastfressen, alles am Samstag und in Privatkleidung. Dabei war ein Beamter, der allerdings fast immer eingeschlafen ist und der evangelische Anstaltsgeistliche. Diese Treffen fingen um neun Uhr morgens an und gingen bis zum frühen Abend. Tja, und jede Partnerin, auch meine, hatte einen Rock an. Es hatte mit einem Partnerseminar eigentlich recht wenig zu tun, sondern glich eher einem halben Porno. Kann man es den Menschen verübeln, wenn sie so lange getrennt sind und in absoluter Abstinenz leben müssen?

Ich sage nein, das ist nur zu menschlich!

Es wurde gefummelt, was das Zeug hielt und bei der Zigarettenpause, bei der man auf dem Gang rauchen musste, war doch rein zufällig ein Treppenaufgang offen. Das war einfach genial, denn jedes Pärchen ging abwechselnd zum Stelldichein den Treppenaufgang hoch und vögelte. Einer schwängerte dabei seine Frau und so flog das Ganze natürlich auf. Denn als die Frau in der Anstalt anrief und der Anstaltsleitung mitteilte, dass ihr Mann gefälligst nun entlassen werden müsse, um sich um seine Familie zu kümmern, da sie ja nun schwanger sei, kamen von Seiten der Anstaltsleitung alle Fragezeichen hoch, wie das denn möglich wäre. Nach einem Outing, dass man doch das Kind beim Eheseminar gezeugt hatte, gab es die hellste Aufregung und das Ende vom Lied war, dass man einen strengeren Beamten zur Aufsicht beim Ehe- und Partnerseminar mit reinsetzte, was aber keinen daran hinderte, weiter gegenseitiges Petting zu vollziehen.

Der Gefangene wurde tatsächlich nach einigen Monaten entlassen.

Es gab aber auch Treffen für zwei Stunden mit der Partnerin, direkt im Büro des Pfarrers. Und was da los war, ist kaum zu glauben. Klar wurde gefummelt, so unauffällig, wie es nur ging. Aber dem Pfarrer dürfte das wohl kaum entgangen sein. Vielleicht war es für ihn ja wie in einem Sexkino, ich weiß es wirklich nicht. Aber nie hat er eingegriffen, ganz im Gegenteil, manchmal verließ er den Raum für wenige Minuten und länger dauerte es eh nicht...

Er stellte brav Kaffee und Kekse hin, machte seine Arbeit und ging Anträge durch, und das Pärchen beschäftigte sich, quatschte irgendeinen Scheiß und fummelte wie wild an sich rum. War er kurz draußen, dann ging es ganz schnell zur Sache, allerdings immer mit dem Risiko, dass jemand ins Büro kommen könnte. Während ich diese Zeilen schreibe, muss ich einfach nur den Kopf schütteln bei dem, was ich alles erlebt habe. Doch wie bereits gesagt, es sind einfach nur menschliche Bedürfnisse, die ein Pärchen in einer solchen Situation den Verstand verlieren lässt. Menschlich, einfach nur menschlich. Wer muss sich also schämen? Schämen muss sich der Staat und die Institution!

In Bayern gibt es keinen Langzeitbesuch, wo Paare die Möglichkeit haben, miteinander ungestört zu sein und ihren Verlangen nachzukommen. Was bleibt einem also anderes übrig? Vielleicht liegt es auch ein wenig daran, dass Bayern überwiegend katholisch ist.

Ich erlebte einmal einen Vorfall, wo zwei Homosexuelle es in einer Zelle trieben und ein Beamter sie erwischte. Beide mussten deswegen zum Strafrapport. Für mich unbegreiflich! Warum zwei Menschen bestrafen, die ihren ganz normalen Bedürfnissen nachkommen? Ich frage mich: Fickt ihr draußen nicht auch, wenn ihr Bock dazu habt? Ich störe euch doch auch nicht dabei.

Andere Bundesländer sind da schon etwas weiter. Jedoch gestaltet sich ein Langzeitbesuch und die Genehmigung dafür auch nicht gerade leicht. So wird die Partnerin zu einem Gespräch mit Sozialarbeiter und Abteilungsleiter eingeladen und erst mal schön ausgefragt, wie sie denn zu allem steht, z.B. die Straftat ihres Mannes und die weitere Zukunft. Wenn eine Partnerin da nicht vorsichtig ist, mit dem was sie sagt, wird der Antrag auf Langzeitbesuch abgelehnt und man kann es in einen halben Jahr mal wieder versuchen.

Es sind einfach nur richtige Dreckschweine und das habe ich selbst mit meiner Frau in der JVA Burg erlebt. Sie versuchen einem das Wort im Munde herum zu drehen, um einen Grund zu finden, dass sie einen Langzeitbesuch ablehnen können. Wir, meine Frau und ich wollten einfach nur ein paar schöne Stunden haben vor der Auslieferung nach Italien. Da uns klar war, dass es Jahre dauern kann, bis wir uns wieder in die Arme schließen können und solche Möglichkeiten wie etwa Langzeitbesuch oder Ehe- und Partnerseminar in Italien nicht existieren. Doch diese Argumentation hat diese Schweine nicht interessiert. Sie wussten genau, dass wenn ich ausgeliefert werde, es ewig dauern kann, bis ich meine Frau wiedersehe. Obwohl sie unserer Anwältin versicherten, dass wir die Möglichkeit eines Langzeitbesuches bekommen, haben sie ihr Wort nicht gehalten.

Suizid hinter Gittern

Auch das ist ein schwieriges Thema.
Doch um zu verstehen, was in den Menschen vor geht, sind viele Aspekte zu betrachten:
a.) Was hatte er für ein Umfeld?
b.) Wie sind die familiären Umstände?
c.) Wie ist das Urteil verlaufen und welche Aussichten hat der Gefangene?
d.) Wie sind die Haftumstände?
e.) Wie ist sein Gesundheitszustand?

Ich kenne viele Gefangene, die zum größten Teil hohe Haftstrafen bekommen haben, meist wegen Mord oder Ähnlichem. Aber auch welche die wegen wirklichen Lappalien zu Haftstrafen verurteilt wurden, die nicht in Verhältnis stehen. Viele dieser Menschen, die ich persönlich kenne, wünschen sich nach dem Urteil oder auch einige Jahre später, am liebsten die Todesstrafe.

Nun fragt man sich, warum der Mensch nicht seinem Leben ein Ende setzt… Das ist oft leichter gesagt als getan. Viele kämpfen dagegen an und versuchen dennoch den Alltag zu bewältigen, so gut es geht und geben die Hoffnung nicht auf.

Doch Menschen wie ich, Langzeitgefangene ohne Aussicht auf Entlassung, wünschen sich einfach nur die Todesstrafe zurück, einen Kopfschuss, die Guillotine oder das Erhängen aus einer Fallhöhe von mindestens einem Meter Höhe, so dass das Genick sofort bricht. Man hat keinen Schmerz und es ist sofort vorbei! Es gibt Augenblicke, da wünscht man sich in den USA in Haft zu sein, nur dass dort das Warten auf die eigentliche Hinrichtung über zehn Jahre dauern kann. Was hat das für einen Sinn den Menschen solange zu quälen ?

Also suchen die stark Entschlossenen den einfachsten Weg ihrem Dasein ein Ende zu setzen und entweder man hat den Mut dazu oder aber man resigniert komplett und lässt das System gewinnen.

Natürlich denkt man in diesem Augenblick an die Liebsten und Angehörigen und was man diesen doch damit antut und wie sehr der hinterbliebene Partner doch leiden würde. Wenn man damit anfängt und sich darüber Gedanken macht, wird man es nie verwirklichen. Man klammert sich an den letzten Strohhalm und gerade die sozialen Kontakte nach draußen sind für jeden einzelnen von uns wichtig. Wir sind wie kleine Kinder, wie Schutzbefohlene – bricht draußen etwas ein, brechen auch wir zusammen. Deshalb sagte ich in vielen Vorträgen, dass wer einem Gefangenen ernsthaft schreiben möchte, sich im Klaren sein sollte, was das für eine große Verantwortung ist, die man auf sich nimmt. Diesen Kontakt zu pflegen, setzt viel Einfühlungsvermögen voraus und kann dann nicht nach einer gewissen Zeit einfach eingestellt werden, weil sich der draußen sagt, dass er vielleicht nun etwas besseres oder anderes zu tun hat. Jeder sollte sich im Vorfeld Gedanken machen, ob er wirklich diese Verantwortung auf sich nehmen kann und möchte, einem Gefangenen zu schreiben. Ich persönlich rate auch jeden ab, mehreren Gefangenen gleichzeitig zu schreiben, da es, über kurz oder lang, zu viel werden kann und man sich selbst damit überfordert.

Der Tod ist unweigerlich vorgeplant und kommt, früher oder später, ohnehin zu einem. Er ist Teil des Lebens und keiner kann sagen, was danach wirklich kommt. Ich persönlich bezeichne es als schlafen ohne träumen, da ich jeglichen Glauben und alles, was man mir von Kindes an eingetrichtert hat, verloren habe. Würde es etwas Höheres geben, so stellt sich mir die Frage, warum es all das Unheil und Leid zulässt! Eine einzige Erklärung wäre, dass es einfach nur pervers veranlagt ist, nicht mehr und nicht weniger. Dass es Spaß hat am Leid anderer, ein perverses Stück Scheiße ist.

Jeden Tag versucht man sich mit etwas Hoffnung aufzurappeln, wieder neu aufzustehen, doch von Tag zu Tag wird es immer schwieriger! Wie lange ich persönlich diesem Druck noch standhalte, kann ich gar nicht sagen.

Man verliert jedes Raum- und Zeitgefühl. So kann ich mich kaum an manche Dinge erinnern, wann sie genau gewesen oder vorgefallen sind. Ein schlimmer Zustand, wenn man kein richtiges Zeitgefühl mehr besitzt. Aber wen wundert es schon, ist doch jeder Tagesablauf ohne Abwechslung – alles das Gleiche. Alles wiederholt sich Tag ein, Tag aus.

Diese Welt zu beschreiben, denn es ist eine andere Welt, ist verdammt schwierig.

Doch versuche ich alles so gut zu erklären, wie es mir nur irgendwie möglich ist, um den Leser einen zumindest kleinen Einblick zu geben und verstehen zu lassen, was gerade Langzeitgefangene, ohne die Aussicht in ein paar Jahren entlassen zu werden, durchleben.

Ich hoffe es gelingt mit etwas.

Samstag, den 30. November 2019, auf Sonntagnacht, den 01.12.2019, beging ich selbst einen Suizid und wurde leblos in meiner Zelle gefunden. Nach unzähligen Reanimationsversuchen schaffte man es, mich wieder ins Leben zurückzuholen.

Während der Aufwachphase und auch später noch in der Intensivstation war es für mich eher ein Schock immer noch in dieser Welt zu sein und mein Ziel nicht erreicht zu haben. Die Anstalt war sehr überfordert und es dauerte zwei Stunden, bis man einen Notarzt rief, was ich mir im Nachhinein habe sagen lassen.

Zwei Tage kämpfte man um mein Leben, intubierte und hängte mich jeden Tag an Maschinen und intravenösen Medikamente, die ständig in der Nacht aufgefüllt wurden, ja sogar fast stündlich.

Ein sehr schlimmes Ereignis, auf was ich aber nicht näher eingehen möchte. So stehe ich leider immer noch unter Schock und es scheint mir, dass ich durch diese Vergiftung etwas davon getragen habe!

Ich habe starke Gedächtnislücken und kann mich stellenweise an manche Dinge nicht mehr erinnern. Das hatte ich zwar wahrscheinlich durch meinen allgemeinen Zustand schon vorher, aber es hat sich durch den Suizidversuch und die Medikamenteneinnahme noch verschlimmert. Ich muss mich oft sehr anstrengen, in die Vergangenheit zu gehen und um mich richtig zu erinnern.

Nach sechs Tagen unterschrieb ich freiwillig, wurde dazu aber durch einen Inspektor, der für die Gefangenen zuständig ist, richtig genötigt und somit bat ich wieder in die Anstalt verlegt zu werden. Der Doktor war sichtlich sauer und sagte mir: »Sind sie sicher? Denn sie haben einen Tumor.« Ich antwortete: »Ja!« Das Krankenhaus hat mich wie ein Stück Scheiße behan-

delt, was ich hier im Knast niemanden erzählte.

Gerührt war ich von dem Spektakel, als ich mein Haus betrat, denn es kamen ALLE auf mich zu, drückten mich und sprachen mir gut zu. Nie hätte ich so was erwartet. Selbst die stellvertretende Anstaltsleiterin drückte mich so innig, was mich sprachlos machte und sie meinte, dass ich doch jederzeit zu ihnen könnte. Egal was auch immer ich auf dem Herzen haben würde. Die Menschen auf meiner Station haben sich zusammen geschlossen und mit der Anstaltsleitung geredet, dass sie mir alle helfen möchten und besonders, dass ich endlich die Ereignisse aus meiner Vergangenheit, insbesondere die Haft und deren Zustände vergesse und mich öffne. Natürlich ist jedem klar, dass dies ein langwieriger Prozess ist und nicht von heute auf morgen funktioniert.

Nie hätte ich soviel Anteilnahme erwartet, egal ob von meinen Mitgefangenen oder auch von den Beamten und der Führungsspitze. Ja, selbst Beamten, die ich gar nicht kannte, kamen auf mich zu und man versuchte mir in allem plötzlich entgegen zu kommen, Zusatztelefonat und auch wöchentliches Videotelefonat per Skype.

Mittlerweile wiege ich von einst mal hundert Kilo nur noch siebenundsechzig, was nicht normal ist. Dazu die Dauergrippe und auch meine Lunge brennt wie Feuer. Meine Augen werden schlechter und ich bekomme einen regelrechten Blutstau in den Beinen und Armen. Auch habe ich fast täglich Fieber. Einst ein begnadeter Kampfsportler und bis vor Monaten noch relativ fit, falle ich plötzlich zusammen, obwohl ich Nahrung und Trinken zu mir nehme.

Es waren viele Aspekte, die mich zu dem Entschluss geführt haben. Doch am schlimmsten war das Trauma, das ich tief in mir trage. Ich bin noch lange nicht über diesen Punkt hinweg und werde noch sehr lange brauchen, um vieles zu verarbeiten, was ich aber alleine nicht schaffe.

Da ich nun nicht mehr alleine in meiner Zelle sein darf, erklärte ein holländischer Mitgefangener, der super nett und voller Respekt ist, dass er zu mir in die Zelle kommt. So habe ich jemanden mit dem ich auf Deutsch sprechen kann. Sicher wird es ein halbes Jahr dauern, bis ich wieder soweit sein werde, um alleine in meiner Zelle zu sein. Doch dieser Mensch ist außergewöhnlich und hat sehr viel Einfühlungsvermögen. In der Zelle, da ich jeden Tag arbeite, muss ich mich um wirklich nichts kümmern. Ja, er bereitet mir sogar Essen vor, falls ich mal dazwischen kurz auf die Station komme. Besser hätte ich es nicht erwischen können. Natürlich ist mir bewusst, dass ich für meinen Zellenkollegen sehr anstrengend bin. Manchmal rede ich Tage kein Wort und dann bin ich wieder schlagartig mitteilungsbedürftig und er hört mir mit echt sehr viel Geduld zu. Natürlich übt er bei bestimmten Themen auch Kritik aus und ich weiß auch, dass er meistens recht hat. Aber mein Sturkopf und Temperament ist schwer zu zügeln. Ich mag ihn sehr und ich weiß jetzt schon, dass es mich sehr treffen wird, wenn er oder ich einmal verlegt werden sollten. Er ist einer der Wenigen, die so viel über mich wissen, mich trotzdem so nimmt, wie ich bin und das ist aber auch umgekehrt so. Auch er hat eine bewegte Vergangenheit, über die wir zwar nicht sprechen, aber die ich ihm ansehe.

Jedoch ist es für mich sehr ungewohnt, dass nun plötzlich jemand mit mir in meinem Haftraum ist. Auch das ist ein langwieriger Prozess. Jeder Mensch, auch mein neuer Zellenkollege und Freund benötigt eine gewisse Privatsphäre und diese fehlt mir wirklich sehr. Ein Mensch muss sich persönlich entfalten können. So war es zum Beispiel ein Schock, als er in der Zelle Ordnung schaffte, während ich in der Arbeit gewesen bin, und er meine Diplome und Fotos von der Wand entfernte. Darüber war ich sehr traurig und niedergeschlagen. Denn ich muss irgendwie etwas von meinem Leben sehen.

Wenn ich die Augen zu habe, auf dem Bett liege und sie dann öffne, so fiel der erste Blick auf meine Bilder und Diplome und dieser Anblick machte mich immer etwas stolz und zeigte mir, was man doch erreichen kann. Natürlich und gerade sehr wichtig das Foto der Liebsten. Es war ja vorher mein Raum, meine Zelle oder wie man hier sagt, mein Zimmer. Andere interessierten mich nicht. Es ist mein Rückzugsort, den ich nun teilen muss.

Ich merke auch, dass ich nun in der Zelle Hemmungen zu schreiben habe und es nicht mehr so kann wie vorher. Dennoch, dieser holländische Freund versucht viel auf mich und meine Bedürfnisse einzugehen und dafür zolle ich ihm sehr großen Respekt. Ich bin mir sicher, dass es mit jemand anderen ein Riesentheater gegeben hätte. Aber dieser Mensch hat selbst in Holland und Deutschland die Gastfreundschaft der Justiz über Jahre genossen und weiß daher wie es mir geht. Er ist mir ein sehr guter Freund und Vertrauter geworden und für meine Freunde würde ich alles tun, egal was, und das wissen auch die Menschen draußen, die mich kennen.

Jedoch bin ich ehrlich zu mir, zu meinen Freunden und meiner Frau: Ein zweites Mal werden sie mich nicht wieder ins Leben zurück holen. So versprach ich bis zur nächsten Instanz durchzuhalten und abzuwarten, was dabei raus kommt. Sollte es genau so korrupt laufen wie in der ersten Instanz, dann war es das für mich.

Beschäftigung hinter Gittern

Was macht man den ganzen scheiß Tag in seiner Zelle, wenn man ohne eine eingeteilte Arbeit ist?

Es gab unterschiedliche Möglichkeiten, die ich in der JVA Amberg ausprobierte.

So verwirklichte ich endlich meinen jahrelangen Traum wahr und machte ein Fernstudium an einer Universität in Japanisch in Wort und Schrift, sowie Landeskunde und alles was dazu gehört. Dafür wurde ich von meinen Angehörigen finanziell unterstützt und ich schloss das Studium ab. Viele Menschen fragen mich in Briefen, was ich an Japan so toll finde. Nun das ist eigentlich leicht zu beantworten: Für mich ist es das Land des ewigen Lächelns – so schwer die Dinge auch fallen, wie Tsunami, Erdbeben und so weiter. Nie verlieren sie die Beherrschung und wahren immer ihr Gesicht, den Stolz und die Ehre! Immer ein Lächeln, so schlimm das Leben und Schicksal einem auch mitspielt. Zudem bin ich auch verbunden mit der konsequenten Disziplin und mit meinen jahrelangen Kampfsport und Besuchen in Japan.

Ich beneide diese Menschen mit welch einer Gelassenheit und Ruhe sie alles angehen. Ich glaube das ist eine Mentalität, von der wir alle noch etwas lernen können. Das ist meine Einschätzung. Nie habe ich gegenüber anderen Menschen so offen darüber gesprochen und durch diese Zeilen lernen viele mich erst richtig kennen, obwohl sie schon Jahre mit mir befreundet sind.

Weiter gab es die Möglichkeit mit Furnier und einfachen Schneidewerkzeugen zu arbeiten und hier machte ich japanische Intarsienarbeiten und Schachbretter, die überall gut angekommen sind und ich an Angehörige verschenkte. Dann kam das Malen mit dazu; Van Gogh, Salvador Dalí und so weiter. Auch in der Ölmalerei hatte ich eine kleine Gabe entwickelt und hatte sogar eine große Staffelei in der Zelle. Weiter machte ich dann mit Scherenschnitten und die waren bei allen ein echter Knaller. Ich hatte zusätzlich über hundertzwanzig Bücher in meiner Zelle und durfte sogar Regale anbauen. Jedoch musste man sich für die Beschäftigungen selbst um alles kümmern und die Angehörigen bitten, dass sie einen unterstützen. Ohne diese hätte ich sicher nie all das machen können. Meine Bücher bestanden zum größten Teil aus Marx, Nietzsche, Shakespeare, auf den ich total abfahre, Heine, Leibniz, Goethe, Schiller, Aristoteles, Sokrates, Homer und so weiter.

Ich schaffte mir einen eigenen Tagesablauf, indem ich morgens um fünf aufgestanden bin, etwas meine Kata aus dem Karate machte und dann um 6 bis 7 Uhr aufgesperrt wurde und ich meine tägliche Post im Dienstzimmer abgab. Anschließend sah ich Schulfernsehen BR alpha, machte Latein, spielte gegen mich selbst Schach oder spielte Partien nach. Dann kam das Basteln und danach Briefeschreiben. So war mein Tagesablauf einigermaßen ausgereizt und mir war sehr wichtig, vom Kopf nicht still zu stehen, sondern sich immer weiterzuentwickeln.

Doch nebenbei verfiel ich oft in starke Depressionen und hatte Suizidgedanken, die bis heute immer präsent sind und mich ständig begleiten. Mal sind sie leicht und ich versuche sie zu ignorieren, oder sie sind so stark, dass ich wirklich kurz davor stehe.

Aber ich baute mich mit dem Gedanken wieder auf, einen Fluchtweg zu suchen und das motivierte ein wenig. Leider ist dabei nie wirklich etwas Positives raus gekommen… Unrealistische Träume, aber genau die machen einen kleinen Teil aus, um wieder aufzustehen.

In den Hofgang ging ich fast nie, obwohl man im Sommer draußen Gewichte stemmen konnte, Basketballspielen, Volleyball und so weiter, eben wie in Amerika. Ich isolierte mich und blieb in meiner Trauer und meinen Träumen alleine.

Natürlich verstand ich mich mit fast allen in der Haft, gerade mit den ausländischen Gefangenen. Ich half und war eigentlich für jeden da, der mich brauchte oder wenn es innerhalb der Anstalt was zu schmuggeln gab, was von A nach B kommen musste. Manchmal sitzt man aber auch da, zählt die Monate und Jahre, die noch vor einem liegen und dann geht es wieder los, man verfällt in eine Stimmung der Depressionen und ist wieder kurz vor dem Aufgeben. Es ist ein täglicher Kampf und diese Gedanken kommen ständig!

Diesen täglichen Kampf durchzuhalten ist ständiger Begleiter. Und manchmal dreht sich der Kopf als würde er jeden Augenblick zerplatzen. Manchmal gibt es so Tage, da läuft man in der Zelle stundenlang auf und ab, versucht dabei von den Gedanken etwas runter zu fahren oder aber man hat seine Tagträume. Am Abend schaut man dann wieder aus dem Fenster, obwohl man kaum etwas sieht und nur ganz weit entfernt Häuser erblickt.

Dann plant man seinen Tagesablauf für den nächsten Tag. So machte ich mir eine Art Stundenplan, damit der Tag auch wirklich ausgefüllt ist. Tagsüber legte ich mich nur sehr selten auf das Bett, denn ich wollte nicht einschlafen. Da man sich schnell an solche Marotten gewöhnt und nur schwer wieder aus diesem Rhythmus raus kommt. Man liegt nachts im Dunkeln auf seiner Pritsche und die Gedanken kreisen um einen und es sind tausende Gedanken in einem Kopf. Man denkt an seine Liebsten da draußen, ob es ihnen denn allen gut geht oder auch wie man den nächsten Tag sinnvoll gestaltet… Man flüchtet sich in Tag- und Nachtträume.

Manchmal macht einem auch das Leid anderer sehr zu schaffen, wenn man mitbekommt wie sie plötzlich durchdrehen, eine Gemeinschaftszelle komplett zerlegen und außen vor dem Gitter die Beamten stehen und erst mal ruhig versuchen den Gefangenen zu besänftigen. Nein, hier in Italien ist das nicht wie in Deutschland, wo einer gleich an den Haaren gepackt wird und sich zwanzig Beamte auf einen stürzen, dir alle Knochen verdrehen, so dass dir die Luft wegbleibt, dich absondern von allen anderen und dann ein paar Schweine dabei sind, die es dir dann richtig besorgen! Danach erkennst du dich im eigenen Spiegel nicht mehr, insofern du überhaupt einen hast. Jeder Knochen tut dir weh, jede scheiß Bewegung. Und wenn man zum Sani bzw. Arzt gehen will, kommst du erst gar nicht zu ihnen, sondern sie kommen zu dir. Und obwohl ihnen ganz klar ist, woher die Verletzungen herrühren, ergreift niemand Partei für dich. Du bist halt gestürzt oder hast dich extrem gewehrt, das hört man dann zur Antwort.

So gibt es ein paar Vorfälle, die ich zwar schon in Briefen geschrieben habe, aber trotzdem hier nochmals erzählen möchte.

Im Jahr 2012 bekam ich durch reinen Zufall eine *Gefangeneninfo* in die Hand und ich dachte mir, dass ich da doch mal hinschreiben könnte. Es dauerte auch gar nicht lange und prompt kam ein ganz lieber Brief aus Hamburg, von Menschen mit denen ich heute noch sehr verbunden bin. Erst ab diesem Zeitpunkt wusste ich über die Organisationen und was Solidarität heißt Bescheid. Ich hatte keine Ahnung was das *Gl* ist und freundete mich schnell mit vielen Menschen an, die ich dann alle auch irgendwann in Freiheit traf. Einige besuchten mich auch schon fast regelmäßig, auch ein befreundeter Herausgeber der GI.

Ich schrieb was das Zeug hielt, erzählte über die Machenschaften innerhalb der Anstalt und den Zuständen. Eines Tages entschloss ich mich aus Protest in den HS (Hungerstreik) zu gehen, den ich auch konsequent durchführte und man verlegte mich nach dem dritten Tag ins Spital, isoliert von allen anderen, damit sich auch ja keiner meinem Protest mit anschließt. Ich rührte keinerlei Nahrung mehr an und trank am Tag nur zwei Becher schwarzen Kaffee. Täglich kam ein höherer Beamter zu mir ins Krankenzimmer und versuchte auf mich einzureden. Man versuchte mir auch das Mittag- oder Abendessen so richtig schmackhaft zu machen, was mich kalt lies. (Das Essen war wirklich top.) Am Tag verlor ich ein Kilo Gewicht, da ich in der Krankenzelle ständig auf und abging. Klar wurde ich immer geschwächter und auf der Krankenstation hörte ich nur von den Mitgefangenen, wie sie sich um mein Essen gestritten haben. Solidarität zu diesen Zeitpunkt gleich null. Ich weiß nicht mehr wie lange es gedauert hat, bis die Anstalt Zugeständnisse machte, für sie war es eine neue Situation, die sie so noch nicht kannten. Ich glaube es waren um die knapp dreißig Tage Hungerstreik.

Ich kam wieder auf meine Zelle, ernährte mich vorsichtig mit Suppen, die mir die Anstaltsküche zubereitete. Eines Tages kam der Aufruf, wer sich verlegen lassen möchte, z.B. in die JVA Landshut, solle sich per Antragsschein melden, was ich sofort machte. Ich brauchte eine Abwechslung und hielt es einfach nicht mehr in Amberg aus. Zu viele Jahre habe ich dort zugebracht und zu viele Freunde verloren. Ich konnte einfach nicht mehr.

Im Hightechknast Landshut

In Landshut angekommen erschrak ich erstmal. Ein relativ neuer Knast mit Hightech und jeder Winkel war mit Kameras versehen. Komisch, doch dort kannte mich bereits jeder für die Konsequenz, die ich an den Tag legte und es sprach sich rum, dass ich für eine Zeitung (*GI*) schreibe und einen langen Hungerstreik hinter mir habe.

Aber auch dort waren die Zustände nicht in Ordnung.

Da ich Laktoseintoleranz hab, fiel mir auf, dass es für Gefangene mit solchen Problem nur zwei Mal in der Woche einen halben Liter Wasser zusätzlich gab. Ich meldete mich beim Arzt und fragte, ob Menschen wie ich und zig andere nicht auch ein Recht haben auf den Nährwert, der in der Milch enthalten ist. Der schaute mich nur blöd an. Nun war ich entschlossen einen erneuten Hungerstreik zu machen. Begonnen und nach drei Tagen immer zum Sani vorgeführt zum täglichen Wiegen. Dabei sagte ein Beamter aus der Saniabteilung: »Pah, das ist doch kein Hungerstreik, wenn, dann dürfen sie auch nichts mehr trinken.«

Ich fragte ihn, ob er überhaupt eine Ahnung hat, was er da zu mir sagt und was ein Hungerstreik bedeutet.

Denn das nennt sich dann Todesfasten. Klar kam keine Antwort und ich dachte mir nur du kleines Arschloch!

Was tat ich? Ich stellte auch das Trinken ein.

Meine Forderungen für die Gefangenen war ganz klar: Dass Lebensmittel wie Käse, Milch, Joghurt und alle anderen Süßspeisen, die einmal in der Woche für die Gefangenen zubereitet wurden wie in etwas Grießbrei oder Milchreis auch laktosefrei erhältlich sind.

Nach zwei Wochen kam der Anstaltsleiter mit einem Sicherungstrupp, die die ganzen Zellen verschlossen. Dann betrat der Anstaltsleiter meine Zelle und fragte, ob er sich auf mein Bett setzen daürfe, was ich bejahte. Er wusste ganz genau, dass ich zwei Drittel der Gefangenen auf meiner Seite hatte und ein Wort genügen würde für einen kleinen Aufstand. Er fragte mich: »Herr Krebs, was wollen Sie?« Ich zählte das eigentliche Problem auf und setzte noch hinzu, dass ich mir eine Schreibmaschine und einen neuen Trainingsanzug von meinem, eigentlich unantastbaren, Überbrückungsgeld kaufen möchte, dass ja eigentlich nur für die Entlassung gedacht ist.

Zu meiner Überraschung stimmte er mir in allem zu und versprach, diese Probleme unverzüglich zu ändern, jedoch solle ich ihm ein paar Tage Zeit geben. Per Handschlag wurde es besiegelt und er zog mit seiner Gefolgschaft, die draußen gewartet hatte ab und am Abend nahm ich das Essen wieder an.

Die Mitgefangenen waren etwas skeptisch, doch ich sagte zu ihnen, dass sie mir vertrauen sollen und wir warten drei Tage. Ändert sich nichts, werden wir alle bis auf weiteres in den Hungerstreik gehen. Schon nach zwei Tagen kam für alle betroffenen Gefangenen zwei Mal in der Woche jeweils ein Liter laktosefreie Milch, die im Handel doppelt so teuer ist wie eine normale und alle Zutaten an Essen wurden speziell zubereitet. Nochmals einen Tag später kam meine elektrische Schreibmaschine und mein komplett neuer Adidas-Trainingsanzug. Die Farbbänder und Korrekturbänder ließ ich mir einfach im zwanziger Pack von meiner Schwester per Post schicken und auch das wurde anstandslos ausgehändigt.

Nun konnte es los gehen mit dem Schreiben nach Hamburg, Berlin und München. Das war eigentlich der Fehler des Anstaltsleiters, denn nun konnte ich schreiben so schnell wie meine Gedanken sind und das nicht für irgendwelche absurden Bewerbungen für nach der Haft, sondern für die Öffentlichkeitsarbeit über die Zustände in den verschiedenen JVAs.

Eines Tages kam ein neuer Gefangener, der meinte er sei der allerbeste Kickboxer. Sicher einen Kopf größer und er ging mir mit seinen Einschüchterungsversuchen gegenüber anderen Gefangenen so auf den Sack, dass ich ihn in der Abteilungsküche ins Eck prügelte. Mit dabei war mein Freund Sepp, der mir wahnsinnig fehlt… Die Sache war nicht ganz ohne Konsequenzen und da ich einen Ruf und unter den Gefangenen etwas zu melden hatte, suchte man nur einen Grund und das war das ausschlaggebende. Für die Anstaltsleitung verstand ich mich viel zu gut mit den anderen, gerade mit den russischen Mitgefangenen. Also wurde ich in eine Abteilung verlegt, die einer Iso gleich kam, wo man kein Fenster öffnen konnte und der Hofgang eine ganz andere Nummer war, samt mehreren Beamten. Auf diese Abteilung verlegt, hatte ich natürlich auch meine Anhänger, war ja klar… Einmal in der Woche war der Wäschetausch und das heißt eigentlich, dass man bei dem Hausarbeiter seine Anstaltswäsche, wie etwa Unterhosen, Unterhemden, Socken, Hemd, Hose und Taschentücher abgeben konnte und dann im Gegenzug die gleiche Größe von ihm in der Anzahl, die man abgegeben hat, neu bekommt. Naja, was heißt neu, halt frisch gewaschen, die von tausenden anderen Gefangenen schon getragen wurde.

Jetzt war da plötzlich eine Beamtin dabeigestanden, so eine rothaarige und hat genau aufgepasst, ob auch alles richtig läuft. Als ob wir zu blöd wären einen wöchentlichen Wäschetausch durchzuführen. Der Hausarbeiter schaute mich schon mit großen Augen an, als ob er genau weiß, dass es jetzt Ärger gibt. Denn ich weigerte mich vor der Frau meine Unterwäsche abzuzählen und erklärte dabei: »Das Schamgefühl eines Gefangenen ist zu respektieren und ich kann vor einer Frau nicht meine intimsten Dinge entblößen.« Die meinte doch rotzfrech zum Hausarbeiter: »Dem Herrn Krebs geben sie keine frische Wäsche, wenn er nichts vor mir abgibt.« Dem Hausarbeiter tat es sichtlich leid und ich sagte zu ihm: »Es ist nicht deine Schuld, aber die kann sich auf etwas gefasst machen.« Dann ging ich in meine Zelle und wenige Minuten darauf kam diese rothaarige Beamtin und meinte, ich solle meinen Haftraum verlassen, da sie eine Haftraumkontrolle durchführt. Pure Schikane war das und das sagte ich ihr auch in ihre dumme Fresse. Nach fünf Minuten war sie fertig ohne etwas raus zu filzen, aber dafür sah die Zelle aus wie ein Schlachtfeld. Diese Sau hat sich einfach an mir und meinen Habseligkeiten ausgelassen.

Ich sagte beim Betreten meiner Zelle nur zu ihr: »Das hat Konsequenzen!«

Dann sperrte sie mich ein.

Ein paar Tage darauf hieß es durch das Rollkommando: »Krebs! Urinkontrolle!«

Ich ging mit, da ich mir sicher war, dass ich nichts zu befürchten hatte, da ich auch *nichts* an verbotenen Substanzen zu mir nahm. Sechzehn Jahre Haft und ich war noch *nie* bei einer Urinkontrolle, das war mein erstes Mal und für mich etwas komisch.

Als ich so im gesicherten Scheißhaus war, sah mir der Sicherungsbeamte doch ganz genau auf meinen Schwanz und das verunsicherte mich dermaßen und machte mich so wütend, dass ich zu ihm sagte: »Hey, was bist du, ein Bahnhofstricher, der einen ganz genau beim Pissen auf den Schwanz schaut? Du solltest dich schämen mit was für einen gierigen Blick du auf mein Teil schaust.« An diese Worte kann ich mich noch ganz genau erinnern. Er sagte kein Wort, aber meldete es weiter an seine Vorgesetzten und heulte sich aus. Ich pinkelte also in den Becher und machte den so randvoll, dass man vorsichtig sein musste, dass dieser nicht überschwappt. Das war ihm sicher unangenehm, als ich ihm diesen überreichte.

Nach wenigen Tage hieß es, ich solle zum Anstaltsleiter und ich antwortete, dass wenn der was möchte, er weiß, wo ich wohne. Es dauerte auch gar nicht lange und er tauchte mit seiner Gefolgschaft bei mir auf und teilte mir mit, dass die Urinkontrolle positiv auf Morphine gewesen wäre. Zuerst schaute ich dumm aus der Wäsche und dann ließ ich mir erst einmal die Vorgehensweise bei einer solchen Untersuchung erklären. Dabei sagte er den Namen des Beamten, der die Urinprobe untersuchte und sofort war mir klar, was passiert war. Es war nämlich der Bruder von diesem rothaarigen Miststück von Beamtin. Ich war mir zu hundert Prozent sicher, dass ich sauber bin und das versicherte ich mit guten Argumenten auch dem Anstaltsleiter. Auch dass es komisch ist, dass ich nach über sechzehn Jahren Haft plötzlich positiv auf Drogen sein soll, obwohl ich noch nicht mal einen Eintrag deswegen habe.

Er fand es ebenfalls sehr komisch, um aber weiteren Stress zu vermeiden und kein großes Aufsehen deswegen zu machen, wohlwissend dass ich auch dies veröffentlichen lassen würde, was ich auch machte, ließ er die Angelegenheit auf sich ruhen und die Sache wurde von seiner Seite eingestellt. Eigentlich war dieser Anstaltsleiter ein recht umgänglicher Typ, wobei sein Stellvertreter (sein Name ist mir leider entfallen) ein regelrechtes Arschloch gewesen ist: Dieser Typ hat die Gefangenen in einer Tour nur belogen und schikaniert.

Wir und ein paar andere planten sogar eine Aktion bei dem stellvertretenden Anstaltsleiter zu Hause und es war ein leichtes die Adresse herauszufinden. Er hatte verdammtes Glück, denn so gemein war er zu allen. Wirklich richtiges Glück, denn Freunde draußen warteten nur darauf, ihn aufzusuchen. Heute sitzt dieser Arsch irgendwo im bayrischen Ministerium. Wie er das geschafft hat, keine Ahnung. Na, vielleicht hat er sich ja hochgebumst.

Aber nach dieser Urinkontrolle und Filzung und so weiter, oder auch Vorführungen zum Arzt, hat man es vermieden, mir einen der beiden Beamtengeschwister zur Seite zu stellen. Nicht dass sie irgendwo bei mir mit anwesend gewesen wären. Die beiden habe ich plötzlich nicht mehr gesehen, solange ich in Landshut gewesen bin.

Nach einigen Wochen kam der Anstaltsleiter wieder zu mir in die Zelle und fragte mich, ob ich zur Entlassungsvorbereitung in eine Anstalt Richtung Norddeutschland möchte. Klar stimmte ich ihm zu und er kam Tage später wieder zu mir, denn meine Wunschanstalt war Berlin Tegel. Er teilte mir mit, dass das Berliner Justizministerium nach Sichtung meiner Unterlagen die Aufnahme verweigert habe, aber ich könnte zumindest nach Aschaffenburg, das läge näher zur bayrischen Grenze. Mir war klar, dass man mich los werden möchte, aber dennoch stimmte ich zu. Ich dachte mir, zumindest ein Stück näher an den anderen Bundesländern, den Rest für meine Weiterverlegung in die anderen Bundesländer schaffe ich dann auch noch.

Also ging es los. Ein Riesenspektakel machten meine russischen Freunde für mich und sie machten mit Gitarre an den Fenstern Musik. Aber auch alle anderen klatschten.

Gefangenenkampf in Aschaffenburg

In Aschaffenburg angekommen, wurde ich auf eine Abteilung verlegt, die ebenfalls wie eine Iso-Haft gewesen ist. Oh Mann!, dachte ich mir, wieder so ein scheiß Kampf. Aber was ich hier veranstaltete, war einfach sensationell. Das erste was ich mir organisierte, war ein Handy und das war das erste Mal, dass ich ein solches Hightech-Gerät in den Händen hielt, geschweige denn lernte damit richtig umzugehen. Nach kurzer Zeit lernte ich auch den Anstaltsleiter kennen, ein ganz junger Kerl, der noch nicht so viel Erfahrung hatte und schon gar nicht mit Leuten von meinem Kaliber. Da ich, wie bereits erwähnt, Laktoseintoleranz hatte und zudem offiziell Moslem bin, kam eines Tages ein Beamter zu meiner Zelle und brachte mir, wie gewohnt, meinen Metalltopf mit Essen. Ich öffnete diesen Topf und sah, wie mich ganz traurig ein paar Kartoffeln und etwas von einer Art Bratensoße anblickte. Ich schloss den Topf wieder mit seinem Deckel, reichte diesen dem Beamten und sagte: »Bin ich ein Hund? Wenn nicht in zehn Minuten etwas anständiges und nahrhaftes zum Essen kommt, könnt ihr euch warm anziehen.«

Ich ging in meine Zelle und zog meine Turnschuhe an, im Falle dass ein paar Beamte kommen und es wissen wollen. Hatte ja schließlich keine Ahnung, wie die Gepflogenheiten in dieser Anstalt sind… Sofort Gewalt, wie ich es schon so oft erlebte oder sie gehen auf mich ein. Klar war mir auch, wenn zehn Mann aufmarschieren, habe ich null Chancen, auch wenn ich vielleicht zwei mitnehmen könnte.

Der Beamte schaute also etwas doof und ging mit dem Topf weg. Ich wusste aber, dass die Küche bereits geschlossen ist und war gespannt, wie sie das machen wollen. Aber ich wusste auch, dass ich nun mit meiner Ansage meinen Mann stehen musste, zumal mein Ruf auch in Aschaffenburg bekannt war und ich einige Menschen dort kannte. Also dir jetzt ja keine Blöße geben...

Ich wartete, ging in meiner Zelle auf und ab und draußen auf dem Gang warteten die Gefangenen schon gespannt, was nun passieren würde.

Zehn Minuten und nichts passierte.

Fünfzehn Minuten und immer noch nichts.

Nach wirklich zwanzig Minuten kam dieser Beamte wieder und brachte mir eine mega-geile und fette Pizza.

Ja was sagt man dazu?

Er war sehr höflich, entschuldigte sich für dieses vorherige Essen und ging.

Das war echt eine Monster-Pizza und ich schnitt sie in kleine Teile und gab jedem auf meinem Gang ein Stück. Das wäre schon eine ganz miese Art gewesen, wenn ich sie selber gefressen hätte. Schließlich gibt es keine Pizza im Knast.

»Dieses war der erste Streich, doch der zweite folgt sogleich.« (– Wilhelm Busch)

Ich machte richtig schöne Fotos von meiner Zelle mit dem Handy und schickte diese an meine Freunde irgendwo in Deutschland. Dann kam die *Gefangenen Info* und viele Gefangene wollten diese natürlich auch haben, sowie Infos zur aufgebauten Gefangenengewerkschaft. Also machte ich eine Sammelliste und reichte sie nach draußen weiter. Als die Zeitungen zugeschickt wurden, wurden alle zur Kammer genommen und kein Gefangener bekam sie ausgehändigt. Das hieß für mich *REVOLUTION!* Also plante ich einen Hungerstreik mit den Insassen des halben Knastes und alle waren geschlossen dabei.

Nicht mal ein Tag und der Anstaltsleiter kam ans Zwischengitter von meinem Gang, rief mich und alle Leute sagten schon tuschelnd: »Jetzt passt auf!«

Der Anstaltsleiter sagte zu mir, dass ich allen Leuten mitteilen könnte, dass sie innerhalb der nächsten zwei Tage ihre Zeitungen ausgehändigt bekommen, doch sie sollen doch bitte so vernünftig sein und keinen HS machen.

Er wusste ganz genau, was die Menschen auf die Barrikaden brachte. Außerdem wusste ich, dass es Unrecht gewesen ist, die Zeitungen einzubehalten, da sie in der ganzen BRD offiziell durch Gerichtsbeschluss erlaubt ist. Ich teilte dies den Leuten mit und ließ es auch auf anderen Stationen verbreiten. Tagsdarauf bekam jeder Gefangene seine Zeitung, inklusive seinen Mitgliedsantrag für die Gefangenengewerkschaft, die ich einst mit aufbaute.

Dann überschattete ein schlimmes Ereignis die Nachrichten in der *Gefangenen Info:* In den griechischen Gefängnissen, gerade in Athen, war die Hölle los: Der Staat wollte ein neues Isoloationsgefängnis einrichten – genannt »C-Typ«-Gefängnis. In der Gesetzesvorlage ging es im Kern um eine Kategorisierung von Gefangenen nach A-, B- und C-Typen. Zu Typ C-Gefangenen zählten insbesondere politische und rebellische Gefangene, die schwerpunktmäßig in den Iso-Knast in Domokos und in umstrukturierte Isolationstrakte bestehender Knäste verschleppt werden sollten. In den Knästen waren fest installierte Standorte von Polizeisondereinheiten vorgesehen. Des Weiteren sollten den Typ C-Gefangenen das Recht auf Hafturlaube entzogen sowie die Besuche und die Kommunikation mit Freundinnen und Familienmitgliedern massiv eingeschränkt werden. In diesem Zusammenhang sprachen die Gefangenen von einer »faschistischen Gesetzesinitiative“ und es war damit zu rechnen, dass in den kommenden Monaten mit den ersten Verlegungsaktionen begonnen werden würde. Die betroffenen Inhaftierten hatten angekündigt, kollektiv zur Gegenwehr zu schreiten. Der sich formierende Protest in den Knästen fand seinen vorläufigen Höhepunkt in dem Massenhungerstreik von ca. 4.500 Gefangenen vom 23. Juni bis zum 1. Juli 2014, was ein starkes Zeichen an den griechischen Staat war, dass die Zwangsverlegungen und die Sprengung der Kollektivstrukturen hinter Gittern nicht widerstandslos über die Bühne gehen werden würden.

Ich fragte mich also: Was kann man für diese Menschen tun? Wie kann man sie unterstützen, so dass es wenigstens etwas Früchte trägt?

Also nahm ich mit dem Handy Kontakt zu anderen Gefangenen in anderen Anstalten auf, deren Nummern nur ganz bestimmte Leute haben und wir so untereinander kommunizieren konnten.

Wir waren verdammt gut organisiert! Ich machte auch Rundschreiben in vielen Haftanstalten in Deutschland und ließ es auch in der Zeitung abdrucken, dass wir gemeinsam für die griechischen Gefangenen einen dreitägigen Solidaritätshungerstreik machen würden. Das Datum stand fest und auch in meiner Anstalt bewegte ich mindestens die Hälfte der Insassen dazu. Für Gefangene, die kein Deutsch konnten, suchten wir Dolmetscher zum übersetzen und alle waren sie bereit dafür. Die ausländischen Gefangenen, die sich mit den Beamten nicht auf Deutsch verständigen konnten, machte ich einen kleinen Zettel mit meiner Schreibmaschine aus Landshut, wo drauf stand: »Aus Solidarität für die griechischen Inhaftierten begebe ich mich vom 18. bis zum 20. Juli 2014 in den Solidaritätshungerstreik und nehme kein Essen an.«

Dieser Aufruf war bundesweit von mir organisiert.

Und dann kam der 18. Juli und wir zogen diese drei Tage durch.

Dies hatte zu Folge, dass es sich auf der ganzen Welt herumsprach, denn ich bekam Zuschriften und Danksagungen von überall. Doch ganz besonders freute ich mich, dass sich einige aus den griechischen Gefängnissen bei mir meldeten und für die Anteilnahme und Solidarität bedankten. Dies richtete ich natürlich allen Beteiligten, die an der Aktion mitmachten, aus.

Eines der schönsten Erlebnisse und Erfolge.

Doch wie ich so bin, machte ich mir oft Vorwürfe und fragte mich selbst: »Hast du auch genug getan? Hättest du mehr machen können?«[3]

Als wir diese Aktion machten, kotzten sicher viele Anstaltsleiter ab und mir war natürlich klar, dass dies auch sehr große Konsequenzen für mich haben kann, wie etwa Aufruf zur Meuterei. Aber es war für eine gute Sache, die mich stolz machte und mir die drohenden Konsequenzen scheißegal waren. Ob Griechenland oder egal wo auf der Welt, es verbindet uns das Dreckssystem und nur gemeinsam können wir etwas erreichen und sind eine Faust!

Wenige Wochen darauf hieß es dann durch den Anstaltsleiter, der mich in der Zelle aufsuchte (zu der Zeit hatte ich das Handy auf Vibration und in meiner Unterhose), dass ich weiter zur Entlassungsvorbereitung nach Hamburg in die JVA Billwerder verlegt werde. Und plötzlich vibrierte doch glatt das Telefon. Es kribbelte so am Sack, dass ich total erschrak. Doch der Anstaltsleiter hat zum Glück nichts geschnallt.

Nun, was blieb mir anderes übrig als die erneute Verlegung in Kauf zu nehmen. Soll ja ein nagelneuer Knast sein vom Hörensagen. Wenn ich so überlege, dann habe ich sicher die Hälfte der Haftanstalten in Deutschland schon gesehen. Abgefahren ist das. Ich gab das Handy dem zuständigen Beamten zurück, der es mir

---

3 Anm. d. Hrsg.: Letztendlich wurde das C-Typ-Regime nicht eingerichtet. Die Faktoren, die dazu geführt haben sind sicherlich verschiedene, die Gefangenenkämpfe, die Erschiessung des Knastdirektors in Domokos und schließlich die Regierungsübernahme der heuchlerischen, linken Syriza-Parttei dürften ihren Anteil gehabt haben.

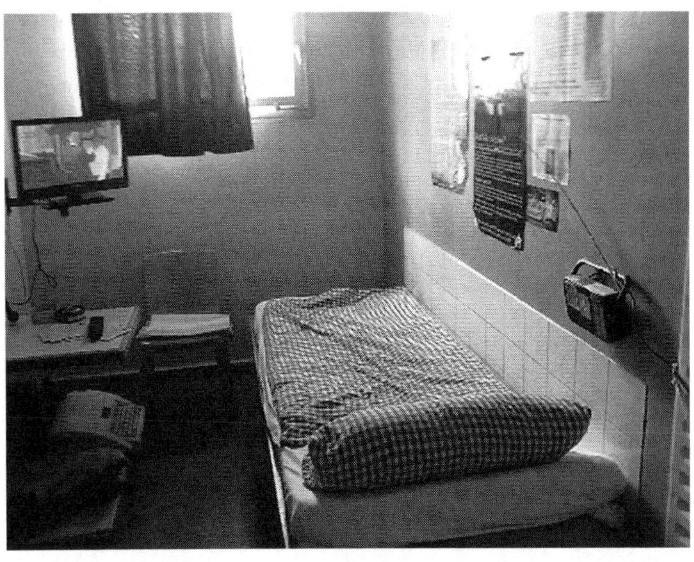

besorgt hatte, ohne aber vorher nicht zu vergessen alle Daten darauf zu löschen und meine Karte abzubunkern.

Wieder großes Verabschiedungsdrama und viele waren sehr traurig, dass ich gehen musste. Aber so ist das nun mal und ich dachte mir, na, mal sehen was in Hamburg Billwerder so läuft. Fuhlsbüttel kenne ich, aber den neuen Knast noch nicht. Es hatte sich ein Haufen Zeug bei mir angesammelt, obwohl ich vieles schon verschenkt hatte und bis die alles im Schubbus verstaut hatten, dauerte es eine Ewigkeit und ich grinste nur, weil die so verschwitzt waren vom Schleppen.

Dann ging's auch schon los.

Zu erwähnen ist aber noch, dass ich es mit lieben Menschen draußen so organisierte, dass, sobald ich Aschaffenburg hinter mir hatte, im Internet und in der neuen *Gefangenen Info* die Fotos, die ich mit dem Handy machte, abgedruckt wurden. Und ich bin mir sicher, dass die in Aschaffenburg dermaßen gekotzt haben, als sie ihren Knast schön abgelichtet in der Zeitung wiedersahen! Für die Gefangenen, die diese Zeitung dort bezogen, muss das natürlich ein mächtiger Spaß gewesen sein.

Zwischenstopp Frankfurt Preungesheim, kannte ich auch schon in und auswendig. Aber als ich dort ankam, war plötzlich alles neu. TV und Kühlschrank auf der Zelle, richtiges Bettzeug mit weichen Kopfkissen. Nicht wie in Bayern die Pferdedecken und ein knochenharter Kopfkeil. Na, dachte ich mir, hier kann man es ein paar Tage aushalten. Auch die Beamten waren ganz anders drauf wie in Bayern, viel höflicher und sogar etwas anständiger. Die Tage vergingen so schnell und dann ging es schon wieder weiter. Dann stand Hannover auf dem Programm, was ich auch noch gut in Erinnerung habe. Aber auch hier alles neu renoviert. Eigentlich erkannte ich nichts mehr so richtig wieder. Dann kam ich endlich in Hamburg Fuhlsbüttel an und wartete dort auf den nächsten Transport, der noch am gleichen Tag kam. Und weiter ging es.

Angekommen in Hamburg Billwerder blieb mir die Spucke weg. Krass wie neu und sauber alles gewesen ist. Ich bezog mit meinem ganzen Hab und Gut eine Einzelzelle, jedoch ohne TV. Man gab mir sogar meinen Anzug, der sich schon seit Jahren auf der Kammer in Amberg befand. Ja, sogar meine ganze Privatunterwäsche, die in der Habe gewesen ist. Da schau mal an, dachte ich mir, andere Bundesländer andere Sitten. Cool!

Ich bekam auch alle meine *Gefangenen Infos* und sonstigen Sachen. Es wurde von Seiten der Kammer kaum etwas kontrolliert. Der halbe Tag war offen und ich lief den Gang auf und ab und traf ein paar Italiener und unterhielt mich mit ihnen, ganz klar, auf italienisch. Eine Telefonzelle war auf dem Gang, die ich aber nicht in Anspruch nahm, da ich nur noch ca. zwei Wochen hatte und die Beantragung einer Telefonkarte lohnte sich in meinem Fall einfach nicht mehr. Meine Freunde draußen wussten ja das Entlassungsdatum und wo ich mich gerade befand.

Ich bekam sogar Besuch von meinem Freund W. von der Gl und das war richtig cool. Denn er drückte mir Kleingeld in die Hand und meinte ich solle aus dem Automaten was rauslassen. Ich stand da mit dem Kleingeld, wie ein kleines Kind und wusste erst gar nichts damit anzufangen. W. merkte schnell, dass ich etwas überfordert gewesen bin mit dem Kleingeld und half mir. Ein feiner Kerl, der mir ebenfalls über Jahre zur Seite gestanden ist und immer noch steht.

Eine Woche vor meiner Entlassung kam doch glatt ein Beamter und filzte meine Zelle und entfernte einige Zeitungen, die in seinen Augen Propagandamaterial wären. Dann sagte er: »Die Aschaffenburger haben erst jetzt deine Akte geschickt und wir (also die Hamburger) wissen erst jetzt wer du bist.« Sonst hätte man niemals einer Aufnahme in ihrer Anstalt zugestimmt. Außerdem meinte er: »Herr Krebs, wir sind hier gut ausgebildet.« Worauf ich zu ihm sagte: »Keine Sorge, ich auch.«

Der Tag der Entlassung

Oh, war ich aufgeregt und scheiß nervös! Tausende von Fragen in meinem Kopf und ob draußen wohl jemand auf mich warten wird?

Ich zog meinen Anzug an, da ich ja nichts anderes hatte, packte das nötigste zusammen, natürlich auch meine Schreibmaschine.

Ich bekam meine Entlassungspapiere, aber meinen neuen Personalausweis nicht. Diese Vollidioten haben den irgendwie verschlampt.

Dann ging ich durch die Torwache mit circa sechshundert Euro Überbrückungsgeld und stand in der Freiheit.

Und von weiten sah ich meine zwei Freunde aus H. und M. mit ihrem Auto und wie sie auf mich zu rannten und mich fest umarmten. Diese Herzlichkeit und Freude, die mir entgegen gebracht wurde, werde ich niemals vergessen. Sie packten meine Sachen ins Auto und zeigten mir im Kofferraum, was sie mir alles mitgebracht haben. Und zwar alle Leckereien von denen ich über die Jahre so geschrieben habe, dass ich sie so gerne mal wieder essen möchte.

Der Kofferraum war komplett voll.

Ich war dermaßen sprachlos, dass mir fast die Tränen gekommen sind. An alles haben meine Lieben gedacht und wirklich nichts ausgelassen. Das einzige, was mir fehlte war ein paar Kilo Semtex, etwas C4 oder meine geliebte FAMAS (Französisches Schnellfeuergewehr der Legion)…

Wir stiegen ins Auto ein, fuhren los, blickten aber immer in den Rückspiegel, ob irgendwelche Verfolger uns am Arsch klebten. Ich machte keinen Hehl daraus, dass ich mich auf gar keinen Fall einer Führungsaufsicht unterstellen werde und da ich bis zum letzten Tag meine Haft verbüßt hatte, entschloss ich mich diese zu verweigern, also praktisch abzutauchen. Und ich würde es wieder tun! Ich bin keinem Staat eine weitere Rechenschaft schuldig und lasse mich schon gar nicht überwachen! Da dies natürlich zum Teil bekannt gewesen ist, musste ich immer damit rechnen irgendwelche Bullen vom Verfassungsschutz oder Staatsschutz hinter mir zu haben. Aber es war alles soweit in Ordnung.

Wir fuhren mit dem Auto in die Innenstadt von Hamburg und meine Bekleider gingen mit mir in ein megagroßes Kaufhaus, um mir eine Jacke zu kaufen, da es ziemlich kalt für Ende Oktober gewesen ist. Doch als wir mit der Rolltreppe in die Herrenabteilung fuhren, überkam mich eine Art Schock und ich war heillos mit allem überfordert. Mir war zum Heulen zumute und einer meiner lieben Begleiter merkte sofort, dass es mir zu viel gewesen ist. Also *ratzfatz* eine dicke Daunenjacke bezahlt und nichts wie raus aus dem Kaufhaus. Anschließend erfüllte ich mir einen Wunsch und kaufte mir den herrlichen Duft Lagerfeld Classic und zwar gleich die große Flasche. Es sind so Erinnerungen von früher und darum musste das einfach sein. Danach ging es in ein orientalisches Restaurant und meine Begleiter warteten, was ich mir aus der ellenlangen Speisekarte aussuchen werde. Aber auch die überforderte mich zu sehr, sodass man mir dabei half. Anschließend fuhren wir an einen Ort, wo ich von allem etwas abschalten konnte... Es war toll, mit vielen Tieren, eine Art Bauernhof und jeder bezog ein Zimmer. Jedoch war die erste Nacht doch sehr ungewohnt, sodass ich kaum in dieser Stille schlafen konnte, zudem die ganzen Eindrücke mich regelrecht überrollten. Und ich fragte am nächsten Tag meine Begleiter, ob sich nicht jemand mit mir ein Zimmer teilen möchte, da es mir sichtlich zu viel gewesen ist. Klar erklärten sie sich ohne wenn und aber bereit und verstanden mich nur zu gut.

Ich glaube, dass wir drei Tage blieben und es gab in diesem Ort einen Dönerladen und wir gingen dort rein. Denn auch das war so ein Wunsch von mir: Endlich wieder mal einen Döner zu essen. Als wir fertig waren mit dem Essen umarmte ich den Besitzer und sagte, dass dies der beste Döner auf der Welt für mich gewesen ist. Der schaute mich total verblüfft an, konnte jedoch nicht wissen, wie lange es her war, dass ich einen solchen Döner gegessen habe und ich glaube selbst der schlechteste Döner auf der Welt wäre für mich der Beste gewesen.

Wir reisten dann ab und ich hatte keine Ahnung, was meine zwei lieben Begleiter für eine weitere Überraschung für mich übrig hatten. So wusste ich auch nicht, wo ich die nächste Zeit bleiben sollte und ich ließ mich überraschen.

Es ging nach Berlin Friedrichshain in die Rigaer Straße 94 (daraus brauche ich kein Geheimnis zu machen, denn Interpol wusste darüber, laut eines Auszuges zur Information meiner Person bereits Bescheid, diese Schweine). Das war vielleicht ein cooler Empfang und auch dieser bleibt unvergesslich in meinem Kopf und in meinem Herzen! Danke euch allen, dass werde ich niemals vergessen! Dort wurde ein Zimmer mit Hochbett für mich hergerichtet, was ich so noch nie hatte. Mit einem Schreibtisch und als Begrüßungsgeschenk eine Flasche Bier, eine Schachtel Zigaretten und eine leckere Vollmilchschokolade. Ein cooler Holzofen zum Heizen stand drin und auch sonst war alles da.

Die ersten Wochen konnte ich das Haus gar nicht alleine verlassen, da ich mich sehr schwer tat mit den vielen Menschen auf der Straße und so begleitete mich hin und wieder jemand vom Haus. Nachts konnte ich kaum richtig schlafen, sodass ich Putzarbeiten im ganzen Haus verrichtete und das fanden alle natürlich toll. Ich durfte wirklich tun und lassen was ich wollte und niemand kam und stellte mir irgendwelche doofen Fragen, sondern sie warteten bist ich von selbst meine Geschichte und das Erlebte aus der Haft erzählte. Sie waren alle sehr geduldig mit mir und ließen mir alle Zeit, die ich brauchte. Nach einigen Tagen wurde ich gefragt, ob ich trotz Untergrund bereit wäre, mit zu den Anti-Knast-Tagen nach Wien mitzufahren. Die Route wurde aus Schutz für meine Person vorher gut geplant, wollte ich doch nicht in die Fänge der Justiz geraten… Ich stimmte zu und wir fuhren zu fünft mit dem Auto über Umwege nach Wien.

Das war mein erster Kontakt zu den Anti-Knast-Tagen und ganz besonders zu ABC Wien und das war auch ein einzigartig und tolles Erlebnis. Man stellte mir als einzigen ein Einzelzimmer zur Verfügung, aus Nachsicht auf meine doch katastrophale psychische Belastung, die immer noch angehalten hatte. Als die Vorträge mit so wahnsinnig vielen Menschen begannen, fühlte ich mich anfangs etwas unwohl, doch fand ich schnell Vertrauen zu allen. Es gab so viele Leckereien, wie veganer Kuchen und ich war an Stelle der Vorträge nur damit beschäftigt diese leckeren verschiedenen Kuchen zu probieren und fraß mich im wahrsten Sinne erst mal durch, so sehr explodierten meine Geschmacksnerven.

Es gab da ein tolles Ereignis und zwar sagte ich so zu einem meiner Begleiter aus Berlin: »Oh wie lecker wäre jetzt ein Eis.« Ohne weiter darüber nachzudenken stand dieser Mensch nach kurzer Zeit vor mir mit einem super leckeren Vanilleeis und ich freute mich, wie ein kleines Kind und bedankte mich zig Mal.

Dann traf ich meine Freunde aus München, die mich besuchten und ich ließ ihnen aus einer JVA in Bayern einen Karton mit meiner Habe rausgeben bei einem der Besuche. In diesem Karton befanden sich, noch verplombt durch die Justiz, alles an beschlagnahmten Sachen und dieser große Karton war noch nicht geöffnet.

Nun gab es einen Menschen, der die Anti-Knast-Tage mitorganisierte und ich fragte ihn, ob ich vielleicht als einziger anwesender Ex-Langzeitgefangener etwas erzählen darf zu gewissen Geschehnissen. Er freute sich, dass ich mich das so schnell traute, wo ich doch noch gar nicht so lange draußen war und immer noch Probleme hatte, mich vor so vielen Menschen zu öffnen. Das Programm wurde kurz umgeändert und ich wurde angekündigt.

Ich hatte sehr großen Beifall, denn jeder wusste, dass es mir sehr schwer fallen wird, zu erzählen vor all den Menschen. Doch ich fühlte mich in einem vertrauten Umfeld und zudem waren ja einige da, die mich persönlich sehr gut kannten. Ich glaube, dass alle mich kannten, doch niemand musterte mich aufdringlich oder tuschelte etwas wie: »Das ist Krebs Andreas.«

Ich betrat das Ende des Raumes, wo ein Stuhl stand, setzte mich, stellte mich kurz vor und entschuldigte mich bereits im Vorfeld, falls ich manchmal die passenden Worte nicht finden sollte aufgrund der Haft und Iso. Hier kam schon der erste Beifall und jemand sagte aus der Menge: »Lass dir Zeit.«

Beim Erzählen fiel es mir dann doch manchmal etwas schwer und ich musste mich zusammenreißen, dass mich die Emotionen und Tränen nicht überwältigten. Doch einige sagten wieder (daran kann ich mich noch gut erinnern): »Lass dir Zeit, soviel du brauchst.« Aber ich stockte doch manchmal beim Reden.

Dann bat ich meine Freunde aus München den für mich aufbewahrten Karton zu bringen, den sie für mich extra mit nach Wien brachten und ich sagte zu allen anwesenden Menschen und das waren richtig viele: »Bitte öffnet diesen Karton und seht euch alle den Inhalt an.« Denn so authentisch kommen sie sicher nie wieder an original verplombte Gegenstände der Justizbehörde, die man mir über Jahre beschlagnahmte. Der Karton beinhaltete wirklich alles, von zensierten Briefen, über angeschliffenen Anstaltsmessern, Tattoowiernadeln, Zeitungen, Zeitungsberichte, bis hin zu Büchern und so weiter. Einige meinten: »Aber Andy, das sind auch sehr persönliche Briefe und Sachen, sollen wir diese wirklich öffnen?« »Ja, denn ich habe nichts zu verbergen und jeder soll sehen mit welchen fadenscheinigen Begründungen gewisse Dinge beschlagnahmt und zu meiner Habe genommen wurden, auch aus Haftraumkontrollen.«

Die Menschen machten sich also darüber und waren entsetzt. Denn nichts ergab einen Sinn für diese Handhabung der Beschlagnahmung. Angeblich (und das war ein Standardspruch von der Justiz) gefährde dies oder jenes die Sicherheit und Ordnung der Anstalt. Ja, ich wollte auch, dass sie die ein- und ausgehenden Briefe lesen, die man einbehalten hat. Ich beobachtete sie alle und erblickte ein paar, denen die Tränen in den Augen standen. Wie lange mein Vortrag ging, weiß ich leider heute nicht mehr, doch alle hörten gespannt zu und ich sagte zu allen Beteiligten, von denen nicht einer den großen Raum verließ, dass sie mir auch ruhig Fragen stellen dürfen, egal was sie auf dem Herzen haben, was einige auch machten.

Es waren auch Fremdsprachige mit dabei, denen mein Vortrag übersetzt wurde. Dieser Vortrag war mir unglaublich wichtig! Wichtig auch deswegen weil sie es *LIVE* von einer Person hören und auch sahen, was mit Menschen in Haft gemacht wird und passiert.

Ein Jahr später nahm ich mit meiner jetzigen Frau Jutta an den Anti-Knast-Tagen in Hamburg teil. Hier hielt ich ebenfalls einen Vortrag, insbesondere (wie bereits geschrieben) über die Verantwortung, die sich jeder Mensch draußen bewusst sein sollte, wenn er beabsichtigt durch Briefe Kontakt zu einem Gefangenen herzustellen. Dieser Beitrag war in meinen Augen sehr wichtig und ist im Nachhinein in vielen Köpfen hängen geblieben. Weiteres Thema war auch die Gefangenengewerkschaft und wie sich das auf die Gefangenen auswirkt. Hier bemängelte ich, dass die Zeitschrift nur in Deutsch geschrieben wurde und kaum etwas für unsere ausländischen Mitgefangenen übersetzt gewesen ist.

Wie sich die Gefangenengewerkschaft heute entwickelt hat, weiß ich leider nicht, da mir hier in Italien jegliche Infos und Materialien fehlen. Ich bin ein Stück weit isoliert, denn ich habe keinerlei Ahnung, was gerade politisch passiert oder sonstiges. Hier hätte ich mir gewünscht, dass ich ab und zu mal eine Tageszeitung bekomme, die mich wenigstens ein bisschen auf dem Laufenden hält.

Leben in Berlin und Fürstenwalde

Ich liebte das Kochen und so habe ich oft für meine lieben Mitbewohner Kuchen gebacken, Torten, oder viel italienisches Essen. Oft machten wir in der Kadterschmiede unten im Haus einen mediterranen Abend, der bei den Menschen, die zum Essen kamen, sehr gut angekommen ist. Langsam wurde ich immer offener und berichtete in Radiointerviews oder auf Versammlungen über die Machenschaften der Justiz innerhalb der Mauern. Ich legte mir einen PC zu und schrieb, wie über das Thema Homophobie und andere erschreckende Geschehnisse. Mittlerweile konnte ich mich schon besser auf den Straßen bewegen und oft wurde ich von wildfremden Menschen gegrüßt, die ich gar nicht kannte, sie aber anscheinend mich. Langsam näherte ich mich der Selbstständigkeit, doch hatte ich plötzlich ein ganz anderes Problem, und zwar spielte meine Gesundheit verrückt. Trotz Spenden und sehr guten Beziehungen zu Ärzten, die mich kostenlos behandelten (die ich hier grüßen möchte), verschlechterte sich mein Zustand. Auch von dem finanziellen Aufwand ging es schon ins Unermessliche.

Es war zu überlegen, ob ich nicht doch von der Illegalität, also dem Untergrund, wieder auftauche und mich notgedrungen der Führungsaufsicht stelle. Klar besprach ich das ersteinmal mit den Menschen, die mir am nächsten standen und wir waren fast alle einer Meinung. Ich meldete mich bei der drecks Führungsaufsicht und als Auflage hatte ich nur Arbeits- oder Wohnortwechsel mitzuteilen. Mehr bekamen sie auch nicht von mir, obwohl sie immer versuchten mich auszufragen, wo ich denn untergetaucht bin und so weiter. Dieses neugierige Pack!

Es war eine wundervolle Zeit in der 94, doch war es auch an der Zeit, dass ich etwas eigenes brauchte und ich machte mich auf die Suche nach einer Wohnung, die ich auch schnell fand und zwar in Fürstenwalde. Ich entwickelte eine Leidenschaft für Motorräder und so baute ich mir mit allem drum und dran eine Motorradwerkstatt auf, die wirklich alles beinhaltete und ich hatte gleich mehrere Motorräder am Start... Man sollte sich lieber nicht fragen wie ich zu alldem gekommen bin, aber man machte es mir sehr leicht... Ich unterstellte mich also mittlerweile der Drecksführungsaufsicht, gezwungen wegen meines Gesundheitszustandes und bezog so Arbeitslosengeld 2 und war endlich krankenversichert, was das wichtigste gewesen ist. Der von der Führungsaufsicht war ein solches arrogantes Arschloch und wollte wirklich alles von mir wissen. Ein neugieriger Drecksack, dem ich am liebsten die Fresse poliert hätte. Nach jedem Treffen mit ihm war ich so aufgebracht und erzählte das meiner Frau, so dass sie empört bei ihm anrief hat und ihn zur Rede stellte. Schließlich war ich nur zur Auskunft über Arbeits- oder Wohnortswechsel verpflichtet. Mehr brauchte er auch nicht zu wissen! Noch heute, wenn ich an ihn denke, wird mir schlecht und ich frage mich, was der sich eingebildet hat mit seinen Anmaßungen.

Endlich konnte ich zum Arzt oder ins Krankenhaus gehen. Die Konsequenz allerdings war, dass nun jeder scheiß Bulle wusste, wo ich wohne und sie kannten jeden Schritt von mir. Wir kauften uns irgendwann ein kleines Auto im Topzustand. Nach längerer Zeit fuhr ich wieder mal auf der Autobahn mit 160 km/h wie gewohnt von Fürstenwalde nach Berlin, zu meiner Frau und da machte es plötzlich einen Mega-Schlag und das Auto explodierte. Teile flogen mir um die Ohren, jedoch reagierte ich blitzschnell und ich schaffte es gerade noch auf den Standstreifen, wo das Fahrzeug auch schon lichterloh brannte. Dabei wurde auch ein fahrendes Auto hinter mir durch ein Teil beschädigt: Es schnitt die Motorhaube des Autos einer Frau, die mit ihrem Kleinkind fuhr, komplett auf. Ich schreibe das deshalb, weil nie ein Bulle darauf gekommen ist, das ausgebrannte Auto mal näher zu untersuchen und in Augenschein zu nehmen. Denn mir kam das damals sehr verdächtig vor, zumal ich auch sehr viele Feinde hatte. Es interessierte sie einfach nicht!

Und noch heute denke ich mir: Wollte man mich aus dem Weg räumen?

Bilder von dem noch brennenden und dann ausgebrannten Wagen bei einer Abschleppfirma existieren noch. Aber zahlen durfte ich für die Reparatur des Asphalts und für die Entsorgung und so weiter, ja da waren sie schnell mit ihren Rechnungen.

Ich war sehr froh, dass der Frau samt Kleinkind, die hinter mir mit ihrem Auto fuhr, nichts passiert ist. Aber ich war schockiert, als ich die aufgeschlitzte Motorhaube sah. Nur ein paar Millimeter höher und es hätte sie auch erwischt.

Ich kam zur Untersuchung ins Krankenhaus, wo ständig zwei Bullen bei mir waren und dann tauchte auch gleich Jutta auf und empörte sich, weil bei den Untersuchungen die Bullen dabei waren. Sie meinte noch: »Ist mein Mann verhaftet?« »Nein«, bekam sie zur Antwort. »Also«, meinte sie, »dann verpisst euch, denn gegen meinen Mann liegt nichts vor.«

Ich hätte vor denen noch irgendwelche Übungen machen sollen, um festzustellen ob ich was getrunken habe, worauf ich sagte: »Mit dem Bein verpasse ich euch höchstens einen Kick.« Außerdem, selbst wenn ich was getrunken hätte, was nicht der Fall war, was hat das mit der Explosion unseres Fahrzeuges zu tun? Was für eine Logik. Das waren mal zwei richtige Arschlöcher, die beiden. Ich hatte noch nicht einmal mehr Klamotten, weil man mir sie bei der Aufnahme auseinander schnitt, weil man glaubte ich hätte schwere Verletzungen und stehe unter Schock, und ich musste Juttas Kleidung anziehen. Ich habe ausgesehen – das hätte jeden total zum Lachen gebracht.

Nach einem weiteren halben Jahr war es mir und meiner Frau dann zu viel, denn ich wurde ständig von Bullen observiert oder man wollte mich in ein Gespräch verwickeln, was ich sofort abblockte.

Der Entschluss Deutschland zu verlassen

So entschlossen wir uns Deutschland den Rücken zu kehren und nach Süditalien zu ziehen.

Das war alles gar nicht so leicht, denn ein LKW musste her, dazu muss ich anfügen, dass ich für keines meiner Fahrzeuge, also weder für Auto, Motorrad oder LKW, einen Führerschein hatte. Die Fahren sich auch so ganz gut… Ich kann wirklich alles fahren, sogar einen Panzer, wenn es sein muss!

Der LKW war ein 7,5 Tonner und den baute ich erst einmal richtig um, damit man auch darin schlafen und TV sehen konnte. Dann wurde er nach und nach beladen und ich muss sagen, der war bis oben hin voll. Ein ganzer Hausstand inklusive Motorradwerkstatt und zwei Motorräder. Der LKW hatte sogar eine

Hebebühne, die ich so umfunktionierte, dass man diese auch von innen bedienen konnte, wenn wir darin schliefen. Und dann ging es auch schon los, meine Frau Jutta, ich und unser lieber Kater. Durch Deutschland fuhr ein Freund den LKW, der auch einen Führerschein hatte. Ab Bozen wollte dann ich fahren, da ich das in Italien mit dem Fahren ohne Führerschein eher in Griff hatte und man dort nicht gleich eingesperrt wird, wie in Deutschland. Ich wollte so vermeiden quer durch Deutschland in irgendeine Polizeikontrolle zu kommen. Unser Fahrer, der einer meiner besten Freunde ist, verließ uns in Bozen und er fuhr mit dem Zug zurück nach Berlin, dabei schenkte er mir und Jutta noch ein wenig gesammeltes Geld zum Neustart und wir freuten uns riesig darüber! Ich fuhr das Riesenteil, als hätte ich noch nie etwas anderes gemacht… Das war ein Abenteuer, einfach unvergesslich. Wir fuhren abends abgelegene Stellen an, machten Feuer und bereiteten uns Essen zu. Dann ging es quer durch Neapel durch kleine Gassen, wo die Durchfahrt für LKWs eigentlich verboten ist. Aber hier hielt sich niemand wirklich an Regeln und so fuhr auch ich durch die engen Straßen durch. Meine Frau war einfach nur begeistert wie ich das Teil überall durchbrachte. Jedoch bedachte ich die Höhe des LKWs nicht und in einem Vorort von Neapel, bei Castello di Cisterna räumte, ich drei Balkone ab und riss mir den Aufbau Richtung Führerhaus gravierend auf. Scheiße!

Ein Riesentheater und aus allen Häusern kamen nachts um zwölf Uhr die Menschen und riefen auch gleich die Carabinieri. Weder Alkoholtest noch Drogentest wurde gemacht und ich wurde nur nach meiner grünen Versicherungskarte gefragt und wir mussten sie mitsamt LKW zur Kaserne begleiten. Dort angekommen wurde ich nach dem Führerschein gefragt und ich sagte, dass ich diesen gerade nicht finde, aber die Nummer des Führerscheines habe. Das war irgendeine Versicherungsnummer und die gaben sich damit voll und ganz zufrieden. Sie schauten kurz in den LKW und sahen die Maschinen, dabei den Schriftzug auf dem LKW »Suzuki« und dachten, dass wir an irgendeinem Rennen teilnehmen. Das war es dann auch schon und wir durften weiterfahren.

Es war eine regnerische Zeit und ich versuchte mit allen Mitteln den Schaden am aufgerissenen Aufbau mittels Folie etwas zu reparieren. Oh, wie abenteuerlich und ich hatte täglich damit zu

kämpfen. Wir fuhren dann Richtung Caserta und blieben kurz nach Montragone stehen, in einer Art Wald. Dort packte ich eine Maschine aus und erkundete erst einmal die Gegend. Die war ziemlich cool und es waren nur ca. fünfhundert Meter zum Meer. Hier wollten wir bleiben und ich suchte mit einem angefreundeten Bauern, der eine Schaf- und Büffelherde hatte, ein passendes Grundstück. Er kam uns auch entgegen, dass wir auf seinem Grundstück unser Lager mit LKW aufbauen durften, was wir dann auch machten. Ich hatte sogar einen Generator und wir waren mit Strom und so weiter gut versorgt. Der Bauer und seine Familie lebten sehr ärmlich und hatten kaum genug zum Essen, doch trotzdem wurden wir täglich zum Essen eingeladen. Da dieser Bauer mit seiner Familie so arm lebte, unterstützten wir ihn auch finanziell oder zahlten seine Stromrechnung. Diese Gutmütigkeit von Jutta und mir sollte sich später aber rächen.

Wegen eines Motorradunfalls bekamen wir auf ein deutsches Konto 5000 Euro von der Versicherung überwiesen. Diese halfen uns natürlich sehr, etwas aufzubauen. Durch Beziehungen kamen wir zu einem Grundstück, das einfach einmalig war. Ein wundervolles Haus mit riesiger Olivenplantage. Allerdings musste das Haus von Grund auf renoviert werden und das war ein richtiger Akt für Jutta und mich. Ich legte uns einen tollen Gemüsegarten an, mit allem was das Herz begehrt und wir kauften für das Haus vieles neu. Wir hatten auch nur einen Nachbarn mit drei Kinder und wie bereits gesagt, das Meer war gleich ums Eck und vor uns die Berge. Eine tolle Landschaft.

Der Vermieter sagte damals zu mir und Jutta: »Macht was ihr hier wollt, es ist mir egal.«

Für ihn war nur wichtig, dass er regelmäßig seine Kohle bekam. In das Haus und die Werkstatt musste viel Geld investiert werden und für die Anmietung des Hauses mit Riesengrundstück waren im Monat 250 Euro fällig, was nichts im Verhältnis dafür war, wie groß unser Anwesen gewesen ist. Alles per Handschlag, nur selten werden Mietverträge gemacht, da die Eigentümer sonst weitere Steuern zahlen müssten. Wir hatten wirklich alles von Deutschland mitgebracht und das in was ich viel investierte, waren unsere ganzen Obstbäume, wie Birnen, Kirschen, Zitronen, Mandeln und so weiter. Das Zeug wuchs unter dem Klima wie Unkraut.

Nur fehlte uns jetzt ein Auto. Denn der nächste Ort zum Einkaufen befand sich um die sechs bis sieben Kilometer weg. Also verkaufte ich den LKW mittels eines korrupten Bullen, der dort für die Gegend zuständig war und legte mir eine Alfa Romeo 156 zu, den ich top herrichtete, die Papiere erstmal fälschte und die Kennzeichen vom LKW einfach auf den Alfa machte. Da kam der korrupte Bulle und sah die LKW-Kennzeichen auf dem Alfa und meinte total überrascht, was ich da mache. Ich sagte nur: »Ach halt die Klappe, hast doch selber genug Dreck am Stecken.«

Das ist nie aufgefallen und so hatten wir unser Motorrad und unser Auto, um uns frei zu bewegen.

Wir fuhren auf Märkte, ab und zu ans Meer und ließen es uns wirklich gut gehen. Auch machten wir eine Art Kreuzfahrt nach Amalfi, Capri und Iscia zugleich, das war einfach Spitze und kostete nur wenig pro Person mit voller Verpflegung. Die Bullen ließen uns in Ruhe und manchmal, trotz Geschwindigkeitsbegrenzung auf der Autobahn, wenn ich so meine Ausfahrten und Tests mit meiner frisierten und getunten Maschine machte, fuhr ich neben der Carabinieri über 250 Km/h und ihnen gefiel es, so ein krasses Teil zu sehen. Das war in Italien eine echte Seltenheit, da dort die Regeln für Modifikationen ganz anders waren als in Deutschland. Dazu war ein deutsches Kennzeichen drauf und die Kontrolle der Dokumente hätten sie eh nicht verstanden. Also unterließen sie irgendwelche Kontrollen. Ich lieferte mir regelrechte Rennen und sie hatten keine Chance, denn ich hätte weit, weit schneller fahren können. Man hörte meine Maschine schon auf einen Kilometer Entfernung, so einen geilen Sound hatte diese. Selbst in speziellen Motorradzeitungen in Deutschland war ich schon mit der Maschine abgedruckt mit meinen Umbaumaßnahmen. Langsam ging aber auch das Geld zur Neige und wir hatten nur das Arbeitslosengeld zur Verfügung.

Also nahm ich jede Arbeit an, die ich bekommen konnte und hatte binnen kürzester Zeit einen Kundenstamm und die waren von meinem Arbeitseinsatz sehr begeistert. Ich legte mir eine Motorsäge zu und schnitt Holz für die Menschen, fällte Bäume und versorgte auch unseren Kamin in der Küche. Das mit dem Müll war so eine Sache, entweder man verbrannte ihn, oder man entsorgte diesen wie sie es alle machten, an abgelegenen Orten. Das

Zeug flog einfach nur so aus dem fahrenden Auto in die Gräben neben den Straßen. War zwar nicht ganz so okay, aber was sollte man machen. Wir passten uns einfach an. Die Müllabfuhr stand unter der Hand der Camorra und das Eck, wo wir lebten, war so ziemlich die gefährlichste Gegend. Ich beobachtete sogar einmal von weiten wie illegal Giftmüll an bestimmten, abgelegenen Stellen vergraben wurde. Wie sagte ich immer in Deutschland: »Italien fängt erst nach Rom an.«

Ich habe wirklich so einiges gesehen und war anfangs schockiert, obwohl ich wusste, dass man es hier mit den Gesetzen nicht wirklich so genau nimmt. Bin ich doch schließlich als Kind mehr oder weniger in Neapel aufgewachsen, da hier meine Großeltern lebten und auch alle anderen Familienangehörigen von der väterlichen Seite. Kriminalität ist hier offensichtlich fast schon Normalität. An jedem Eck werden günstig Drogen verkauft oder illegale Zigaretten. Sicher ein drittel trägt eine Waffe und so legte auch ich mir ein Kleinkaliber zu, dass ich ab und zu für Schießübungen benutzte. Wenn ich bestimmte Medikamente zum Aufputschen brauchte, gab es bestimmte Apotheken, die mir ohne weitere Fragen zu stellen und ohne Rezept diese Medikamente verkauften. Zu geil.

Mich kannte aber auch wirklich jeder und ich hatte einen guten Ruf. Wenn wir einkaufen gingen, egal auf welchen Märkten, dann bekamen wir Sonderpreise und wurden immer von allen Einheimischen verdammt gut behandelt. Es war aber auch mein Vorteil, dass ich italienischer Abstammung bin und die Sprache konnte und genau wusste, wie es hier läuft. Beim Verfahren, das dann später kommen sollte, stellte ich mich wegen der Sprache einfach dumm.

Jutta wurde wegen ihrem Rücken krank und so musste ich ihr täglich Spritzen geben und die Medikamente waren einfach scheiße teuer. Irgendwann wurde beschlossen, dass sie für kurze Zeit zur ärztlichen Behandlung nach Deutschland muss. Ich freundete mich mit einem Tankstellenbesitzer und seinem Angestellten an, der perfekt Deutsch konnte und in Deutschland aufgewachsen war und mir oft zur Seite stand. Ich meinte es wäre ein guter Freund, womit ich mich sehr getäuscht habe und auch ihn unterstützte ich finanziell mit dem Kauf eines Hörgerätes für seine Tochter. So verrichtete ich für diesen Tankstellenbesitzer so einige Arbeiten, und immer wenn er mich brauchte, rief er mich an und ich stand sofort zur Stelle. Er wurde für mich zu einem Freund für den ich immer da war und besuchte die Leute an der Tankstelle immer auf einen Espresso oder Panini. Jeder kannte mich in der kompletten Umgebung. Dann kam der Tag an dem das Unglück geschah und sich unser Leben schlagartig ändern sollte.

Doch noch einmal zurück in die Vergangenheit

Nach der langen Haft in Deutschland war ich nie wieder der Selbe!

Nirgends fühlte ich mich willkommen oder zu Hause und wusste mit meinem Leben nicht mehr viel anzufangen. Sogar in Freiheit hatte ich unentwegt Suizidgedanken und einmal war ich durch bewusst vollzogenen Suizid in Amberg in der Intensivstation im Koma gelegen. Als ich aufwachte sprachen Ärzte auf mich ein, mich doch freiwillig stationär in einer Psychiatrie behandeln zu lassen, was ich kategorisch ablehnte und so das Krankenhaus auf eigene Verantwortung verließ.

Zurück bei meiner Partnerin griff ich immer mehr zum Alkohol und ich kam und kam einfach nicht mehr klar. Natürlich versuchte ich alles, um mein Leben einigermaßen in den Griff zu bekommen, doch ohne Hilfe habe ich es nicht geschafft. Mir fehlte Liebe, Geborgenheit und das Gefühl, dass ich wo angekommen bin. Das alles war nicht vorhanden, bis ich meine jetzige Frau Jutta traf, die mir genau das alles gab.

Liebe, Geborgenheit, einfach alles!

Dann stand das nächste Problem an: Arbeit.

Welcher relativ anständige Betrieb stellt schon jemanden ein, der solange in Haft gewesen ist? Man kann in seinem Lebenslauf nur schwer über sechzehn Jahre verschwinden lassen. Was soll man da sagen? Der Betrieb bei dem man sich bewirbt würde fragen: »Aber Herr Krebs, hier fehlen doch ein paar Jährchen!« Was soll man darauf antworten – eine Weltreise? Ich kann aber dem Leser versichern, dass ich trotz so vieler Jahre in Haft doch einiges erlebt habe in Freiheit.

Ich lernte Ende der 90er viele Größen durch meine Arbeit als Sicherheitsfachkraft kennen, wie etwa die Rolling Stones, Genesis, Jeanet Jackson, Melanie Thornton, Captian Hollywood u.s.w. und auch einige Politiker wie etwa Renate Schmidt. Ich kann mich noch an ein Ereignis erinnern, was echt indirekt zum Skandal geführt hat. So war ich für die Sicherheit von den Stones zuständig und auch für die Menschen aus England, die gerade die Bühne aufbauten, etc. Die Stones hatten ja ihr eigenes Aufbau- und Techniker-Team aus England mitgebracht. Eines Tages also laufe ich so mit meinem Bullterrier das Gelände ab und am Abend war zur gleichen Zeit vom Fußballclub 1. FC Nürnberg die Aufstiegsfeier. Da kam doch glatt eine Fahrzeugkolonne mit wirklich teuren Limousinen und wollten auf das Gelände fahren, um zu dieser Aufstiegsfeier zu gelangen. Über Funk wurde ich also benachrichtigt, dass ich zum Eingangstor kommen sollte. Da ich keine Ahnung hatte, wer die waren, wollte ich sie nicht aufs Gelände lassen und ein Sicherheitstyp von dieser Wagenkolonne meinte, dass in einem der Fahrzeuge Renate Schmidt wäre, eine Politikerin. Ich meinte, dass ich keine Ahnung hätte wer das ist, es mir auch relativ

es wäre Genesis. Ihr Pech war nur, dass sie sich nicht ausweisen konnten, dass sie wirklich diese Band sind und ich verweigerte die Durchfahrt. Ach du Scheiße, war da der Teufel los und der Oberboss kam und sagte zu mir: »Also Andy, du bist ja wirklich nicht ganz richtig im Kopf.« Pah, dachte ich mir, sind doch eure scheiß Vorschriften und selbst wenn der Papst gekommen wäre: »Du kommst hier nicht rein.« Einmal war ich sogar dafür zuständig, das Bullenrevier bei Rock im Park zu bewachen, damit dies kein Unbefugter betritt. Was für eine Scheiße, wenn ich heute so darüber nachdenke.

Ja, selbst bei Grundig in der Entwicklungsabteilung arbeitete ich schon und was da alles vom Laster gefallen ist, kann man sich gar nicht vorstellen. Und ich war auch schon selbstständig mit einer mittleren Firma und einigen Angestellten in der Oberpfalz. In kürzester Zeit eignete ich mir die Buchhaltung an und machte auch meine Steuererklärung selber, sodass ich sie beim Steuerberater einreichte und er kaum noch etwas zu tun hatte. Als zufriedene Kunden galten große Porzellanfirmen, Diskotheken, um nur ein kleines Beispiel zu geben. Diese Firma ging sogar richtig gut, hatte einen guten Namen mit tollem Logo, mehrere Büros und mehrere Autos, nur eben alles ohne Führerschein... Mein Leben früher war nicht nur geprägt von relativ normaler Arbeit, ich war trotzdem auch durchgeknallt.

Was habe ich alles für scheiß Sachen versucht, um auf die Beine zu kommen. Vom Lehrling bis zum Soldaten, zur Sicherheitskraft, Geldeintreiber, Firmeninhaber, Entwickler, Gangster, Waffenhändler und nun seit Jahren radikalen Aussteiger. So ziemlich alles dürfte ich schon durch haben.

Im Knast in Amberg nahm ich einmal an einem sozialen Kompetenztraining teil und hier wurde einen eingetrichtert zu lügen, was das Zeug hält und die verlorenen Jahre zu vertuschen. Auf meine Argumentation, was wäre, wenn sie mich in den Betrieb einstellen würden und plötzlich rauskommt, dass ich so viele Jahre im Knast war, was doch unweigerlich zur sofortigen Kündigung führen würde. Das Risiko solle man eingehen, hieß es nur, und dabei war sogar ein Sachbearbeiter von der Agentur für Arbeit mit dabei. Ich ging nicht mehr zu diesen Kurs, darauf geschissen!

Also wurde ich wieder zum Gauner.

Der Knast hat mir nichts Gutes gebracht, ganz im Gegenteil!

Was bringt es Menschen über Jahre hinweg einzusperren, jeden Tag die gleiche Scheiße und nur vor sich hin vegetieren. Sich täglich alles vorschreiben zu lassen und dein Leben wird plötzlich komplett bestimmt. Eines habe ich gelernt: Gewalt und Kriminalität bringt nur neue Gewalt und Kriminalität hervor. Über neunzig Prozent der Gefangenen kommen wieder. So viele sah ich gehen und dann wieder kommen.

Ein großer Teil ist schon lange in mir gestorben und ich werde nie mehr so sein wie ich mal war, Späßemacher und immer lustig lachend. Eher verschlossen und total zerstört, ja das bin ich jetzt.

Körperlich verfalle ich und das macht mir zusätzlich zu schaffen. Ich war ein so guter Sportler, mein Kampfsport war mein Leben und ich hatte immer konstant hundert Kilo. Nun seit einem halben Jahr habe ich Dauergrippe, und ich nehme trotz Essen immer mehr ab. Ich pisse mehrfach in der Woche Blut und habe Dauerschmerzen im Bauchraum. Die Augen verschlechtern sich, die Zähne wackeln und ich drücke sie mir täglich mit Gewalt rein bis Blut kommt. Getan wird hier nichts, außer ich kann alles aus eigener Tasche bezahlen.

Die Festnahme und Überstellung nach Santa Maria Capua Vetere

Nach der Tat, die ich am Ende näher erläutern möchte um zu erklären, was denn genau passiert ist, nahm man mich in der Nähe unseres Anwesens fest, was relativ unspektakulär verlaufen ist. Das einzig besondere war, dass so eine Spezialeinheit ihre Waffen auf mich richtete. Doch sie sahen, dass ich unbewaffnet bin und legten mir sofort mit den Händen auf dem Rücken die Handschellen an. Der befreundete Bauer war da und ich ließ ihm durch die Carabinieri die Hausschlüssel geben, damit er sich um unsere beiden Hunde kümmern konnte. Dann ging es mit Blaulicht in rasender Geschwindigkeit zur Polizeikaserne in der Nähe von Cellole. Dort wurden mir Fingerabdrücke abgenommen und ich musste einiges unterschreiben, wobei ich allerdings die anwesenden Polizisten darauf hinwies, dass ich dies nicht lesen könne. Ich stand etwas unter Schock und unterschrieb, obwohl mir danach durch meinen Anwalt mitgeteilt wurde, dass in den unterschriebenen Unterlagen zu meiner Festnahme (nichts über die Tat) auf Italienisch stand, dass ich fließend lesen und schreiben kann, was so gar nicht stimmte und mir bis heute vorgehalten wird.

Die Polizisten waren relativ ruhig und man brachte mir um Mitternacht eine Pizza und sie verständigten einen Anwalt aus ihrer Liste von Pflichtverteidigern. Über den Fall selbst wurde nicht gesprochen und ich hätte mich dazu auch niemals geäußert. Anschließend ging es wieder mit mehreren Autos und Blaulicht zum Gefängnis nach Santa Maria Capua Vetere.

Es war also nach Mitternacht und genau mein Geburtstag.

Als wir in die Torwache fuhren und in der Schleuse kurz parkten, kam ein Vollzugsbeamter aus seinem Büro, öffnete die hintere Türe des Fahrzeuges, wo ich immer noch mit den Händen auf dem Rücken gefesselt saß, schaute mich an und haute mir einfach ohne Grund eine mit der Faust in die Fresse und sagte dabei: »Bewege dich kein Stück.« Die anwesenden Polizisten sagten kein Wort und schritten auch nicht ein, was mir zeigte, dass dies also normal ist und sicher nicht das erste Mal bei Gefangenen gemacht wird.

Ich kam auf die Kammer, nicht anders als bei uns in Deutschland und es waren zwei Beamte, wobei der eine ganz ein ruhiger gewesen ist. Doch bei dem anderen hatte ich schon ein sehr ungutes Gefühl. Ich hatte meine Arbeitshose an, meine Sicherheitsschuhe, Ehering (zu der Zeit noch verlobt, was ich aber niemanden in der Anstalt sagte, sondern immer nur, das ich verheiratet bin), eine Uhr, und eine Geldbörse ohne Geld,aber dafür ein kleines Passfoto von Jutta. Man nahm mir alles ab. Ich bekam weder den Ehering, noch das Passfoto und auch die Sicherheitsschuhe nahmen sie weg und gaben mir von irgendeinem anderen Gefangenen ausgelatschte Turnschuhe, die zwei Nummern zu groß waren.

Dann wurde ich einem Arzt vorgestellt und ich sagte, dass ich täglich Tramadol zu mir nehme und auch Subutex, da ich Schmerzpatient bin und es in Deutschland immer verschrieben bekomme. Ihn interessierte nur mein Gewicht und er verschrieb mir zwei Mal am Tag 100mg Tramadol. Dann wurde ich in eine Zugangszelle gebracht. Dort war ein weiterer Gefangener, der super nett gewesen ist und wegen Waffenhandel im großen Stil eingesperrt wurde. Ich musste mich erst mal auf das nackte Bett legen und war total angeschlagen. Zum einen hatte ich einen schon leichten Entzug, weil mir meine Medikamente fehlten und zum anderen, darauf machte mich der andere Gefangene aufmerksam, war mein Gesicht voller Wunden und überall mit Blut verschmiert. Das muss der Arzt ja gesehen haben, aber machte einen Scheißdreck dagegen. Mein Zustand wurde in der Nacht immer schlimmer und ich zitterte am ganzen Körper. Doch diesen Gefangenen, der mit mir in dieser Zugangszelle war, werde ich nie vergessen. Denn er saß neben meinem Bett auf dem Stuhl und behandelte mit einem Lappen meine Wunden im Gesicht und rief auch mehrfach den Beamten, das ich einen Entzug bekomme. Die gaben ihm eine Tramadol für mich und er saß weiter die ganze Nacht neben meinem Bett und kümmerte sich um mich. Wie gerne würde ich diesen Menschen wiedertreffen und mich bei ihm bedanken!

Am Tag darauf wurden wir auf eine Station verlegt die Nillo heißt und da wurde mir erst einmal bewusst, wie riesig dieser Knast und mit welchem Hightech er ausgestattet ist. Alles ging elektronisch, alles war voller Kameras und alle fünfzig Meter musste man durch einen Metalldetektor gehen. Mein Kollege wurde drei Zellen neben meiner eingesperrt und ich kam in eine Zelle mit drei weiteren Gefangenen, wovon nur einer Italiener gewesen ist. Ich hatte ein Bett gleich unten und in der Zelle war eine kleine Koch- und Spühlniesche und ein seperater Raum mit Waschbecken, Bidet, Toilette und eine Dusche. Die Gefangenen gaben mir Handtuch und etwas Duschgel, damit ich mich wenigstens ein wenig sauber machen konnte. Die Zellentüre wurde von der Zentrale auf der Station komplett elektronisch geöffnet und geschlossen. Das einzige was man dort als Aufschluss bezeichnen kann, war der Hofgang zweimal am Tag und eine Stunde in einem Tischtennisraum. Natürlich jeder erdenkliche Winkel mit Kameras ausgestattet.

Ich duschte also und bekam von einem Mitgefangenen erstmal eine Zigarette. Auf der Station gab es dann Menschen, die mir ein paar Briefmarken, Schreibpapier und einen Stift zukommen ließen, da man für das alles selbst verantwortlich ist und ich nur das hatte, was ich am Leibe trug. Sofort schrieb ich der Deutschen Botschaft in Rom und natürlich meiner Frau, damit sie alle wussten, was und wo ich gerade bin. Am folgenden Tag, es war ein Samstag, kam sofort mein Anwalt Di Rubbo und wir unterhielten uns über die weitere Situation und gezielt den Fall. Ich erzählte ihm haargenau alles, was man dann danach auch auf dem Überwachungsvideo von der Tankstelle sah.

Dann sagte er zu mir (wir waren sofort per Du und verstanden uns vom ersten Tag an): »Sei vorsichtig, hier arbeiten Angehörige des Opfers und es kann sein, dass du eine schwierige Haft vor dir hast.«

Zu er wähnen ist, dass weder ich noch der Anwalt Stift oder Unterlagen mitbringen durften. Ich hätte ihm nicht einmal eine

Unterschrift geben können, da ich nicht das geringste mitnehmen durfte zum Anwalt. Und auch er hatte massive Probleme diesbezüglich. Nach dem Anwaltsgespräch verließ ich den Raum, wo in der Tür ein kleines Fenster ist, damit der Beamte immer schön beobachten kann. Dabei merkte ich, dass sich schnell ein Beamter von der Tür entfernte und mir war sofort klar, dass er das Gespräch belauschte. Es ist hier auch weiter zu erwähnen, dass das Opfer aus dem Ort Santa Maria kommt und auch seine ganzen Angehörigen. Wie sich danach auch raus stellte ist dies ein kleiner Ort, wo jeder jeden kennt, also auch das Gericht, die Geschworenen und die Drecksstaatsanwältin. Alle waren voreingenommen.

Zurück auf der Station gab es dann Mittagessen und das war so wenig, dass ich schockiert gewesen bin als ich merkte, dass die drei Mitgefangenen immer noch Riesenhunger hatten. Es war schon fast ein trauriger Anblick zu sehen wie wir uns ein Stück Brot teilten, das nicht einmal ein Kind gesättigt hätte, so wenig gab es an Essen.

Ich ging in den Hofgang und freundete mich mit einem der Camorra Clans an, der sich sofort um mich kümmerte und mir das ein oder andere zukommen ließ. Ich erfuhr, dass jeder Gefangene einmal gratis anrufen darf, um seine Angehörigen zu verständigen, doch ich durfte kein einziges mal anrufen. Die Nummern waren auf dem Handy abgespeichert und selbst die Botschaft hat die Anstalt darum gebeten, dass sie mich ins Handy sehen lassen, um die Nummer raus zu schreiben und meine Frau zu verständigen. Dem allen kamen sie nicht nach. Die Botschaft schrieb mir sofort zurück und teilte mir mit, dass sie die Anstalt um faire Behandlung bei mir gebeten haben.

Dann ging es los. Alle zwei Tage hieß es angeblich »Anwalt« oder »Kammer« über die Rufanlage in der Zelle und ich ging zwei Stockwerke tiefer, wo mehrere Beamte auf mich warteten. Beim Anblick eines Beamten, der mich aufforderte die Brille runter zu machen, wusste ich sofort, was es geschlagen hat. Sie prügelten vor den Überwachungskameras auf mich ein, mit Faustschlägen auf den Hinterkopf. Mit Tritten in die Nieren, in den Rücken und das Gesäß. Ich zeigte keine Schmerzen, aber deckte mein Gesicht ab, falls sie mich auch da treffen wollen. Aber das haben sie vermieden, denn da würde man ja alles sehen an Wunden. Wobei mein Gesicht eh an verschiedenen Stellen Wunden hatte wie Stirn, Hals,

Mund, Backe, einfach überall. Wahrscheinlich durch den Kampf, als ich auf dem Boden lag und Massimo auf mir drauf. Der war so schwer, dass ich ihn damals gar nicht von mir runter brachte, weil ich so doof gestürzt bin.

Nun weiter.

Diese Prozedur mit Schlägen von den Beamten dauerte nur wenige Minuten und dann wurde ich zurück gebracht auf die Station Nillo. In meiner Zelle erzählte ich das und die Gefangenen wussten, dass hier auch andere geschlagen werden, jedoch nicht in dem Ausmaß wie sie es bei mir machten. Wieder zwei Tage später war die gleich Prozedur, ich bekam Schläge und wurde dann einfach in einen Raum gesperrt, der nichts beinhaltete und auch kein Fenster hatte. Ich erholte mich erst einmal und mir schoss durch den Kopf wie mich mein Anwalt noch gewarnt hatte. Ich überlegte, ob ich mich wehren soll, doch das wäre sicher fatal gewesen, wenn ich zurück geschlagen hätte. Während sie mich schlugen sagte einer: »Du bist also der Bastard.«

Dies ging alle zwei Tage so und einmal ging ich in den Betonkäfig von zwanzig Quadratmeter Hofgang und fragte jemanden von der Camorra, was ich machen kann. Er riet mir immer vor den Kameras zu laufen. Ich sagte zu ihm, dass denen das total egal ist, sie schlagen mich mitten auf dem Gang und jeder sieht es und keiner schreitet ein. Also auch vor den Kameras haben sie keine Hemmungen. Ihm tat das sichtlich Leid, doch er riet mir auf keinen Fall zurückzuschlagen und ruhig zu bleiben. Er wolle mir eine Adresse von einem Anwalt aus Neapel besorgen, der genau für solche Misshandlungen in den Haftanstalten in Süditalien zuständig ist. Aber ich solle keinem sagen, von wem ich die Adresse habe. Alle Gefangenen wussten über die Misshandlungen und Folter, doch jeder hatte Angst und wollte oder konnte mir nicht helfen. Wenn ich im Hofgang war, dann immer Jungs der Camorra um mich rum, das war mein einziger Schutz während dieser Zeit.

Wieder wurde ich zur Zentrale gerufen und man steckte mich erneut über Stunden in einen nackten Raum, wo ich drin stand vor Schmerzen, aber aufrecht ohne eine Regung zu zeigen. Da ging dann regelmäßig die Tür auf durch einen Beamten und andere Beamte begutachteten mich und fragten den Beamten der aufgesperrt hat: »Das ist er?«

»Ja«, kam als Antwort, »das ist das deutsche Schwein.«

Ich wurde regelrecht vorgeführt.

Das ging sicher über zehn Mal in den ganzen Stunden so und dann wurde ich wieder zurück gebracht und musste einen endlos langen Gang entlang laufen. Dabei waren drei Beamte, die mich immer wieder diesen Gang entlang prügelten.

Ich kam in meiner Zelle an und ging erstmal in den Raum, wo Toilette und Dusche sind und erholte mich und mir kamen teilweise die Tränen vor Schmerzen und was diese Schweine ständig mit mir veranstalten. Ich erfuhr dann, dass Jutta mir Geld für den Einkauf schickte, da sie ja wegen ihrer Rückenbehandlung in Deutschland gewesen ist. Das Geld kam nie bei mir an und war verschwunden, obwohl es über die Deutsche Botschaft in Rom lief.

Dann kam mein Anwalt, brachte mir einige Klamotten aus unserem Haus und sagte, dass ein italienischer Freund der ein Geschäft in Montragone hat, mich zwar besuchen dürfte, er sich aber an meinen Anwalt gewendet hat und zu ihm gesagt hat, dass er sich nicht traut zu mir zum Besuch zu kommen, da man ihn im Geschäft aufsuchte und ihm riet, mich ja nicht zu besuchen, sonst würde es ihm oder einen seiner beiden Söhne schlecht ergehen und es wäre dann besser er zieht weit weg. Er hatte scheiß Angst! Im Nachhinein habe ich erfahren, dass mein sogenannter Freund, der an der Tankstelle arbeitete zusammen mit Vollzugsbeamten meinen Freund E. im Geschäft aufsuchten und drohten.

Ich erzählte dem Anwalt von den Schlägen, aber er konnte nichts dagegen ausrichten. Er fragte, ob ich zum Arzt deswegen ging und ich verneinte, da sie eh alle unter einer Decke stecken.

An diesen Tag kam dann der Ermittlungsrichter mit dem Staatsanwalt, der Gerichtsschreiberin und einer Dolmetscherin, die man in der Pfeife rauchen konnte, so schlecht war sie.

Ich fragte den Richter, warum man mich hier misshandelt und sofort wurde der Staatsanwalt hellhörig und fragte den Anwalt, ob das wirklich so zutrifft. Der bejahte es und erzählte auch von den Angehörigen, die hier in der Anstalt arbeiten. Nach meiner Vernehmung, in welcher auch die Videos der Tankstelle gezeigt wurden, kam ich in meine Zelle. Anscheinend hatte ein Beamter das ganze Gespräch belauscht, denn er drohte mir, dass ich besser nicht von den Schlägen erzählen solle, sonst würde es mir noch schlechter ergehen. Ich tat so als würde ich ihn nicht verstehen und stellte mich dumm.

Tags darauf wurde ich wieder aus meiner Zelle geholt und diesmal waren die Schläge noch schlimmer als vorher. Man begründete ich müsse zur Kammer, um die Nummer aus meinem Handy rauszuschreiben, was eine totale Lüge war. Als ich diesmal unerträgliche Schmerzen hatte, sagte einer in meiner Zelle, dass er demnächst rauskommt und draußen jemanden wegen diese Misshandlungen verständigen will.

Gegen siebzehn Uhr war eine Inspektorin auf der Station, zu der man mit Anliegen gehen konnte, wenn man die Glocke in der Zelle drückte. Und mein Mitgefangener meinte: »Wende dich doch an sie, die kann dir helfen und erzähle ihr, was sie alle zwei Tage mit dir machen.«

Ich drückte die Glocke und erklärte, dass ich zur Inspektorin möchte. Und als das Gitter elektronisch geöffnet wurde, ging ich auf den Gang und sah die Inspektorin. Ohne zu ihr zu gehen, ging ich zurück in die Zelle und sagte zu meinen Mitgefangenen, das ich zu der gar nicht gehen bräuchte, denn die war mit dabei und sah immer zu wie ich geschlagen wurde. Da schaute auch mein Mitgefangener doof und konnte das gar nicht so richtig glauben.

Gegen 18 Uhr wurde ich dann in die Zentrale gerufen und ein Beamter fragte nach meiner genauen Adresse (ich war bereits fast einen Monat in Santa Maria) und die gab ich an. Ich dachte erst, dass ich wieder Schläge bekomme und wollte schon gar nicht aus der Zelle gehen.

Dann meinte er, dass ich auf Hausarrest entlassen werde.

Ich fragte, ob das ein Scherz ist und er meinte: »Sehe ich so aus als mache ich Scherze?«

Die Worte werde ich nie vergessen. Ich solle meine Sachen packen und ich werde später abgeholt. Ich konnte das fast gar nicht glauben und erzählte das sofort von Zelle zu Zelle, denn alle wollten wissen, was diese Schweine diesmal von mir wollten. Alle jubelten und schrien »Via!« und jeder wollte sofort die Adresse meines Rechtsanwaltes. Ich packte so schnell meine Sachen und mein Gedanke war jetzt nur: Hoffentlich ist Jutta zurück aus Deutschland in unserem Haus. Denn sonst darf ich nicht im Hausarrest bleiben, wenn keine Aufsichtsperson anwesend ist.

Mit einer Mülltüte voll mit Wäsche, die mein Anwalt brachte, ging es Richtung Kammer. Ich wurde erkennungsdienstlich behandelt, meine DNA wurde abgenommen und ich bekam alles ausgehändigt, was man mir bei der Ankunft abgenommen hatte. Mein Anwalt sagte schon eine Woche vorher, dass er Beschwerde beim höchsten Gericht in Neapel einreichen und das Video von der Überwachungskamera zeigen wird und sollte ich mit Glück auf Hausarrest rauskommen, er selbst das nicht erfahren wird, sondern ich ihn sofort aus dem Hausarrest verständigen muss. Komisches System, dass der Verteidiger selbst das gar nicht erfährt, sondern erst durch seinen Mandanten. Aber er hatte Erfolg und ich erfuhr von ihm noch in der gleichen Nacht durch ein Telefonat, dass fünf Richter in Neapel sagten, dass dies kein Mord war und dem Antrag des Anwalts zustimmten

Ich wurde gefesselt und in einen Transporter mit meinen ganzen Klamotten gebracht.

Zwei bewaffnete Beamten mit ihrer 9 mm Beretta fuhren den Weg also bis zu mir nach Hause mit und machten aus irgendeinem Grund in einem dunklen Eck bei einem Haus in Santa Maria, bei welchem sie klingelten, aber niemand aufmachte, einen kurzen Zwischenstopp. (Ich glaube ja, dass war das Haus von einem der Angehörigen, der im Knast arbeitet.) Da dachte ich mir nur, das war es jetzt und die bringen mich jetzt um. Das war wirklich mein Gedanke und merkwürdigerweise hatte ich noch nicht mal Angst, denn was ich im Knast erlebt habe, war so extrem und ich dachte mir nur noch, hier ist echt alles möglich, auch mein Tod und der ist schon vorprogrammiert. Nach ca. 45 Minuten Fahrt kamen wir bei mir zu Hause an und sie klingelten und Jutta machte auf. Die erste Frage von einem Beamten war, ob sie ihren Mann zurück haben möchte und sie sofort »JA!«. Man brachte mich aus dem Transporter, nahm die Fesseln ab und da stand ich nun völlig erschöpft von allem und Jutta nahm mich ganz fest in die Arme. Sie musste was unterschreiben und ihr wurden die Regeln des Hausarrestes erklärt, das niemand das Haus betreten darf, egal wer uns auch besuchen will und ich dürfte das Grundstück nicht verlassen. Dann fuhren die Knastbeamten und ich badete ersteinmal weil ich stank und ja so nichts hatte im Knast.

Ich erzählte Jutta ALLES und sie war entsetzt.

In dieser Nacht ging es aber ab.

Wir kamen nicht zum Schlafen, denn alle dreißig Minuten klingelte es und ich sah schon an der installierten Überwachungskamera vor dem Haus, dass es die Bullen sind. Die kontrollierten wirklich alle dreißig Minuten und das ging die ersten Tage so. Jutta öffnete das Tor und ich zeigte mich, das war ihnen genug. Irgendwann sagte ich aber zu Jutta, dass sie schlafen soll und ich werde das Tor öffnen und mich zeigen. Ich schlief sogar mit Klamotten, damit ich immer bereit war, wenn es klingelte und ich mich zeigen konnte. Es war Januar und scheiße kalt.

Unser gemeinsamer Freund, der das Geschäft in Montragone hatte und sich nicht traute mich zu besuchen, sagte dann irgendwann, dass er Jutta nicht mehr zum Einkaufen fahren kann und ab da wurde uns bewusst, dass uns nun niemand mehr hilft, weil sie alle bedroht wurden und Angst hatten. Wir hatten keine Möglichkeit mehr zum Kaufen von Lebensmitteln, Gas zum Heizen oder Brennholz für unseren Kamin. Wir waren plötzlich, obwohl wir Geld hatten, komplett aufgeschmissen. Dann kamen auch noch auf Juttas Handy Drohungen und auf Facebook wurde ein Aufruf gestartet uns zu lynchen und meine Frau zu töten. Das zeigten wir bei einer der Kontrollen der Carabinieri und die meinten nur: »Ihr müsst auch die Angehörigen verstehen.«

Auch da wurde uns sofort bewusst, die helfen uns nicht.

Nachts hörten wir langsam Autos draußen auf der Straße vorbeifahren, ab und zu fielen Schüsse. Auf Grund meiner Erfahrung wusste ich, dass es Schüsse aus einer Waffe waren und nicht irgendetwas anderes.

Ich bereitete mich vor.

Auf die Mauer, die unser Grundstück umgab, legte ich überall Glasscherben und machte mir mehrere Molotowcocktails mit dem Benzin aus meinem Motorrad, dass ich abgelassen habe. Ich dachte mir nur: »Kommt ruhig, aber ein paar von euch nehme ich mit.«

Wir waren schon verzweifelt, da es scheiße kalt war und wir nichts mehr zum Wärmen hatten. Also verbrannten wir im Kamin schon teilweise unsere teuren Echtholzmöbel. Wir hatten Angst der Carabinieri zu erzählen, dass unsere Freunde uns nicht mehr helfen wollten, denn das hätte geheißen, dass ich zurück in die Haftanstalt muss.

Also blieben wir ruhig und planten nach drei Wochen unsere Flucht aus Italien, auf die ich hier nicht weiter eingehen möchte. Nur so viel, wir hatten nichts an Kleidung, nur das, was wir am Leib trugen und unsere PCs mit allen wichtigen Daten darauf, ein wenig Geld und ein paar wichtige Unterlagen und Dokumente. Wir mussten unser ganzes Hab und Gut zurück lassen, ja auch unsere geliebten zwei Hunde, die für uns wie unsere Kinder gewesen sind. Unser Kater hatte sich ja nach einigen Monaten selbstständig gemacht und kam auf den Geschmack der Freiheit. Wir sahen ihn leider nie wieder. Was er wohl jetzt gerade macht?

Und unseren beiden Hunden trauern wir heute noch sehr nach und wir wissen nicht, was mit ihnen passiert ist. Das hat uns zutiefst getroffen und wir leiden noch heute sehr darunter und wissen nicht, wie es ihnen geht, Aki und Georg unsere Babys!

Klar hat man alle Wertgegenstände und so weiter aus dem Haus gestohlen, von Menschen von denen wir dachten, es wären unsere Freunde. Einfach *alles* weg.

Die italienische Justiz fragt sich heute noch, wie wir aus dem abgelegenen Ort, in dem wir wohnten, es geschafft haben, ungesehen zu fliehen. Dieses Geheimnis nehmen wir mit ins Grab!

Es dauerte jedoch aufgrund von vielen Vorsichtsmaßnahmen sehr lange, bis wir das Land verlassen hatten.

Auf der Flucht in Deutschland

Nach unzähligen Stunden in Deutschland angekommen, hatten wir eine voll ausgestattete Wohnung zur Verfügung von der niemand etwas wusste. Zweihundert Meter weiter waren die verschissenen Zielfahnder, die das komplett falsche Haus beobachteten und wenn die gewusst hätten, dass ich sie genau beobachten konnte, wie sie in ihren Auto saßen und ich von ihrem Zielobjekt nur wenige Meter entfernt war, hätte sie das zur Weißglut gebracht... Die Ausweichmöglichkeit war dann natürlich ein tolles Haus mit Grundstück, 200 Kilometer von Berlin entfernt. Die Unterschlupfwohnung wurde nur noch für regelmäßige Besuche verwendet. Keiner kannte uns dort, wo wir wohnten und ich nahm eine andere Identität an. Wir waren gut versorgt und ja, ich hatte sogar medizinisches Besteck und für stärkere Verletzungen Nähutensilien für alle Fälle. Jedoch kontaktierte ich sofort mehrere Anwälte meines Vertrauens um zu erwirken, dass dieses Verfahren aus Italien hier in Deutschland geführt wird. Doch man machte mir wenig Hoffnungen und es fehlte den Anwälten die nötige Erfahrung.

Zur Flucht und wie diese organisiert gewesen ist, möchte ich das Geheimnis für mich behalten, damit ich nicht eine Weiterschulung für die Behörden bin und sie daraus lernen, wie man was genau machen kann, um wirklich abzutauchen. Aus was ich kein Geheimnis mache, sind meine gefälschten Ausweispapiere, verschiedene Kennzeichen für den Golf, den ich mir von einem Wildfremden ausgeliehen hatte und mein Motorrad, dass auch sicher versehen war mit Kennzeichen. Ich lackierte es um und präparierte auch mein Fahrzeug. Die Kiste fuhr danach schneller und hatte einen geilen Abzug, denn man wusste ja nie für was dies mal zu gebrauchen war. Das Motorrad kam zum Schrotthändler nach meiner Festnahme und das Auto hatten ja leider die Bullen. Sollen sie ihre Freude daran haben. Diese Flachzangen wissen bis heute nicht, wo ich wirklich gelebt habe.

Noch heute bereue ich, das Land nicht verlassen zu haben Richtung Atlantik. Die Möglichkeiten hatte ich eigentlich genügend.

Der Zugriff durch das MEK und die Auslieferungshaft in Deutschland

Als wir über wir über Western Union Geld über den Namen von Jutta abholen wollten, in einem abgelegenen Ort 20 Kilometer entfernt von Magdeburg, in Egeln, parkte ich unseren Golf und wartete vor dieser kleinen Postfiliale. An diesem Tag war sehr viel Andrang und zig Menschen anwesend, wobei ich mir aber nichts weiter dachte. Als Jutta nach circa zehn Minuten wieder rauskam und das Geld hatte, gingen wir zu unserem geparkten Auto und ich sah nur einen alten, verwitterten, dunkelgrünen, geschlossenen Transporter und plötzlich ging es so schnell, dass wir gar nicht reagieren konnten. Vermummte Bullen in ihren Kampfanzügen richteten ihre Waffen auf uns, schlugen mir mit einer Waffe auf die Stirn und schon lag ich gefesselt auf dem Boden. Dieses verfickte Dreckspack werde ich nie vergessen, mit welch einer Art und Weise sie das machten. Ich sah zu Jutta, die ebenfalls kurz auf den Boden gerissen wurde, von normalen Zivilbullen und ich merkte, wie mir das Blut über mein Gesicht lief.

Jutta rief mir noch zu, was die mit uns machen, aber ich konnte nicht antworten. Man zog mich hinter den Lieferwagen und das Einsatzkommando rief den Passanten nur zu: »Hier gibt es nichts zu sehen und sie sollen alle weiter gehen.«

Dann kam ein Krankenwagen, der sich erst um Jutta kümmerte, da sie einen Schock hatte und die Schulter schmerzte. Anschließend kamen sie zu mir und verbanden die stark blutende Stirn. Dann rief das Einsatzkommando normale Streifenbullen an, die mich in die nächste JVA abtransportieren sollten. Aber dabei hörte ich, wie die vom Einsatzkommando zueinander sprachen und sagten, dass sich die normalen Bullen nicht trauen zu kommen und Schiss hätten wegen meiner Person und die anwesenden Bullen waren richtig angefressen.

Also verfrachteten sie mich in einen anderen verdunkelten Lieferwagen und hielten mir auf der Fahrt ins Magdeburger Gefängnis die Knarre entgegen.

Beim Knast angekommen wurden die vom Mobilen Einsatzkommando aufgefordert ihre Waffen abzugeben, was sie allerdings verweigerten und so wurde ich bewaffnet von einem Schwarm MEK in die Bekleidungskammer gebracht. Dort standen unzählige Vollzugsbeamte, denen wurde noch während der Fahrt mitgeteilt, dass jetzt jemand von der RAF eingeliefert wird. Diese Idioten! Die hatten eine scheiß Angst und es wurden alle möglichen Sicherheitsvorkehrungen getroffen. Die vom MEK zogen ab und man brachte mich auf die Krankenstation, wo ich alleine für mehrere Tage in einer Zelle war. Der Arzt kam noch zur gleichen Stunde und ich erklärte ihm meinen Subutexkonsum und der hatte es nicht einmal für nötig gehalten, dieses Arschloch, eine Urinkontrolle oder Blutentnahme zu machen. Dann hätte er sofort festgestellt wie hoch dosiert ich gewesen bin. Die Wunde an der Stirn konnte er angeblich nicht mehr nähen, dafür wäre zu viel Zeit vergangen, so seine Aussage. Allerdings war die Krankenschwester sehr nett und kümmerte sich um mich. Die Beamten waren höflich, aber auch nur weil sie nicht wussten, wie sie mit mir nun verfahren sollen.

Nach den drei Tagen wurde ich komischerweise auf eine normale Station verlegt, wo eine Telefonzelle auf der Station gewesen ist und ich knüpfte sofort Kontakt zu Menschen, die über ihre Angehörigen meine Frau verständigen ließen, wo ich mich gerade befinde. Man brachte mir auch sofort ein TV-Gerät, wahrscheinlich um keinen weiteren Stress mit mir zu haben. Eine Beamtin war sogar sehr besorgt, da sie meinen Entzug mitbekommen hatte und mir das glaubte mit dem Subutex als Schmerzpatient und sie ließ mich auch in einem Büro bei meiner Frau anrufen, wo sie natürlich alles mitbekommen hat, was ich mit Jutta sprach.

Wenige Tage später wurde ich per normalen Gefangenentransport in einen Naziknast im tiefsten Sachsen-Anhalt verlegt, da ich offiziell nur wegen Fahren ohne Führerschein saß und die Mordanklage von Italien noch nicht überall durchgedrungen war.

Angekommen in diesem kleinen Knast mit vielleicht 150 Personen war ich zuerst mit einem anderen Gefangenen auf der Zugangszelle, den man aber sofort verlegte, da man mich alleine halten wollte. Ich befand mich quasi in einer Art Isolation über sieben Wochen, was die Anstalt bis heute abstreitet. Da ich sofort Geld überwiesen bekam, konnte ich einen Einkauf machen und jeden Tag telefonieren.

Dann wurde ich dem Arzt vorgestellt, der sich wirklich um mich kümmerte. Jedoch egal wohin man mich brachte, war immer ein Beamter an meiner Seite. Ich wurde sieben Wochen alleine abgesondert und erst dann auf eine normale Station verlegt, bezog eine Einzelzelle und hatte alles. Auch bekam ich wöchentlichen Besuche, bei denen meine Freunde und meine Frau kamen. Ich möchte hier nochmals erwähnen, dass dies ein absoluter Naziknast war, worüber ich auch sehr viel veröffentlichte.

Auch hier kann ich mich nun Outen. Hätte ich länger die Gastfreundschaft von diesen Knast genießen müssen, wäre ich geflohen. Die Möglichkeiten waren gegeben und bereits in Planung, was kein Mensch wusste.

Dann auch noch die Besuche durch die Bullen vom Landeskriminalamt aus Niedersachsen. Hier also ein paar Zeitungsberichte, was sie alles mit mir machten und anboten, um an Informationen zu kommen, was mir anfangs so keiner richtig glauben wollte, was ich da erzählte. Bei Anfrage meiner Anwältin in der Haftanstalt und dem zuständigen Anstaltsleiter, wurde sogar sie belogen und alles wurde verneint. Bis jemand vom Landtag Sachsen-Anhalt hellhörig wurde und es sich bestätigte, was ich allen berichtete.

Wenn ein Beamter in meiner Zelle auftauchte, sagte er immer, dass der Anstaltsleiter mit mir sprechen möchte. Ich glaubte ihm und als ich in ein anderes Gebäude gebracht wurde, standen da zwei Typen und stellten sich als Bullen vor. Die Beamten logen mir etwas vor, um mich in ihren Verwaltungstrakt zu locken und das nicht nur einmal. Eines Tages sagte ich zu diesem Arschloch von Abteilungsleiter (der mich irgendwann angezeigt hat wegen Beleidigung seiner Person im Netz und in Zeitungen, da ich ihn beim Namen nannte), dass ich ihm nicht folge und der war stinkesauer und meinte, dass ich seinen Anweisungen nachkommen müsse und der Anstaltsleiter mit mir reden möchte. Ich antwortete nur, dass ich einen Scheißdreck an Anweisung folge leisten müsse und wenn der Anstaltsleiter, was von mir möchte dann soll er gefälligst zu mir kommen.

Dann zog er knallrot in seiner Fresse ab.

Ich wurde mitten am Tag in ein Zimmer in der JVA Volkstedt gerufen und da standen sie nun, das SEK und teilten mir mit, dass ich nun ohne Hab und Gut in eine andere Anstalt verlegt werde, also wieder zurück in die JVA Burg bei Magdeburg, was ich bis zur Ankunft in der JVA nicht wusste. Niemanden durfte ich verständigen, auch nicht meine Rechtsanwältin und auch wohin es gehen sollte, wurde mir nicht mitgeteilt. Doch diese Schwachköpfe hatten mit ihren dicken Lederhandschuhe nicht ertastet, was ich in einer Jacke abgebunkert hatte. Und zwar meine Notfalltablette an 8mg Subutex. Während ich mich dann wieder anziehen durfte, wurde ich mit schusssicherer Weste ausgestattet und bekam Handschellen mit den Händen nach vorne. Im Bus saß ich nun und es ging im Konvoi und Blaulicht mit Höchstgeschwindigkeit zur nächsten Anstalt.

Während der Fahrt versuchte ich gefesselt in die Jackentasche zu greifen und ertastete die Tablette, die ich vorsichtig mit extrem langsamen Bewegungen heraus holte und zwischen meinen Fingern fest hielt. Dabei wurde ich die ganze Zeit durch den Rückspiegel von den SEK Leuten beobachtet. Doch keiner von denen merkte etwas. In Burg angekommen wurden ich durch das SEK schwer bewaffnet zur Kammer gebracht, sie weigerten sich sogar ihre Waffen an der Torwache abzugeben, wo ich mich vor ihnen und den anwesenden Beamten entkleiden musste. Man nahm mir die Handschellen ab und ich musste mich also ausziehen. Dabei wollte man jede Körperöffnung sehen und auch die Handflächen. Durch ein schnelles Zeigen meiner Handflächen ist niemanden aufgefallen, was ich da zwischen meinen Fingern hielt. Ein weiterer Triumph für mich! So habe ich das SEK ausgetrickst und die zig anwesenden Pfleger. Dann standen wieder unzählige Beamte bereit und ich wurde zu meiner Überraschung wieder auf eine normale Station gebracht. Alle wussten, wer da jetzt wieder in die Anstalt kommt, auch die Gefangenen.

Auf der Station wurde ich nur blöd von allen gemustert und man stellte mir auch gleich ein TV-Gerät in die Zelle. Mir war klar, dass sie kein Theater wollten und sie kannten mich ja schon vor Monaten mit meinen zweiwöchigen Aufenthalt. Doch diesmal waren die Bedingungen um einiges schärfer und jeder Schritt von mir wurde beobachtet. Klar versuchten sie arschhöflich zu sein, aber sie spielten mir nur etwas vor und das war einfach zu offensichtlich. Man versuchte schon freundschaftliche Gespräche mit mir zu knüpfen, denen ich aber allen aber aus dem Weg ging.

Wieder musste ich meine Frau verständigen lassen und zum Glück kannte ich da noch ein paar Leute, die mir diesen Gefallen gerne taten, wie beim ersten Mal. Denn es war die gleiche Station wie vorher, als ich für zwei Wochen in dieser Anstalt gewesen bin. Nun musste ich erstmal warten, bis ich meine ganze Habe von Volkstedt bekam und das hat sich echt gezogen. Ein paar Menschen versorgten mich mit dem Nötigsten wie etwa Tabak, Kaffee und ein paar Kleinigkeiten zum Essen. Ich beantragte sofort eine Telefonkarte, die auch ziemlich schnell kam und ich konnte uneingeschränkt jeden Tag für Stunden und egal mit wem telefonieren. Hier musste ich aber ebenfalls feststellen wie die rechte Szene ganz groß geschrieben wurde und der Ausländeranteil sehr, sehr gering war. Doch damit wusste ich mittlerweile umzugehen. Drei

Mal haute ich jemanden ins Maul, weil sie es doch wirklich wissen wollten!

Der Abteilungsleiter war ein ganz falscher Hund und das sah ich dem auch ziemlich schnell an. Er stellte sich mir nach einigen Tagen vor und hatte dabei ein so hinterlistiges Lächeln, was bei mir alle Alarmglocken läuten ließ. Tja, und der Sozialarbeiter war genauso ein Arschloch. Einzig, und das ist wahrlich eine Ausnahme, war der Anstaltsgeistliche, der mich des öfteren in meiner Zelle aufsuchte, aber auch das unter ständiger Bewachung. Und wieder ging die ganze Scheiße von vorne los. So war ich der Einzige, der unter solchen ständigen Sicherheitsvorkehrungen mit Begleitung am Arsch gewesen ist. Hätte nur noch gefehlt, dass man wegen mir eine ganze Abteilung räumt. Egal ob Arztbesuche oder sonstiges, oder auch zur Kammer, der Weg mit mir war den begleitenden Beamten ganz genau vorgeschrieben und keiner ging nur einen Meter von mir weg. Einer der Beamten sagte mal, dass wenn er mit mir einen anderen Weg nutzen würde zur Bekleidungskammer, dann könne er seine Papiere abholen und würde gekündigt. Einzig der Besuch war in Ordnung und ich freute mich jedes Mal, wenn Jutta mit Freunden zu mir zum Besuch kam. Einmal sagte ich so beim Besuch: »Mann was hätte ich doch Bock auf einen geilen Hamburger mit allem drum und dran!«

Irgendwann dann beim nächsten Besuch kam Jutta wieder und dabei eine super liebe Freundin. Dann meinten beide grinsend, wir haben eine Überraschung für dich. Ich dachte mir erst nichts, denn was soll es für eine Überraschung sein, war doch der ganze Besucherraum mit Kameras ausgestattet und dazu hinter Panzerglas die beobachtenden Besuchsbeamten, die vor Neugierde kaum ruhig auf ihren Stühlen sitzen konnten. Ich sah mich wie gewohnt im Besuchsraum um – und dann auf mein Tablett, wo die Süßigkeiten und Getränke standen, die meine Besucher vorher aus den Automaten ließen und mit in den Besuchsraum brachten. Da schaute mich doch glatt ein total geil verpackter und noch warmer Hamburger an und ich war so was von mega sprachlos!

Wir lachten alle drei, denn so was hat es sicher in der Geschichte der deutschen Justiz noch nicht gegeben. Frech vor den Kameras und vor den Beamten hinter der Glasscheibe packte ich den Hamburger aus und fing an, diesen zu essen. Die Beamten bekamen gar nichts mit und sicher dachten sie, dass ich die Süßigkeiten esse, die meine Besucher aus dem Automaten ließen. Ach was haben wir uns darüber amüsiert und herzlich gelacht. »Frechheit siegt!«, sagte ich noch laut. Ich habe ja schon einiges getrieben, aber das war mein erstes Mal und total *GEIL!*

Dann gab es aber einen Besuchsbeamten, der immer da gewesen ist und mitten im Besuch zu uns an den Tisch kam und fragte wegen dem nächsten Termin für einen Besuch. Ich sagte zu ihm, dass er nicht mich fragen muss, sondern meine Besucher, schließlich müssen die planen und organisieren. Dieser Beamte war ein regelrechtes schikanöses Arschloch und machte meine Besucher jedes Mal dumm von der Seite an. Klar ließen sich meine Besucher nichts gefallen, doch dieses Arschloch überspannte den Bogen und so machte ich seinen Namen ausfindig und ein paar Freunde wollten diesen Beamten vor der Anstalt auf dem Parkplatz abpassen, damit er mal richtig eine Lektion bekommt. Schade für uns, und Glück für dieses Arschloch, hatte er an diesem Tag eine ganz andere Schicht wie normal. Keine Ahnung wie es plötzlich dazu kam, vielleicht hörte man auch nur ganz genau meine Telefonate ab. Er hatte ein echtes Scheißglück, dass dieser Drecksack so knapp an einer Lektion vorbei kam. Zu gerne hätte ich ihm das und die Pest an den Hals gewünscht! Als einziger Weg blieb nur noch übrig, sich offiziell per Brief bei der Anstaltsleitung zu beschweren. Aber wie bereits gedacht, wurden alle Dienstaufsichtsbeschwerden eingestellt, sowohl von meinen Besuchern draußen als auch von mir.

Da die Auslieferung immer wahrscheinlicher wurde, mussten Jutta und ich uns etwas einfallen lassen, sodass wir noch schnell vorher heirateten. Denn in Italien gestaltet sich der Besuch einfacher, wenn wir verheiratet sind und nicht nur verlobt. Also kümmerte sich Jutta um alles und wir heirateten auf die Schnelle in der JVA Burg mit zwei mega lieben Freunden und der ältesten Tochter. Die Standesbeamtin rasselte ihren Text runter und dabei waren mehrere Beamte, die das Szenario genau beobachteten. Doch die Atmosphäre war furchtbar mit den Beamten die dabei waren. Was für eine Logik, beim Besuch sitzt kein Beamter mit dabei, aber bei einer Heirat gleich zwei Beamte, was für eine Schweinerei! Wir aßen unsere Torte, die unsere Freunde bezahlten und zu diesem

Zweck Geld überwiesen, und die Anstalt besorgte diese (eine Auflistung der Kosten bekam ich bis heute nicht). Das gemütliche Beisammensein dauerte aber leider nicht lange und die Verabschiedung war herzzerreißend, so als ob jeder das Gefühl hatte, dass dies vielleicht das letzte Mal war, wo wir uns sehen sollten.

Und so war es dann leider auch, zumindest was die Freunde und Tochter betreffen sollte.

Einige Tage später mitten in der Nacht – ich war noch auf und schrieb mit meiner elektrischen Schreibmaschine – merkte ich wie irgendetwas vor meiner Türe ist und noch bevor ich reagieren konnte, stand das SEK in meiner Zelle. So eine Scheiße!

Tja, und wie bereits berichtet hieß es erneute Verlegung. Wieder keine Auskunft wohin und niemanden verständigen. Wieder ohne Hab und Gut. Im Nachhinein beim Rausfahren mit der ganzen Eskorte sah ich nur, wie immer gefesselt und mit Schussweste, wie überall SEK-Menschen in der Anstalt postiert waren, auch vor der Anstalt. Selbst vor der Anstalt waren die Zufahrtsstraßen gesperrt, durch SEK und normale Polizei. Einer vom SEK meinte noch, dass sollte es mir nicht gut gehen, in einem der Begleitfahrzeuge ein anwesender Sanitäter ist. Was für ein Aufgebot wegen einer einzelnen Person und ich kam mir vor wie der Staatsfeind Nummer Eins.

Nach einer Stunde Autofahrt mit Blaulicht beobachtete ich, wie es nach Berlin ging. Richtig, ich wurde im Konvoi in die JVA Moabit gebracht. Dort allerdings war es etwas anderes. Denn als ich die Beamten sah, waren die doch schockiert über diesen Schwachsinn an Aufgebot und alle waren sehr höflich und ruhig. Das SEK zog ab und ich wurde alleine gelassen mit zwei Beamten und wurde erstmal durchsucht auf der Bekleidungskammer. Dann wurde ich genau neben der Kammer, also immer griffbereit für sie, in eine Haftraumzelle gesperrt, die als einzige in der ganzen Anstalt ein TV Gerät enthielt. Jedoch hatte ich nichts an Waschsachen und die Zelle sah echt übel aus. Kurz darauf kam der Anstaltspsychologe, der fließend Italienisch sprach und ein schon sehr komisches Interesse an der Haftanstalt Poggioreale hatte. Er erzählte mir, dass er bei der Anstaltsleitung in Poggioreale anfragte, um eine Führung mit seinen deutschen Kollegen zu bekommen.

Klar bekam er von der Anstaltsleitung in Poggioreale eine Absage. Dafür ist der Knast auch viel zu berüchtigt. Der Psychologe machte sich aber auch Gedanken, ob ich mir nicht etwas antun könnte, da bekannt war, dass wir gegen die Auslieferung kämpfen und ich es unbedingt verhindern wollte. Ich hatte gehofft, das Verfahren nach Deutschland bringen zu können, so dass es hier verhandelt wird. Als man mich an dem Tag nach Moabit verlegte, teilte man das nicht einmal meiner Anwältin mit, obwohl sie sich in Burg einen Tag zuvor für einen Besuch bei mir angekündigt hatte. Na, entweder war es eine strikte Geheimhaltung oder man verarschte auch meine Anwältin. Ich denke mal, dass man ihr aus Geheimhaltungsgründen das einfach nicht sagen wollte und sie somit genauso verarschte wie mich. Eine echt miese Tour, was die mit uns machten!

Sie beschwerte sich bei der Anstaltsleitung, weil ich nichts an Hygieneartikel bekam und auch nichts um die Zelle putzen zu können und prompt am gleichen Tag kam die Sozialarbeiterin Frau Bandit und brachte mir alles nötige. Man meinte, dass ich deswegen mich doch ruhig an das Personal hätte wenden können, doch ich hatte keinen Bock mit irgendjemanden von denen zu reden.

In Moabit war zwar schnell klar, dass man mit mir ganz schön übertrieben hatte, was aber die Anstaltsleitung nicht daran hinderte ebenfalls Sicherheitsvorkehrungen zu treffen. Ich durfte zwar jeden Tag bei Jutta durch die Sozialarbeiterin anrufen, aber es standen immer vor der offenen Bürotüre mehrere Beamte als Absicherung. Als ob die etwas hätten ausrichten können! Was für ein Witz! Auch wenn ich zum Duschen durfte und man meine Zelle aufsperrte, gingen zwei Beamte mit, einer voraus und einer hinter mir und ich wurde alleine in die Dusche gesperrt (ich war 24 Stunden unter Verschluss). Wenn ich fertig war, drückte ich die Glocke und wurde zurück gebracht. Wenn Frühstück, Mittagessen oder Abendessen ausgegeben wurde, waren immer mehrere Beamte mit am Start. Auch wenn es zum Arzt ging waren Beamte dabei, auch im Gespräch mit dem Arzt und einmal sagte ein Beamter: »Na, sie haben ja das volle Programm.«

Ich antwortete nichts darauf, denn was hätte ich auch noch sagen sollen.

Dann hatte ich endlich Besuch von Jutta, der eher traurig gewesen ist und an den ich oft denken muss. So waren wir sehr getrennt, durch einen extrem breiten Tisch, damit man sich ja nicht zu nahe kommt und die ganzen Blicke der anwesenden Beamten immer nur auf mich gerichtet.

Und endlich kam dann auch mein Hab und Gut aus der JVA Burg, nur leider nicht vollständig und einiges kaputt. *Danke an Burg, ihr verdammtes Schweinepack!*

Die Hälfte meiner japanischen Zeitungen und Bücher konnte ich entsorgen und es fehlten unzählige Lebensmittel. Die Elektrogeräte waren zwar eingesaut mit Milch, von der die Verpackung kaputt war, aber nach einer Reinigung in der Kammer, wofür man mir Zeit ließ, war alles noch intakt. Das einzig Gute an Moabit war, dass ich noch eine Kleinigkeit zu Kiffen hatte, ich bekam ausreichend Medizin (aber keine wirklichen Untersuchungen) und die Beamten waren stets freundlich und quatschten mich nicht unnötig zu.

Die Überstellung von Deutschland nach Italien

Im Mai 2018 hatten meine Anwältin und ich den Kampf gegenüber der deutschen Justiz verloren und es war nun endgültig: Ich werde nach Italien ausgeliefert und uns war allen klar, trotz Hoffnung, dass alles wieder gut wird, dass man mit mir nun machen wird, was man möchte und dass das kein fairer Prozess wird.

Frühmorgens um sieben Uhr wurde ich aus meiner Zelle in Moabit geholt mit der Ansage

von mehreren Beamten, die sich vor meiner Zelle aufbauten, dass es nun losgeht. Meine Sachen, die ich gerade mal so als Fluggepäck mitnehmen durfte, wurden verplombt und dann stand draußen schon wieder ein Rollkommando von unzähligen Wagen, verdunkelt mit normalen Bullen und Sondereinsatzkommando. Oder wie es so manche Zeitungen und im Netz bezeichnet wird: Die Antiterroreinheit. Was das letztendlich für Komiker waren, die mich abholten, weiß ich selbst nicht, doch war es irgendwie beeindruckend. Die Straßen zum Flughafen Berlin Tegel wurde gesperrt und mit Blaulicht durchfahren. In dem Augenblick wusste ich nicht wie viele Italiener am Flughafen auf mich warten und ob sie das ganze Aufgebot wegen mir verstehen oder gar fortsetzen werden.

Angekommen wurde ich gefilzt, zum dritten Mal an dem Tag und in eine nackte Zelle gebracht. Allerdings gestand man mir ab und zu zu, dass ich eine rauchen darf und man brachte mir einen Kaffee. Nach circa zwei Stunden standen drei Carabinieri in meiner Zelle, die über das Aufgebot meiner Person sehr geschockt gewesen sind und wir unterhielten uns auf Italienisch über den weiteren Ablauf. Sie würden also im Flugzeug auf mich warten und wir fliegen direkt nach Rom. Womit sie allerdings nicht gerechnet haben war, dass weitere Aufgebot wie ich mit mehreren Fahrzeugen zur Alitalia gefahren wurde und mich mehrere bewaffnete Bullen in den Flieger verbrachten. Bis an die Zähne bewaffnet mit Schnellfeuergewehren waren sie und gefesselt bestieg ich die schmale Leiter in den Flieger und die Carabinieri sahen sich verdutzt an und waren erneut sprachlos. Im Flieger wurden mir die Fesseln abgenommen, man stellte mir eine Cola hin und ging.

So fühlte man sich doch eher wie ein Tier als als Mensch.

Entsetzt war ich doch die ersten Tage wie die Gefangenen im italienischen Knast mit den Beamten sprachen: In einem lautstarken Ton als würden sie sich gleich an den Hals gehen. Wir in Deutschland, mit unserer Mentalität würden das sofort so empfinden. Aber es gab auch freundschaftliche Verhältnisse als würden sie schon von Kindesalter an kennen. Eine doch sehr merkwürdige Stimmung an die ich mich bis heute nicht gewöhnt habe und auch nicht werde. Obwohl man mir gegenüber sehr viel Respekt zeigte.

Nach circa vier Tagen Observationsstation wurde ich auf die normale Station 6 verlegt und da waren die Türen täglich von 8 Uhr morgens bis 20 Uhr abends geöffnet und wie es da zu ging, kann ich kaum in Worten beschreiben, habe dies aber in einigen Briefen schon versucht zu erklären, die auch sicher noch existieren. Rassismus war auf dieser Station extrem angesagt. Eines Tages verlegte man einen Afrikaner in die Station und der wurde so schlecht behandelt, beleidigt und mit Hausschuhen auf den Körper geschlagen, dass es mir im Herzen wehtat. Der Gefangene reagierte sehr ruhig und hatte immer nur ein Lächeln im Gesicht. Bis er sich an den Stationsbeamten wendete und man diesen auf eine Station verlegte, wo noch andere afrikanische Gefangene waren. Ich hätte, so gern ich auch gewollte hätte, nicht eingreifen können. Erstens war ich neu und zweitens hätte ich die ganze Station gegen mich gehabt.

Das tägliche gemeinschaftliche Essen war auch sehr schwierig für mich, da ich das alles doch gar nicht kannte. Sie deckten den Tisch wie zu Hause mit Tischdecke und Servietten und dazu Einwegbesteck und Einwegteller, was alles aus Plastik ist. Töpfe und so weiter wurden im Bidet-Waschbecken gewaschen. Alle Gefangene sind so auf sich alleine gestellt. Entweder man hat die Möglichkeit sich bis zu 800 Euro im Monat auf sein Konto überweisen zu lassen, um für seinen Lebensunterhalt aufzukommen und durch den Besuch noch zusätzliches Essen bringen zu lassen, oder man steht auf verlorenen Posten und ist auf die Hilfe der anderen Mitgefangenen angewiesen. Ich selbst komme mit meinem Geld kaum klar. So kaufe ich mir jeden Monat Gas, Reinigungsmittel um die Zelle putzen zu können, Hygieneartikel, Reinigungsmittel für meine private Wäsche (da es keine Anstaltswäsche gibt und auch die Privatwäsche nicht gereinigt wird) und gerade in meinem Fall medizinische Produkte, die mich teils am Leben erhalten, aber auch Vitaminpräparate. Es gibt von der Anstalt wirklich *nichts*! Bis auf zwei Rollen Toilettenpapier im Monat war es das. Was macht also ein Gefangener, der niemanden hat und keinerlei Möglichkeiten besitzt?

Erst jetzt weiß ich, was es heißt als Ausländer in einem fremden Land und auf sich alleine gestellt zu sein. Die Beamten und die Anstaltsleitung kümmert das recht wenig, da sie sich sagen, dass sich die Gefangenen schon untereinander versorgen. Zudem waren in meiner Zelle zwei richtig junge Arschlöcher, die glaubten sie könnten das Kommando auf der Station übernehmen und sie behandelten auch mich nicht gut. Es war für mich schon ein regelrechter Kampf diesen beiden nicht ein paar in die Fresse zu hauen und Manieren beizubringen. Mittlerweile sind genau diese Quertreiber schon lange verlegt.

Nach drei Wochen hielt ich es kaum noch aus und man verlegte mich auf die Observationsstation einen Stock tiefer, wo ich dann für ein Jahr blieb. Irgendwann kam die Anstaltsleitung auf mich zu und wollte mich auf eine normale Station verlegen und um Zeit zu schinden sagte ich ständig, dass ich mir das überlegen muss. Ich wollte einfach nicht mehr und hatte mich schon an alles gewöhnt und schaffte mir meinen Tagesablauf. Wochen später bis ein Beamter und die stellvertretende Anstaltsleiterin mir angeboten haben, dass ich alleine eine Zelle beziehen darf und im Computerraum einen persönlichen Computer nur für mich hingestellt bekomme, den auch niemand benutzen darf und der mit eigenem Passwort versehen ist, ließ ich mich verlegen. Letzteres dauerte allerdings ewig und es ging mir schon auf den Sack des öfteren danach zu fragen. Also ließ ich mich nach über einem Jahr Observationsstation auf die Studentenabteilung verlegen. Eine Abteilung über die jede Woche etwas in der Zeitung steht und in ganz Italien begehrt ist.

Der Knast Secondigliano

Hier sitzt natürlich ein anderer Schlag von Gefangenen. Nicht alles Arschkriecher, aber doch mit sehr viel Anstand und Menschen, die wirklich ein Studium machen. Insgesamt befinden sich hier siebenundzwanzig Personen aus unterschiedlichen Kreisen und der Zusammenhalt ist hier schon deutlich spürbarer. Arschkriecher und Deppen gibt es immer, aber es wäre auch schlimm wenn wir alle gleich wären. Sie fahren jedoch genau die Schiene, die gewollt ist. Als ich einmal vor mehreren Gefangenen fragte, warum sie sich so viel gefallen lassen, meinten sie zu mir, dass dies krasse Konsequenzen hätte und dass ich alleine auf mich gestellt wäre, wenn ich etwas planen würde. Naja toll, dachte ich mir und beendete dieses Gespräch auch.

Doch sehe ich es so, dass die Gefangenen einfach nur unter Druck stehen.

So bekommen sie von der Justiz bei guter Führung alle sechs Monate 45 Tage von der Haft erlassen. Auch wer ein Studium erfolgreich absolviert, bekommt ebenfalls nach meinen jetzigen Infos 15 Prozent der gesamten Strafe erlassen. Was bleibt ihnen also anderes übrig?

Es ist nicht wie in Deutschland, dass man nach dem Verbüßen von zwei Dritteln auf eine Entlassung hoffen kann, wenn man

Ersttäter ist. Denn bei Wiederholungstäter ist das natürlich so gut wie ausgeschlossen. Da hat man kaum etwas zu erwarten.

Ein Beispiel: Ein Gefangener hat 18 Jahre Haft bekommen und hier in Italien ist es so, das bei relativ guter Führung der Gefangene nach neun Jahren für fünf oder mehr Tage einfach in den Hafturlaub gehen darf, ohne wirkliche Vorbereitung, was sich »Permesso« nennt. In Deutschland ebenfalls unmöglich, gerade bei Gewaltdelikten oder ähnlichem. Da wird erst einmal ein psychologisches Gutachten angefertigt und mit verdammt viel Glück darf der Gefangene mit Pfleger eine Ausführung von vier Stunden machen. Er würde nie einfach so, nach so langer Zeit, sofort in den Urlaub gehen. So kann ich zum Beispiel mehrere Fälle nennen, wo ein Gefangener vier Stunden mit Begleitpersonal rausging. Anschließend machte er drei mal vier Stunden Ausgang, dann drei mal sechs Stunden Ausgang, dann drei mal acht Stunden Ausgang und erst dann durfte er für zwei Tage in den Hafturlaub. Als ich wieder einmal einen Vortrag vor mehreren Gefangenen und Beamten hielt, über das System in Deutschland oder Österreich, da waren alle entsetzt und jeder hat mir bisher geraten im Fall, dass ich eine längere Haftstrafe machen müsste (da bei mir noch alles offen ist), nicht nach Deutschland zurückzugehen bzw. mich nicht ausliefern zu lassen.

Kurz darauf wurde ich gefragt, ob ich im Erdgeschoss Putzarbeiten verrichten möchte, wofür ich nur eine minimale Entlohnung bekommen würde, die kaum der Rede Wert ist, was sich aber bald ändern sollte. Der Ablauf ist so, dass ich von sieben bis neun Uhr arbeite. Jedoch bin ich fast den ganzen Tag am machen, da ich merke, dass es mich nicht ganz soviel zum Nachdenken bringt und der Vorteil ist, dass ich komplett meine Ruhe habe. Ich sehe niemanden, keiner schafft mir was an und ich kann fast tun und lassen was ich möchte. Bin ich fertig mit meinen Arbeiten von denen ICH meine, dass sie notwendig sind, gehe ich einfach in meinen Raum, wo mein Computer steht und schreibe. Dieses Privileg habe nur ich. Alle anderen auf der Universitätsabteilung müssen warten, bis die Schule wieder beginnt. Die meisten Beamten wissen das und nur selten ruft mich jemand, weil etwas wichtiges zu tun wäre. Wenn es dem Abend zu geht, begebe ich mich so langsam vor zur Zentrale und sage, dass ich nun hoch gehe, um noch zeitig duschen zu können, da ja, wie bereits erwähnt, um 20 Uhr Einschluss ist. Alles das ist in Deutschland so nicht möglich! Schon gar nicht für jemanden wie mich, der durch die BRD als linksextremer Terrorist abgestempelt ist und sich wegen angeblichem Mord noch in Untersuchungshaft befindet. Obwohl auch zu sagen ist, dass es hier Untersuchungsgefangene in dem Sinne wie in Deutschland nicht gibt. Hier liegen alle zusammen und alle haben fast die gleichen Rechte und Möglichkeiten. In Deutschland werden Untersuchungsgefangene und Strafgefangene strikt voneinander getrennt und werden auch vom Gesetz unterschiedlich behandelt.

> *Jedoch merke ich durch meinen Gesundheitszustand sehr schnell meine Grenzen und ich nehme seit vier Monaten konstant ab und habe seit genau der Zeit eine Art Grippe, die nicht weg geht. Dazu gravierende Zahnschmerzen und bis dato hat auch noch niemand etwas gemacht. Seit über einem halben Jahr hätte ich deswegen ins Krankenhaus kommen sollen, da ich seit über einen Jahr Blut ausscheide. Dies zwar nicht jeden Tag, aber doch regelmäßig. Doch bin ich an einem Punkt, wo ich langsam resigniere. Durch Spenden wurde sogar ein eigener Arzt bezahlt, der attestierte, dass ich dringend zu weiteren Untersuchungen ins Krankenhaus muss, dem man aber nicht nachgekommen ist. Nun warte ich, denn mehr bleibt mir hier einfach nicht übrig.*

Die ärztliche Versorgung ist und bleibt ein Albtraum! Für wirklich alles muss ich selber aufkommen, egal welches Medikament, ich muss alles selber bezahlen. Brille, Zahnbehandlung wofür ich einen Zahnarzt von draußen beauftragen muss, damit er mich in der Anstalt besuchen kommt, was ich gar nicht kann, weil mir dazu das Geld fehlt und ich nun am Oberkiefer eine schwere Entzündung habe und wahrscheinlich Zähne verliere. Nun kommt dazu, dass ich eine Allergie mit den Augen habe, doch niemand kann mir sagen, was genau und auch hier müsste ich die notwendigen Medikamente bzw. Tropfen bezahlen, die schweineteuer sind. Von dem Problem mit meiner rechten Niere und der Prostata ganz zu schweigen. Ich frage mich wie es sein kann, dass ein Gefangener für wirklich alles selber aufkommen muss und hier nur gerade einmal das Nötigste an Behandlung getan wird? Der neue Arzt (alle drei Monate ist ein neuer da) ist zwar ganz nett und bemüht sich auch, aber ihm sind klare Grenzen gesetzt. Als ich am Anfang hier angekommen bin, traf mich fast der Schlag. Der Mediziner im kleinen Ambulanzbereich raucht und sieht dabei TV. Als ich dies veröffentlicht habe, wurde das kurze Zeit später eingestellt. Lediglich die Beamten in ihren Büros sitzen drinnen, schlafen entweder oder schauen sich auf ihrem Monitor irgendeine Fernsehsendung an. Auch das unvorstellbar in vielen anderen EU-Ländern.

Diskretion gibt es nicht. So stehen vor der Ambulanz, wo die Türe offen ist mehrere Gefangene, die warten, dass sie dran kommen und jeder bekommt die Probleme des anderen mit. So verhält es sich auch in den insgesamt drei Anwaltszimmern. Die Türen müssen offen bleiben und jeder, der von außen vorbei läuft, bekommt das laufende Verfahren des anderen mit. Auch beim Psychologen oder Psychiater ist es gleich, die Leute warten draußen auf dem Gang vor dem Raum, dass sie dran kommen und sperren natürlich die Ohren auf. So weiß eigentlich jeder über jeden Bescheid.

Genauso wenn die stellvertretende Anstaltsleiterin kommt und man mit ihr in einem der Räume sitzt und irgendein Anliegen bespricht – die Gefangenen warten draußen. Diskretion gleich null und das habe ich schon sehr oft gegenüber der stellvertretenden Anstaltsleiterin oder dem Anstaltsarzt bemängelt. Doch getan hat sich leider bis jetzt noch nichts.

Vor einigen Wochen beobachtete ich wie ein afrikanischer Gefangener zur Arbeit ging und sein Betriebsbeamter vor allen Gefangenen und Beamten mit ihm redete, was ich noch nie erlebt habe. Er beleidigte ihn in einem lauten Ton, dass er ein Stück Scheiße ist, ein Arschloch und so weiter. Das war für den Beamten ganz lustig, denn er redete als wäre es für ihn Spaß. Der Gefangene sagte kein Wort und ich beobachtete dies von Weitem. Dieser Beamte ist bekannt für mit seine rassistischen Äußerungen und er versuchte auch einmal bei mir einen Ton anzuschlagen, wo ich ihm aber *sofort* den Wind aus den Segeln nahm. Denn ich ging ganz ernst auf ihn zu, schaute ihm in die Augen und sagte, dass er vorsichtig sein soll, denn so redet niemand mit mir. Ein weiterer

Beamter bekam das mit und schritt mit den Worten ein, dass er bei mir vorsichtig sein soll. Dieses Arschloch von Beamten, der so schlecht mit dem Ausländer geredet hat, sah ich nie wieder.

Da ich ja den Ruf eines langjährigen Kampfsportler genieße und es schon Beamte gab, die irgendwelche Hand- und Fußbewegungen vor mir machten und stolz herumerzählen, dass sie mehrfache Dans in irgendwelchen Kampfsportarten besitzen, habe ich blitzschnell reagiert und diesen ausgeblockt oder einen schnellen Mawashigeri (seitlicher Kick) angesetzt, sodass ihnen die Spucke weg blieb, weil damit nun echt keiner gerechnet hat. Natürlich den Kick nicht voll ausgeführt, das hätte nur unnötig provoziert und ihn auch zu Boden gebracht.

Da sagte einmal ein Beamter bei Schichtwechsel als er nach Hause ging: »Mach keinen meiner Kollegen etwas, sondern lasse deine Luft und Energie anderweitig raus.« Klar hätte ich keine Chance, wenn plötzlich ein Rollkommando vor mir steht, doch habe ich mir einen guten Respekt erkämpft.

Ebenso bemängel ich regelmäßig die Pflege der sozialen Kontakte mit den Angehörigen. Ein Gefangener, egal wer es ist, darf in der Woche eine Stunde Besuch erhalten und zugleich zehn Minuten in der Woche an einem bestimmten Tag telefonieren. Welch ein Unding gerade für die ausländischen Gefangenen, die keinen Besuch haben oder vielleicht mal alle drei oder vier Monate. Was zum Teufel soll man in zehn Minuten mit seinen Angehörigen besprechen können? Es bleibt kaum Zeit wichtige Dinge, wie etwa das laufende Verfahren, Probleme psychischer Art von beiden Seiten etc. durchzugehen. Noch schlimmer ist es, wenn jemand Kinder hat oder gleich mehrere, wie soll das funktionieren mit jedem Kind zu sprechen? Kaum hat man ein Gespräch angefangen, schon kommt die Durchsage noch dreißig Sekunden. Nicht einmal richtig verabschieden kann man sich. Also bleiben die Briefe und das ist auch ein absolutes Unding. Ausgehende Briefe (Anmerkung: die meisten und auch ich haben keine Zensur) dauern oft bis zu vier Wochen bis sie den Empfänger erreichen. Eingehende Briefe zwischen fünf Tagen innerhalb Europas oder auch mal drei bis vier Wochen. Die Schuld gebe ich hier noch nicht einmal der Anstalt, sondern es liegt einzig und allein an der italienischen Post draußen. Selbst hier gestaltet sich die Kommunikation als katastrophal. Gerade für die Gefangenen und deren Angehörige ist das regelmäßige Aufrechterhalten und Festigen von sozialen Kontakten, sowie das Entgegenwirken der Entfremdung ein ganz wichtiger Bestandteil. Nun gibt es aber seit neuestem die Möglichkeit per Skype mit seinen Angehörigen anstelle von Besuch zu reden. Jedoch auch hier funktioniert es mal und mal nicht. Ich glaube, dass die dafür zuständigen Beamten oft selbst überfordert sind. Klar sind die ein oder anderen Gefangenen, die dies in Anspruch nehmen dann immer sehr enttäuscht, was auch verständlich ist. Sie, also die Beamten, geben dir einen Termin vor, den sie dann selbst gar nicht einhalten und die Angehörigen warten zu Hause oder bleiben gar extra von der Arbeit weg.

Anstelle von 10.15 Uhr heißt es dann 11.30 Uhr. Die Beamten halten es dann auch gar nicht für nötig den Angehörigen Bescheid zu geben, sondern machen das erst auf die letzten Minuten bevor das Skype-Gespräch losgehen würde.

Man müsste also nonstop und rund um die Uhr sein E-Mail-Fach kontrollieren. Schlimm ist dann auch wenn die ihre E-mails an die Angehörigen gar nicht ankommen. Denn darin ist ein Link enthalten, den sie dann drücken müssen, damit eine Verbindung aufgebaut wird. So passiert es öfter bei mir und meiner Frau, dazu kommt auch noch, dass sie kein italienisch kann, doch die Anstalt alles nur auf Italienisch geschrieben verschickt. Man hat auch die Möglichkeit als Gefangener ein Telegramm auf eigene Kosten zu verschicken, aber auch das darf nur auf Italienisch geschrieben sein, keine andere Sprache. Sinnlos und eine blanke Idiotie, wenn ein Ausländer nach Ghana schreiben möchte und seine Angehörigen gar kein Italienisch können. Für mich ist das alles reiner Rassismus – und das nennt sich dann EU? Ich frage mich, was da alles für Arschlöcher in Brüssel sitzen. Na, hoffentlich kassieren sie gut an monatlichen Gehältern und die sonstigen ganzen Zulagen.

Ein Beamter verwickelte mich vor Tagen in ein Gespräch und meinte dann, dass sein bester Kumpel immer bei ihm ist. Dann zog er einen Schlüsselanhänger aus der Tasche, auf dem Adolf Hitler seitlich mit Sturmhelm abgebildet war und zeigte mir diesen ganz stolz. Der hatte natürlich keinerlei Ahnung, wem er das zeigte. Wahrscheinlich dachte er, oh ein Deutscher, das muss ein Nazi sein. Was sollte ich in diesem Augenblick darauf sagen oder wie reagieren? Also auch hier heißt es: Fresse halten und schlucken.

Ich will nicht sagen, dass alles schlecht ist und es gibt immer solche und solche, egal wo man auf der Welt ist. Auch ist es egal in welchem Knast man sich befindet, man wird immer über den Knast schimpfen und fluchen was das Zeug hält. Knast bleibt Knast und Beamte bleiben Beamte, egal wo auf der Welt.

Mit Secondigliano habe ich dennoch sehr großes Glück gehabt, denn ansonsten lässt man mir meine Ruhe und ich kann mich, wie bereits gesagt, frei bewegen, was woanders so sicher nicht möglich wäre. Ein Unding, wenn ich das mit Deutschland vergleiche, wo du immer einen Pfleger am Arsch hast oder gar wie ich unter ständiger Beobachtung und unter Verschluss stehst.

Es gibt unterschiedliche Unterbringungsarten, also auch verschiedene Häuser: Altri Sicureza 1, Altri Sicureza 2, Altri Sicureza 3, Altri Sicureza 4, also unterschiedliche Abteilungen für unterschiedliche Gruppen wie Clans der Camorra, oder auch Isolationshaftabteilungen wie 41bis, Abteilungen für politische Delikte und Linksextremisten, Inhaftierte der Cosa Nostra oder auch für Homo- und Transsexuelle oder Vergewaltiger und Pädophile.

Und das Haus Mediterraneo, also Comune, wo die Leute sind, die keine Überzeugungstäter sind, wo es also relativ lockerer von den Haftbedingungen ist. Alles ist also strikt getrennt voneinander. Ich habe speziell zum Thema 41bis und Haft bis zum Tode, einen interessanten Buchausdruck gefunden, der jedoch auf italienisch geschrieben ist.

Zu diesem Thema möchte ich aber auch selbst und aus eigener Erfahrung ein wenig erzählen.

Die Bezeichnung 41bis bedeutet keinerlei Kontakt, rundum Überwachung, Postzensur, Zelleninventar aus Edelstahl und absolute Ruhe. Einige Meter entfernt befindet sich das Büro, wo immer ein Rollkommando sitzt, das nur darauf wartet einschreiten zu können. Vor der Zelle und dem Zelleneingangsgitter steht ein Schrank, wo die persönlichen Sachen drin sind, denn in seiner Zelle bekommt man so gut wie nichts ausgehändigt. In etwa wie die Skizze von Xosé Tarrío aus seinem spanischen Knast in der FIES-Unterbringung.

Der Mensch, der dies einmal erlebt hat, wird dies sein ganzes Leben niemals mehr vergessen, das sei dem Leser gewiss! Ich habe es erlebt!

Die vorgeworfene Tat

Sicher fragen sich einige warum ich genau in italienischer Haft bin und was passiert ist. Hier also eine kleine Schilderung zu meinem aktuellen Fall. Ein absolut korruptes Verfahren und jeder, der die Akten kennt und auch das dazugehörige Überwachungsvideo, kann nur den Kopf schütteln. Alles ist so klar und offensichtlich, doch das Gericht interessiert das herzlich wenig.

Die Tat in Italien am 07. Dezember 2016: Eine kurze Schilderung und Statement als Vortrag vor Gericht in der nächsten Instanz.

Am 06.12.20016 gegen ca. 17.00 Uhr begab ich mich mit meinen Auto Alfa Romeo 156 zur Tankstelle von Massimo.

Ich wollte ihm mitteilen, dass der Hund, den ich von ihm Wochen vorher bekam und welcher ihm selbst zugelaufen ist, aus meinem Grundstück verschwunden ist und ich ihn nicht mehr wiedergefunden habe. Ich nahm diesen Hund auf, da er auf dem Grundstück bei Massimos Tankstelle nur an der Kette angeleint gewesen ist. Massimo lachte nur und reagierte überraschend ruhig. Er sagte, dass wenn ich möchte, wir gemeinsam zu FOOF (Tierheim bei Montragone) fahren könnten, um zu sehen ob er dort ist. Dann sagte er, dass ich morgen, den 07.12.2016, nochmals kommen solle, da er Arbeit für mich hätte. Wir verabschiedeten uns höflich und ich begab mich mit meinem Fahrzeug nach Hause.

Am 07.12.2016 gegen ca. 17.30 Uhr fuhr ich erneut mit meinem Fahrzeug zu Massimo. Dies erzählte ich auch meiner Frau am Telefon, die sich zu der Zeit in Deutschland befand, also dass ich dann zu Massimo fahre, um wegen weiterer Arbeit zu sprechen. Während der Fahrt wurde mir plötzlich übel und ich musste mich übergeben. Der Grund dafür war, dass ich circa eine Stunde vor der Fahrt zehn Schmerzmittel Tramadol zu à 100mg, also insgesamt 1000mg und ein Glas Wein zu mir nahm. Diese Kombination mit dem Alkohol hat sich in keiner Weise vertragen.

Als ich auf das Grundstück der Tankstelle fuhr und mein Fahrzeug parkte, kam Massimo zu mir ans Auto und wir begrüßten uns zuerst. Dann erzählte ich ihm von meinem Missgeschick, dass ich mich übergeben habe, worüber wir beide noch etwas scherzten. Daraufhin fragte ich ihn, ob ich mein Auto etwas putzen darf und er holte aus einer kleinen Kammer, in der ich selber vorher noch nie gewesen bin, einen Putzeimer und Reinigungsmittel, wobei ich ihn begleitete und vor der kleinen Kammer wartete. Danach ging Massimo wieder in sein Büro, wo eine weitere Person gewesen ist, es war der Lieferant des Treibstoffes, der mich auch schon etwas länger kennt. Nach dem Putzen und gleichzeitiger Reifendruckkontrolle positionierte ich mein Fahrzeug so, dass auch andere Kunden mit ihren Autos an die Reifendruckkontrolle und an den Wasserhahn ranfahren können. Ich sagte zu Massimo, dass ich mit dem Putzen fertig bin und er rief mir zu, dass ich den Eimer und das Reinigungsmittel vor die Kammer stellen soll. Das machte ich dann auch und stellte den Eimer neben die geschlossene Eingangstüre. Dann ging ich zu ihm und begleitete ihn von Zapfsäule zu Zapfsäule, wo er die Kunden bediente und betankte, ob Diesel oder Benzin. Viele, beziehungsweise alle, die mit ihren Fahrzeugen heran fuhren, sahen mich im vollen Profil. Während ich ihn begleitete, unterhielten wir uns anfangs ganz normal, warum Enzo und der andere Angestellte nicht da sind, meine Frau zur Zeit in Deutschland zur ärztlichen Behandlung ist und über meinen bevorstehenden Geburtstag, der einen Tag später war. Dann fragte ich ihn über die Arbeit, die er für mich hätte und tagszuvor von ihm angesprochen wurde. Jedoch erklärte ich ihm im Zuge dessen, dass ich gerne das mit der Bezahlung vorher geklärt haben möchte, da ich drei Arbeitstage nicht wie üblich von ihm bezahlt wurde. Der Grund war, dass ich Monate vorher von ihm eine Autobatterie für mein Fahrzeug bekam, da meine defekt gewesen ist.

Mir war natürlich klar, dass ich diese Autobatterie nicht geschenkt bekam, sondern abarbeiten musste.

Anmerkung: Die neue Autobatterie gab mir Enzo auf Anweisung von Massimo, wobei er selbst mit anwesend war. Ich erklärte Massimo sofort, dass ich diese jetzt aber nicht bezahlen könne und er meinte, dass wir das schon machen. Natürlich fragte ich auch was diese Batterie für ein Dieselfahrzeug denn kostet, was mir zu der Zeit nicht beantwortet werden konnte, da alle sehr beschäftigt waren. Weiter möchte ich Sichtung der Aussage von Herrn V. anmerken, dass ich mir noch nie von Massimo oder Enzo Geld geliehen habe. Einmal gab mir Massimo einfach fünfzig Euro, da ich auf meine Geldtransaktion aus Deutschland noch wartete, wo ich für einen schweren Motorradunfall von der Allianz Versicherung 4800 Euro bekam. Dies ist nachweisbar! Auch kamen regelmäßig Gelder von der Arbeit meiner Frau, sowie deutsche staatliche Unterstützung. Nur war es ab und an doch zu wenig, da wir in das Haus und das große Grundstück sehr viel Geld investierten. Von diesem Geld gab ich regelmäßig Herrn Ottavio etwas, wenn er mich und meine Frau wo hingefahren hat oder wir luden ihn und seine Familie zum Essen ein und das nicht nur einmal sondern öfters. Auch gaben wir ihm zweihundert Euro, um das Hörgerät für seine Tochter kaufen zu können. Für die Fahrten bei denen er uns nach Montragone brachte und beim Einkauf von Möbeln unterstützte und so weiter, bekam er regelmäßig zwischen zwanzig Euro und fünfzig Euro von uns, da wir wussten, dass er nicht viel Geld hatte. Da Herr Ottavio behauptet wir hätten uns Geld geliehen, muss ich davon ausgehen, dass er uns bzw. mir damit schaden wollte für den Prozess. Schon allein meine Mentalität verbietet es sich etwas von anderen Menschen zu leihen.

Als ich also am 07.12.2016 mit ihm sprach, fragte ich nochmals wie sich das mit der Bezahlung verhält und was denn nun die Autobatterie kostet. Er antwortete, dass er mir dies jetzt nicht sagen könnte, da er die Preise nicht auswendig weiß. Das ist für mich etwas unverständlich gewesen, da man als Tankstellenbetreiber gewisse Preise sehr wohl wissen müsste. Dann sagte er etwas gereizt durch dieses für ihn sicherlich unangenehme Thema, dass ich doch bei meinem Fahrzeug auf ihn warten soll und wenn er Zeit hat, er zu mir kommt. Während der ganzen Unterhaltung hatte es schon den Anschein, dass er etwas genervt und gereizt war. Jedoch dachte ich mir darüber anfangs nichts, denn mir war klar, dass er seit den frühen Morgenstunden bis spät abends ca. 19.00 Uhr arbeitete und es zudem sehr kalt gewesen ist. Als ich jedoch zu meinem Fahrzeug ging, sagte ich noch, dass es für mich nicht verständlich ist als Chef einer Tankstelle die Preise nicht zu kennen. So wartete ich sehr lange bei meinem Fahrzeug und ich muss gestehen, dass es mir vorkam wie eine halbe Ewigkeit. Dennoch sah ich Massimo als eine Art Chef an und wartete einfach. Bis er nach geraumer Zeit endlich kam, jedoch nicht zu mir und meinem Fahrzeug, denn er ging auf direkten Wege zu dieser kleinen Kammer und nahm dabei den Putzeimer in die Hand. Ich rief ihm zu, wo er denn hingehe, ich wäre doch hier und drehte mich zu meinem Fahrzeug und sagte, dass hier mein Auto steht, da ich dachte, dass er vielleicht unter der Motorhaube nachsehen möchte, was für eine Batterie verbaut ist, um so den Preis genauer zu nennen. Da es sich schließlich um eine Diesel-Autobatterie handelt und die Preise unterschiedlich zu den normalen Batterien sind. Er räumte in der Kammer kopfüber herum, wobei er auch gleichzeitig den Eimer mit dem Putzmittel wegräumte. Ich ging auf ihn zu und stupste ihn – nicht fest – mit der linken Hand an seine linke Schulter und sagte, ob er mir überhaupt zuhört und dass ich jetzt nach Hause fahre und lange genug gewartet habe.

Plötzlich und mit einem Satz schreckte er hoch und griff mich mit Faustschlägen und Fußtritten an, denen ich allen rückwärts gehend ausgewichen bin. Er schlug, wie auf dem Video zu sehen, mehrfach nach mir, wobei ich versuchte den Schlägen auszuweichen. Ob er mich dabei einmal getroffen hat, kann ich mich in diesem Augenblick nicht mehr erinnern, da ich sehr erschrocken war. Bis er stehenblieb und ich mit schnellen Schritten und offenen Händen auf ihn zu ging, um ihn zu beruhigen und zu fragen, was denn los ist und warum er so reagiert. Eine Reaktion kam von ihm nicht. Mit meinen schnellen Schritten auf ihn zu, wollte ich ihn stoppen und sagte dabei, dass er doch Enzo anrufen soll, da Enzo perfekt deutsch spricht und sich so vielleicht das Problem lösen lässt. Dabei war die Kommunikation sehr schwierig, da ich anfangs nicht so gut italienisch konnte. Er meinte nur: »Sei froh, dass du überhaupt eine Arbeit hast« und wurde immer gereizter. Er hörte nicht auf und versuchte mich des öfteren an der Jacke zu packen, wobei ich mehrfach immer wieder mit schnellen Schritten versuchte ihn zu stoppen und von mir weg zu drängen. In der linken Hand hielt er ständig sein Handy und er hätte die ganze Zeit während des Vorfalls jemanden anrufen können! Auch wenn er sich bedroht gefühlt hätte, hätte er jederzeit einen Notruf absetzen können!Hier stellt sich die Frage während des gesamten Vorfalles, warum er das nicht gemacht hat! Ich selbst hatte zu diesem Zeitpunkt kein Handy bei mir, sonst hätte ich jemanden angerufen.

Während ich ihn von mir wegstieß und schon außer Atem war, verlor er sein Gleichgewicht und seine Brille. Wieder versuchte ich mich von ihm rückwärts zu entfernen und verlor dabei bei meinem Fahrzeug ebenfalls das Gleichgewicht durch die Sicherheits- bzw. Arbeitsschuhe, die ich an diesem Tag trug und fiel direkt flach auf den Rücken, wobei er sich sofort auf mich stürzte und er etwas sagte, was ich nicht verstanden haben. Erst mit einem Knie und dann mit beiden Knien war er auf meinen Brustkorb und seine linke Hand ergriff den Kragen meines Pullovers an meinem Hals und schnürte mir so meine Luft ab. Die Kombination beider Knie auf meinen Brustkorb und gleichzeitig die Abschnürung der Luft am Hals (es gibt Fotos mit Würgemalen am Hals und dem ausgefranzten Pullover) ließ in mir das Gefühl aufkommen, dass ich jederzeit ersticke! Mit der rechten Faust versuchte er mich regelmäßig und sehr oft in mein Gesicht zu schlagen, was ich versuchte mit der linken Hand abzublocken. Leider traf er mich des öfteren, da ich ihn kaum sah und regelrecht komplett auf dem Boden lag, ohne die Möglichkeit zu haben ihn richtig zu sehen, da auch mein Kopf auf den Boden gedrückt war. Ich verstand nur, dass er mich umbringen will. Da mich einfach die Panik überkam und ich pure Angst hatte, da er schwerer und größer gewesen ist als ich, hatte ich keinerlei Chance ihn von mir nur ansatzweise runter zu stoßen. Mehrfach sagte ich zu ihm: »Geh runter! Gehe runter! Lass mich los!« Doch es gab keinerlei Reaktion von ihm! Plötzlich saß er komplett auf mir drauf, was mir noch mehr Luft kostete und ich das Gefühl hatte ohnmächtig zu werden.

Dieser Vorfall, der wahrscheinlich fünf Minuten dauerte, kam mir vor wie eine halbe Ewigkeit! Dabei hatte ich kaum mehr Kraft und Kondition und bangte um mein eigenes Leben und was nun mit mir geschieht. In der ganzen Situation schaffte ich es nicht, irgendetwas gegen diesen Angriff zu unternehmen und griff um mich, um einen Stein oder irgendeinen Gegenstand zu ergreifen, um ihn außer Gefecht zu setzen. Dabei versuchte ich mit meiner rechten Hand seinen Griff zu lösen und mit der linken Hand seine Schläge in Richtung meines Gesichtes abzublocken. Vor lauter Angst und Panik ertastete ich mein Klappmesser, das aus der geöffneten Hosentasche beim Sturz fiel und da der Verschluss defekt gewesen ist, öffnete sich das Messer zum Teil selbst. Es war ein reiner Instinkt und die pure Angst um meine eigene Gesundheit und vor allem mein Leben! In diesem Augenblick, wo einem die komplette Luft abgeschnürt wird, kommt automatisch eine Todesangst und Panik hervor! Ich versuchte ihn am linken Arm zu treffen, um zumindest seinen Griff vom Hals zu lösen. Denn ich hatte keinerlei Chancen ihn mit meinem eigenen Gewicht oder meinen Beinen von meinen Körper runter zu bringen. Dabei stach ich einmal zu, wobei er keinerlei Reaktion zeigte und ich dachte, dass ich ihn nicht getroffen habe. Erst nach kurzen zwei weiteren Stichen in Richtung seines linken Armes, quasi blind, da ich ihn nicht mehr richtig sehen konnte, da ich flach mit dem Kopf auf den Boden gedrückt wurde, ließ er nach einem kurzen Augenblick von mir ab.

Mir war zu diesen Zeitpunkt nicht klar, wo ich ihn denn wirklich getroffen habe und dass gab ich auch von Anfang an so vor meinem Rechtsanwalt als auch Untersuchungsrichter an. Massimo stand plötzlich auf und ich brauchte einen kurzen Augenblick, um meine Gedanken und Luft zu sammeln und stand dann ebenfalls auf. Dabei sah ich, dass Massimo sich an mein Fahrzeug stützte und seine Hand und ein Teil des Autos blutverschmiert gewesen ist. Mir war in diesem Augenblick klar, dass irgendetwas nicht passte, denn Massimo war sehr außer Atem und etwas irritiert. Dabei hatte er aber wieder sein Telefon in der linken Hand. Er hätte auch diesmal jederzeit die Möglichkeit gehabt jemanden zu verständigen oder mindestens einen Notruf abzusetzen, was er aber nicht machte, obwohl er noch bei klaren Verstand gewesen ist, was sich in den weiteren Schilderungen zeigen wird.

Um nochmals es zu erwähnen: Mir war nicht klar, wo die Verletzungen gewesen sind, zudem hatte er unzählige Kleidungstücke an, die die Verletzungen nicht eindeutig zeigten. Ich sagte nur, als ich das Blut sah, dass wir sofort ins Krankenhaus fahren müssen! Ich gab ihm einen rosa Lappen aus meinem Fahrzeug, um diesen auf die Wunde zu drücken. Er stieg freiwillig in mein Fahrzeug ein, damit wir in die nächste Notaufnahme fahren konnten, da ich den Weg dorthin genau wusste. Ich half ihm mit den Beinen ins Auto und plötzlich sagte er zu mir: »Hol den Karton von der Zapfsäule und schließ die Tankstelle.« Ich holte zuerst seine Brille und dann den Karton und legte diesen hinter den Beifahrersitz. Dann begab ich mich in den Büroraum und versuchte mit sehr viel Mühe die Elektrik für die Zapfsäulen zu schließen, was mir aber nicht gelang. Ich habe noch nie die Tankstelle geschlossen und hatte daher keinerlei Ahnung. Doch er bestand darauf die Tankstelle zu schließen, obwohl ich des öfteren sagte, dass wir dringend ins Krankenhaus fahren müssen. Ich war selbst in dieser Situation total überfordert und hatte keine Ahnung was ich tun muss! Plötzlich stand Massimo im Büro und reichte mir mehrere Schlüssel, die zum Abschließen der Tankstelle dienen sollten, mit denen ich aber kaum etwas anfangen konnte. Ich verließ das Büro mit ihm gemeinsam und sagte dabei mindestens zwei Mal, dass er doch jemanden verständigen soll, da er immer noch sein Handy in der Hand hielt. Er hätte also jederzeit jemanden verständigen können und hatte auch mehrfach die Gelegenheit sich von mir zu entfernen. Es wurde zu keinem Zeitpunkt vor Gericht erwähnt, dass man auf der Videoaufzeichnung sehen konnte, wie er sein Handy in der Hand hält! Doch er hörte nicht und ging wieder zu meinem Fahrzeug, weil ich erneut sagte, dass wir doch bitte ins Krankenhaus fahren sollten. Wir gingen also gemeinsam zu meinem Fahrzeug und als er sich mit Mühe rein setzen wollte, fuhr ein Kundenfahrzeug an einer der ersten Zapfsäulen heran in dem sich ein älterer Herr mit einer Frau befand. Wir gingen gemeinsam zu diesen beiden Personen und ich sagte direkt zum Fahrer des Autos, dass Massimo dringend ins Krankenhaus muss! Dann drehte ich mich um und ging nochmals zum Büro, um zu versuchen die Tankstelle abzusperren, was mir aber erneut nicht gelang. Beim Verlassen des Büros rief mir plötzlich der Mann etwas zu, was ich zwar nicht ganz genau verstand, aber mir war klar, dass ich plötzlich ein Problem habe: »Memert, gefatto?« *[»Was zu Hölle hast du gemacht?«]* Dies hörte sich für mich sehr bedrohlich an.

In diesem Augenblick dachte ich nur, das glaubt mir niemand und als Ausländer mit wenig Italienisch Kenntnissen schon gar nicht. Ich fasste eine Kurzschlussreaktion, die zwar sehr dumm gewesen ist, da mich ohnehin dort bei der Tankstelle *jeder* kennt. Und entwendete den Aufzeichnunugsdecoder für die Kameras.

Obwohl doch klar war, dass mich jeder kannte und alle Menschen mich gesehen haben. Es war ein Instinkt, Angst und reine Panik, eine Kurzschlussreaktion! Sicherlich eine dumme Reaktion, doch in diesen Augenblick überschneidet sich der komplette Verstand und man kann keine richtigen Entscheidungen mehr treffen. Da sich der Decoder nicht im Büro befand, war mir schlüssig und klar, dass dieser sich vielleicht im Raum befand wo Massimo zuvor den Eimer reinräumte. So entwendete ich den Dekoder ohne weiter nachzudenken und aus reiner Panik und Angst, dass mir dies keiner glauben wird, da ich sehr wohl weiß wie gerade mit Ausländern verfahren wird.

Ich möchte noch hinzu fügen, dass ich Massimo noch nie so erlebt habe! Ich hatte kein Geld gefordert, sondern nur die Auskunft bevor ich eine andere neue Arbeit beginne, wie sich das mit der Bezahlung verhält. Von Anfang an war er schon etwas gereizt über meine vielen Fragen, obwohl ich noch vorhatte mit ihm über meinen kommenden Geburtstag einen Tag später zu sprechen und zu planen. Ich habe ihn kein einziges mal geschlagen oder mein Wissen angewendet, was ich jederzeit hätte tun können.

Regelmäßig besuchte ich Massimo und seine Angestellten an der Tankstelle und noch nie ist irgendein böses Wort gefallen. Auch war ich des öfteren bei Massimo zu Hause in seinem Ferienhaus in Baia Domizia, wo ich auch Arbeiten für ihn machte oder Massimo besuchte mich ein paar Mal bei mir zu Hause, nähe Montragone. Lediglich mit Enzo sprach ich warum man hier so wenig für geleistete Arbeit bezahlt, worauf er nur meinte, dass dies ganz normal sei und nicht wie in Deutschland. Natürlich gab ich mich damit zufrieden und war eigentlich dankbar über jede Arbeit, die ich durch Massimo oder anderen Menschen bekam! Darum kam von mir *nie* ein schlechtes Wort.

Bei meiner Festnahme einen Tag später wurde ich ins Polizeipräsidium gefahren, wo ich einige Schriftstücke unterschreiben musste. Hier möchte ich ganz klar und deutlich sagen, dass ich gegenüber den Polizisten nie angegeben habe, dass ich italienisch lesen und schreiben kann und deswegen auch nicht alles verstehe. Ich unterschrieb die Formulare, weil ich mich in einer gewissen Weise eingeschüchtert fühlte und auch Angst hatte vor dem, was jetzt mit mir passieren wird, obwohl die Polizisten sehr höflich zu mir gewesen sind. Ich wurde auch nicht auf Alkohol oder Drogen bzw. Medikamente in Form einer Blutuntersuchung getestet. Obwohl ich mich verständlich machte, was ich eingenommen habe. Auch wurde kein Ganzkörperfoto gemacht bzw. nicht meine Kleidung untersucht, sonst wären meine Verletzungen, Blessuren und Schnittwunden am ganzen Körper dokumentiert. (Auch wurde in der ersten Instanz der Verhandlung nicht die Bestätigung meiner deutschen Ärztin berücksichtigt, dass ich seit einigen Jahren regelmäßig als Schmerzpatient ca. 16mg Subutex täglich zu mir nahm. Die ärztliche Bestätigung liegt ebenfalls meinem Anwalt vor.) Ich wurde zwar gefragt, ob ich eine Pizza möchte, doch das war ein einfacher Satz der leicht zu verstehen gewesen ist.

Allerdings möchte ich auch hier kurz erwähnen, dass die mich festgenommenen Polizeibeamten mich sehr höflich behandelt haben. Meine Italienischkenntnisse erlernte ich erst richtig in der Haft durch TV-Sehen, Gespräche mit Mitgefangenen oder Beamten und ich besuchte einen Einzelunterricht ca. vier Monate mit einen Professor, der zwei Mal in der Woche zu mir in die Anstalt kam für jeweils immer eine Stunde. Auch dies wäre durch das Gericht leicht nachzuvollziehen, indem man sich die nötigen Informationen aus der Anstalt einholt. Leider warte ich immer noch auf eine Bestätigung über diesen Einzelunterricht von Seiten der Anstalt. Als ich nach Monaten die Übersetzung des Urteils gelesen habe, sah ich die Aussage von Massimo, wo er öfters darin bestätigte, dass er mir eine gute Lektion verpasste und mich geschlagen hat, aber dass ich das Geld nicht nahm. Ich habe ihn kein einziges Mal geschlagen, obwohl ich das sicher hätte machen können. Die später entstandene Wunde am Kopf kam sicher durch meinen verzweifelten Versuch ihn von mir runter zu stoßen und seine Schläge abzublocken in all der Panik und dem Überlebenskampf zustande. Ebenso habe ich im Urteil gelesen, dass Massimos Glaubwürdigkeit dadurch gestützt wird, dass er jeden seiner Angehörigen und Medizinern übereinstimmend seine Version erzählte. Das habe aber auch ich von Anfang an getan und den Hergang genau geschildert. Warum bestätigt es nicht auch meine Glaubwürdigkeit?

Wenn Massimo Angst hatte in mein Fahrzeug zu steigen, warum hat er es dennoch getan und warum benutzte er nicht sein Telefon, dass er entschlossen während des ganzen Vorfalles in der Hand hielt oder warum hat er sich nicht einfach von mir entfernt als ich zum Beispiel im Büro gewesen bin um zu versuchen die Tankstelle zu schließen?

Es besteht auch in keiner Weise das Raubmotiv, da ich zwar wusste, dass er die Tageseinnahmen hatte, doch ich Massimo nie zur Aushändigung aufforderte und auch nichts entwendete. In der Aussage der Urteilsbegründung werde ich als sehr höflich und zuvorkommend beschrieben, ein großartiger Arbeiter und immer hilfsbereit und von dem niemals eine Aggression ausging. Auch hier bestätigt sich wieder meine Aussage, dass ich in keiner Weise böse Absichten hatte und auch sonst nichts weiter als die Auskunft von Massimo wollte, noch bevor ich eine neue Arbeit beginne. In einer Aussage wurde sogar von Herrn A.behauptet, dass ich rote Bläschen im Gesicht gehabt hätte, was zurückzuführen ist auf die Schläge von Massimo, als ich auf dem Boden lag und er mit vollem Gewicht auf mir drauf gewesen ist. Es sind also durchaus Wunden im Gesicht und Hals durch ihn, Massimo, entstanden!

So verwunderten mich die unterschiedlichen Aussagen der Polizei auf Nachfragen meines Rechtsanwaltes bei Sichtung der Fotos vom verunglückten Auto von mir, ob die Frontscheibe noch intakt gewesen war. Auf all den Fotos ist klar und deutlich zu erkennen, dass die Scheibe meines Autos noch sehr wohl intakt gewesen ist und nicht geplatzt, die dann eventuell Wunden in meinem Gesicht verursacht hätten. Weiter möchte ich anmerken, dass schräg gegenüber zu dieser Uhrzeit noch ein offener Obst- und Gemüsestand gewesen ist und ca. fünfzig Meter schräg gegenüber der Tankstelle eine Polizeidienststelle der Polizia Stradale ist. Welcher normale Mensch würde eine so schwere Straftat begehen, wo ihn im ganzen Umkreis jeder kennt und zudem die Polizia Stradale schräg gegenüber ist und jederzeit die vom Obstgeschäft oder auch weitere Kundenfahrzeuge erscheinen?

Außerdem blieb ich bei ihm, um wirklich zu helfen, anstatt dass ich mich sofort von ihm und der Tankstelle entfernte.

Jederzeit hätte doch auch ein Polizeiauto oder die Carabinieri heranfahren können zum Tanken von Treibstoff oder anderes. Damit war doch immer zu rechnen. Diese Straße war um diese Uhrzeit extrem belebt durch Fahrzeuge bzw. Feierabendverkehr. Alle diese Gesichtspunkte ergeben, dass ich nie böse Absichten hatte und es weder einen Raub, beziehungsweise Raubversuch gewesen ist, noch irgendwelche Mordmerkmale zu finden sind.

Von den angrenzenden Häusern, dem Obstgeschäft und auch die Polizia Stradale schräg gegenüber, wurden keine Fotos gemacht, noch kam dies jemals vor Gericht zur Ansprache. Auch hätte jederzeit Herr V. oder der andere Angestellte auftauchen können, damit war immer zu rechnen. Ja, es ist richtig, dass ich den Decoder mit den Aufzeichnungen entwendete und mir war im Vorfeld nicht klar, was darauf zu sehen ist. Es war eine rein unlogische Handlung herbeigeführt aus absoluter Angst und Panik, als Herr A. mir diesen besagten Satz zugerufen hat in einer Art und Weise, die mich vorverurteilte und bedrohlich wirkte. Unlogisch auch deshalb, da mich ohnehin jeder hätte identifizieren können. In diesen Augenblick war die Angst stärker, dass man mir das nie glauben würde und als Ausländer in einer Gegend, die ohnehin ihren Ruf hat, tat ich diese Handlung ohne nachzudenken, in einer Kurzschlussreaktion verbunden mit starker Angst, Panik und Verzweiflung. Hier haben sich die Gedanken komplett bei mir überschlagen zu einem reinen Chaos. Auch war mir klar, dass alle Einheimischen sowie Angehörige des Opfers sowie die Angestellten gegen den Ausländer sein werden. Und so bestätigte sich das auch im Nachhinein mit den ganzen Vorfällen.

Warum hatte ich ein Messer? Dieses teilweise defekte Messer hatte ich immer in meiner unteren Hosentasche auf der rechten untersten Seitentasche und benutzte dies zum Arbeiten bei der Pflege von Grünanlagen. Oder wenn ich meine Hunde zu Hause versorgte und das Fleisch zerteilte. So benutzte ich auch dieses für eine Fräsmaschine, in der ein Plastikdraht eingeführt werden muss um das Gras zu kürzen. Damit schnitt ich immer den Plastikdraht auf die richtige Länge. Leider weiß ich den italienischen Ausdruck für dieses Gerät nicht. Ich hatte dies immer in meiner Arbeitshose und dachte mir dabei auch nichts weiter. Es war quasi schon eine

Selbstverständlichkeit und Normalität. Ich hatte nicht ein einziges Mal den Gedanken, dass dies verboten ist oder ich eine Genehmigung hierfür bräuchte. Es war für mich wie ein Arbeitsgegenstand, wie etwa ein Schraubenzieher oder ähnliches.

Auch an diesem Tag war ich in Arbeitskleidung bei Massimo, da ich zuvor auf meinem Grundstück, wie jeden Tag, gearbeitet hatte, bevor ich zu ihm gefahren bin, da ich selbst ein sehr großes Grundstück bewohnte, das fast täglich gepflegt werden musste. So hatte ich Arbeitshose und Sicherheitsschuhe zur Arbeit an, als ich zu Massimo mit meinem Auto fuhr.

Anmerkung zur Sichtung der Fotoqualität: Nach mehrfachen Sichtungen der fotografischen Aufnahmen sowie des kompletten Überwachungsvideos, welches auch in Deutschland mittlerweile durch verschiedene Anwälte gesichtet wurde, ist mir, sowie meinem italienischen Anwalt, als auch meinen Rechtsanwälten in der Bundesrepublik Deutschland nicht klar und schlüssig, was in der ersten Instanz gesehen wurde. Eine Lichtreflexion? Das Gericht sah eine geringe Lichtreflexion, die wahrscheinlich von meiner Uhr und meinem Ring entstand. Daraus schlossen sie, dass ich Massimo vielleicht schon vorher mit dem Messer verletzte. Die Lichtreflexion kann durch alles mögliche entstanden sein, auch durch den Reißverschluss der Jacke, die ich in gleicher Form hier in der JVA Secondigliano habe, durch den Anhänger an der Jacke, die Brille und auch die vielen metallischen Knöpfe an meiner Arbeitshose, die gleiche Hose, die ich auch hier in der JVA Secondigliano beim Arbeiten trage. Dies alles kann noch im Nachhinein gesichtet oder fotografiert werden sofern das Gericht dazu bereit ist. Die Lichtreflexion scheint dermaßen groß, das es den Anschein hat, ich hätte ein Katana (Samuraischwert) in der rechten Hand. Was sehen wir alle also? Das, was wir sehen wollen?

Statt einer Grundlage für eine sichere Erkenntnis haben wir nur immer neue Quellen der Verunsicherung gefunden. Eine mögliche Konsequenz besteht darin, die Suche nach der Wahrheit für gescheitert zu erklären. Wahrscheinlichkeit heißt nicht automatisch Wissen. Und wirklich gewiss ist eine Erkenntnis dann, wenn man nicht mehr an ihr zweifeln kann. Es ist eine reine Spekulation, wir sehen etwas und interpretieren dies, weil wir es so sehen wollen. Die Wirklichkeit besteht darin, dass man ein Video etwas heller macht, große Lichtreflexionen sieht und dann spekuliert man ohne wirklicher Gewissheit: Das könnte so gewesen sein. Vermutungen und Spekulationen heißt nicht automatisch Wissen. Auch eine an Sicherheit grenzende Wahrscheinlichkeit ist eben nur eine Wahrscheinlichkeit und keine Sicherheit. Was bedeutet also eine Lichtreflexion?

Fast alles kann in einem bestimmten Winkel zu einer Reflexion führen. Selbst auf dem Eimer, den ich auf Wunsch von Massimo vor die Kammer stelle, ist eine kleine Lichtreflexion zu sehen.

Wir sehen eine Lichterscheinung am Himmel und dann geht es los mit den Spekulationen: Das kann nur ein UFO gewesen sein oder eine Heiligenerscheinung. Alles andere wird von uns erstmal ausgeschlossen! Dass es aber etwas ganz anderes sein könnte, darauf kommen wir gar nicht erst. Natürlich hat alles seine Ursache, aber nicht so wie wir es sehen beziehungsweise glauben zu sehen. Woher also wissen sie all die Dinge, die wir wissen und glauben gesehen zu haben? Wovon haben wir uns persönlich überzeugt?

Der Augenschein kann sehr oft täuschen.

Wie oft haben wir im alltäglichen Leben schon Dinge feststellen müssen, die unsere Wahrnehmung täuschte und wir uns sprichwörtlich auf dem Holzweg befanden und danach darüber vielleicht sogar ärgerten, weil wir etwas fehlinterpretierten! Vom ersten Tag an, noch bevor ich das Video in Haft in Santa Maria Capua Vetere gesehen habe, habe ich in etwa genau so ausgesagt wie es danach auf dem Überwachungssystem zu sehen ist. So habe ich auch von Anfang an gesagt, dass dies mein Messer ist und schilderte den Vorfall exakt. Ich habe nie etwas bestritten!

Dieser Vorfall ist nun bereits drei Jahre her und an der Aussage hat sich bis dato nichts geändert. Hätte, wie das Gericht aus reiner Spekulation und Vermutung auf Grund der Lichtreflexion angenommen, ich Massimo bereits vorher mit dem Messer verletzt, so stellt sich die Frage, warum ich nicht direkt in den Bauch oder direkt in Richtung Herz gestochen habe, sondern die Verletzungen von der Seite kamen?

Auch hätte er mit Sicherheit nicht mehr diese Kraft aufwenden können, mich so auf den Boden zu drücken, für das Würgen am

Hals oder die Schläge mit der rechten Faust. Erst als wir aufgestanden sind vom Boden, war er sichtlich angeschlagen und musste einige Male tief Luft holen. Wenn man das Überwachungsvideo genau beobachtet und das aus einem gewissen Winkel, sieht man ganz genau wie ich beim meinem Fahrzeug als erstes falle und direkt danach Massimo auf mich drauf. Genau zu sehen an der Kleidung und der Mütze von Massimo und der Körpergröße, da ich kleiner bin als er. Meine Glaubwürdigkeit bestätigt sich auch in dem, als ich mit Massimo *gemeinsam* zu Herrn A.s Fahrzeug ging und zu Herrn A. sagte: »Massimo muss sofort ins Krankenhaus!« Vor Gericht sagte allerdings Herr A., dass ich einige Meter von Massimo entfernt gewesen bin und angeblich nichts zu Herrn A. sagte.

Jedoch sah man nach Sichtung der Videoaufzeichnung allerdings ganz klar und deutlich wie ich neben Massimo auf das Fahrzeug von Herrn A. zugehe und man sieht auch ganz deutlich wie ich zu Herrn A. spreche und mit einer Handbewegung zu Massimo deute. Auch hier beim Eintreffen von Herrn A., hätte ich sofort verschwinden können, ohne dass Herr A. mich sieht. Aber ich blieb und ging mit zu Herrn A.s Fahrzeug. Dies ist keine Lichtreflexion, sondern ganz klar und deutlich zu sehen. Was hat also Herr A. gesehen? Wurde seine Wahrnehmung komplett getäuscht? Jedoch bestätigt er in den Akten, dass ich mehrere rote Bläschen im Gesicht hatte. Dies waren die Wunden, die mir Massimo, wie oben bereits erwähnt zugefügt hat, als ich flach auf dem Boden lag und Massimo mit seinem ganzen Gewicht auf mir drauf gewesen ist und auf mich einschlug.

In diesem Verfahren wurde alles ignoriert und nur von irgendwelchen Vermutungen ausgegangen, die haarsträubend sind. Ich erfuhr danach, dass alle Anwesenden vom Gericht aus dem gleichen kleinen Ort kommen wie das vermeintlichen Opfer – ob Richterin, Richter, Staatsanwältin und auch alle Geschworenen. Der Fall erinnert mich doch sehr stark an den Skandalprozess von Amanda Knox, der sich fünf Jahre zog und sie dann nach Amerika entlassen wurde.

Begründung zur Flucht aus dem Hausarrest: Als ich einen Monat in Haft in Santa Maria gewesen bin, wo ich regelmäßig durch

Vollzugsbeamte geschlagen, ja schon fast gefoltert wurde und das vor den überall angebauten Überwachungskameras, wurde ich in den Hausarrest entlassen. Anfangs haben uns noch Freunde geholfen, da wir, meine Frau und ich, kein Auto mehr hatten und meine Frau auch keinen Führerschein besitzt. So konnte meine Frau gemeinsam mit unseren Freunden Lebensmittel kaufen oder auch Holz und Gas zum Wärmen des Hauses. Leider kam es immer wieder zu Drohungen von Seiten der Angehörigen von Massimo und Ottavio Vincenzo. Entweder per Handy und es gab auch mehrere offizielle Aufrufe im Internet auf Facebook. Es wurde gedroht meine Frau umzubringen und des öfteren fuhren nachts langsam Fahrzeuge an unseren Haus vorbei, wobei Schüsse fielen, die sich so zumindest anhörten. Unseren Freunden wurde massiv gedroht uns nicht weiter zu helfen und sie wurden auch persönlich aufgesucht. Meine Frau und ich wendeten uns an die Carabinieri und zeigten auch den Aufruf aus dem Internet. Das einzige was ich und meine Frau zu hören bekommen haben ist, dass wir auch die Familie verstehen müssten. Uns war in diesem Augenblick klar, dass wir keinerlei Hilfe bekommen werden. Von niemandem! Unsere Freunde wendeten sich von uns ab und wir hatten keinerlei Möglichkeiten noch irgendwelche Einkäufe zu tätigen. Um das Haus zu wärmen verbrannten wir sogar unsere eigenen Möbel. Essen war kaum noch vorhanden. Irgendwann hatten wir jedoch solche Angst, dass ich meine Frau aufforderte das Haus unverzüglich zu verlassen und zu versuchen nach Deutschland zu kommen.

Zwei Tage darauf verließ auch ich das Haus und wir ließen unser ganzes Hab und Gut zurück, ohne Zusatzkleidung, einfach nichts. Die Angst war stärker als an unser Hab und Gut zu denken, so dass wir alles an materiellen Dingen, Wertgegenstände und Kleidung einfach zurückließen. Auch eine komplett ausgestatte Motorradwerkstatt mit Motorrad. Wenn man uns geholfen hätte, oder zumindest ein Polizeiauto vor dem Haus geparkt hätte, zumindest für ein paar Tage, wäre ich vielleicht nicht aus dem Hausarrest geflohen. Doch die Angst um meine Frau und um mich war einfach stärker und nicht zu vergessen die Äußerung der Carabinieri, das wir auch die Familie verstehen müssten. Wir wussten in dem Augenblick, dass wir alleine sind und uns kein Mensch helfen wird.

Alltag in der italienischen Haft

Mein derzeitiges Urteil sind 24 Jahre Haft. Hinzu kommt dann noch die Bestrafung der Flucht, wo das Urteil erst noch gesprochen werden muss. Ich warte also auf die nächste Instanz und kann hier nur hoffen, dass es besser wird oder ich gar wegen Notwehr entlassen werde.

Aber nur Idioten glauben an die Gerechtigkeit der herrschenden Justiz. Die Justiz beruht auf von Menschen zur Unterdrückung von Menschen geschaffenen Gesetzen und ist daher gezwungenermaßen repressiv. Der Knast ist das wichtigste Disziplinierungsmittel eines jeden auf Knechtung und Ausbeutung beruhenden Systems zur Aufrechterhaltung willkürlicher Ordnung. Die, die Macht ausüben, halten sich selbst an keine Gesetze. Auch meine letzte Instanz mit den beiden Richtern und Staatsanwältin ist nicht gewillt gewesen, sich an bestehende Gesetze zu halten, oder sie umgingen sie einfach.

Aber ich möchte weiter von einigen Dingen berichten, die wirklich auch so hier in Secondigliano passiert sind.

Während ich so meine tägliche Arbeit verrichte, merke ich schon seit Tagen, dass ich von ein paar Beamten seit neuestem scheiße behandelt werde. Beamte die noch nie so zu mir gewesen sind. Ich stellte einen höheren Beamten zur Rede und der erzählte mir etwas von dem ich mir dachte, dass es einfach nicht sein kann: Ein anderer Gefangener der im ersten Stock Putzarbeiten verrichtet, war eines Morgens früh um 7.20 Uhr alleine auf der Station und der Beamte ließ das Büro offen und ging ins Erdgeschoss, um sich einen Kaffee zu machen. Dieser Gefangene hat schon seit Tagen mit seinem Zellen-TV irgendein technisches Problem und so, da er sich ja alleine auf der Station bewegen konnte, nahm er sein TV-Gerät von der Wand und ging ins Büro und wollte sich dort ein TV-Gerät vom Beamten schnappen, also austauschen. Doch er wurde überrascht und dieser Schwachkopf hatte sich zu keinen Zeitpunkt Gedanken darüber gemacht, dass doch alles mit Überwachungskameras ausgestattet ist und auch für vierundzwanzig Stunden aufgezeichnet wird. Als man ihn also erwischte, sagte der doch rotzfrech, dass er mir davon erzählte und mich angeblich darum gebeten hat, im Erdgeschoss Schmiere zu stehen, damit er genug Zeit hat um diese Aktion zu verrichten. Und genau das war der Grund, warum ich mit einem Schlag für einige Tage scheiße behandelt wurde. Nun hatte ich den Typen vom ersten Stock die letzten Tage nicht mehr gesehen, da er durch diese Aktion abgelöst wurde. Also stellte ich die Beamten zur Rede, die mich plötzlich so mies behandelten und die fingen an lautstark zu erzählen, dass der andere ausgepackt hat und ich wäre angeblich mit daran beteiligt gewesen. Ich und meine Art – flippte komplett aus und sagte, dass dies gar nicht stimmte und wenn ich den Anderen sehe, haue ich ihm eine in die Fresse, ganz einfach ist das.

Ich ging und putzte so vor mich hin, aber immer mit einem Auge zum Treppenaufgang, ob ich den anderen durch Zufall nicht doch treffe. Tja, und keine halbe Stunde später kam doch wirklich diese Ratte von Gefangener und schon stürmte ich auf ihn zu. Vor mir noch ein höherer Beamter, den ich zur Seite schubste und dann versetzte ich dem anderen einen leichten Kick, der leider seine Wirkung nicht ganz so traf. Schon sprang der Beamte dazwischen (der mich durch die letzte Aktion schon kannte) und versuchte, uns auseinanderzuhalten. Aber auch der Typ wollte es wissen, hatte aber keine Ahnung, auf was er sich da einlässt, da er mich ja nicht kannte. Der Teufel war plötzlich los und der Beamte schrie ständig um Hilfe nach seinen Kollegen, doch anfangs kam keine Sau und er schrie sogar nach dem Sani, dass er ihm zur Hilfe käme, doch auch der kam nicht. Mann, hatte der zu tun und war richtig schockiert, was hier gerade abläuft, besonders so blitzartig und verdammt schnell (das zum Thema Taifun). Immer wieder: »Colega, Colega!« oder »Infermiere, Infermiere!« Was für ein Spektakel! Ich wollte den Typen treffen, mit einem schönen Frontkick in die Fresse, doch hatte ich die Befürchtung, dass ich dabei den Beamten treffe, was ganz sicher Konsequenzen für mich gehabt hätte, und so positionierte ich mich in der Hoffnung, dass der Typ sich endlich losreißt und schön nah an mich rankommt. Irgendwie hatte ich sogar Freude an dem Ganzen, denn trotz meinem Gesundheitszustand war ich wie früher in meinem Element mit einem Fight, grinste dabei, war voller Adrenalin und konnte meine Power ablassen, hoffte ich zumindest. Ich war so unter Strom, als wäre ich gerade im Ring, selbst wenn ich eine auf die Fresse bekommen hätte, scheiß drauf.

Aber zu spät, schon kamen andere Beamte und auch Gefangene. Drei Gefangene und ein Beamter bei mir, die mich beruhigten und mich versuchten festzuhalten. Sie meinten es ja nur gut und kannten mich ja auch schon eine ganze Ecke. Den Typen haben sie ins Treppenhaus gesperrt und mich, damit ich mich beruhige, zum Kaufmann (ein Beamter) ins Büro, wo weitere Gefangene waren. Womit nun keiner gerechnet hat und was nicht normal für ein Gefängnis wie hier ist, dass ich mit meiner Drohung ernst machte und es mir scheißegal war, ob nun Beamte oder die ganzen Überwachungskameras auf den ganzen Gängen anwesend sind. Es ging hier einfach ums Prinzip, denn selbst wenn ich von der Aktion des Gefangenen gewusst hätte, so hätte er niemals einen Verrat begehen dürfen. So oder so war es eine Schweinerei von dem Typen, ob es stimmte oder nicht. Das Ende vom Lied war dann, dass die Beamten, die mich so scheiße behandelten, auf mich zukamen und auch versuchten auf mich einzureden und ich solle dem Typen doch bitte nichts tun. Sie waren plötzlich wie ausgewechselt und sie wussten, dass wenn ich eine Ansage mache, diese dann auch durchziehe. Die ganzen Gefangenen in meinem Haus hatte ich eh auf meiner Seite, denn alle wussten, dass ich dies mit Sicherheit nicht ohne Grund machte und als sie erfahren haben, was der Typ getrieben hat mit seiner Aussage, wäre es ihm auch ohne meine Reaktion schlecht ergangen. Es war wirklich sprichwörtlich der Teufel los und es hieß nur noch: »Der Deutsche ist ausgeflippt!« Kein anderer hätte sich das so offensichtlich getraut mit einem Leckt mich am Arsch-Gefühl. Logisch, dass ich meine Ehre herstellen musste und erst recht bei einer Sache, die gar nicht der Wahrheit entspricht. Das ganze Theater wurde einfach unter den Teppich gekehrt und auch hier war der Grund ganz klar, denn der Beamte, der das Büro einfach offen ließ, damit der Gefangene in Ruhe ein TV-Gerät vom Beamten klauen konnte, hätte mächtig Schwierigkeiten bekommen. Denn die erste Frage wäre gewesen, warum er sein Büro unbeaufsichtigt gelassen hat. Eine ungewohnte Situation für alle... und dennoch lässt man mir weiterhin meine Ruhe und ich kann tun und lassen was ich will, naja, mehr oder weniger.

Es gab dann eine Anordnung, dass man mich wegsperrt, wenn dieser Typ ins Erdgeschoss muss und irgendwie haben die Beamten von der nächsten Schicht das vergessen…

Es ist also Samstag, ich sitze vor dem PC und höre dem Typen seine Stimme.

Klar, dass ich sofort aufgestanden bin, den Gang entlang lief und von weitem sahen mich die Beamten. Da fiel es ihnen schlagartig ein, verdammte scheiße, da war doch etwas! Ratzfatz – es schrie schon ein Beamter zum anderen: »Der Krebs kommt, sperr den Typen weg!« Diesmal waren sie dann auch schnell und ich konnte mir das Grinsen nicht verkneifen. Nun dachte ich mir, dass es wohl besser ist, ich belasse das, sonst könnte man noch auf die Idee kommen und mich verlegen.

Obwohl ich ganz ehrlich sein möchte, ich werde und will mich nicht ändern. Ich scheiße insgeheim auf ein Verlegung und ja, selbst wenn es eine Isolation wäre. Ich habe zu viel erlebt und zu viel ist über die Jahre passiert, als dass mich noch wirklich etwas schocken könnte. Ich weiß nicht, aber vielleicht lege ich es irgendwie auch darauf an. Wo ich mich wohl fühle, ist wenn ich nichts sehe und nichts höre. In meiner Zelle ist es ruhig und mit ausgewählten Menschen mit denen ich zusammen esse, ist es auch in Ordnung. Aber alles andere ist ein reiner Störfaktor für mich. Keine Ahnung hier die richtigen Worte zu finden und ich bin auch kein Psychologe oder Psychiater, obwohl auch die nichts taugen. Wie schon einmal gesagt, mit denen mache ich eigentlich, was ich will und trotz mancher Sprachbarrieren kapiere ich gut und weiß auch wie ich mich zu meinem Vorteil verhalten muss.

Was sich dann eine Woche später ereignen sollte, warf mich wieder einmal komplett aus der Bahn.

So wurde mir mitgeteilt, dass ich von der Arbeit abgelöst bin und nach den Richtlinien, die besagen dass ein Gefangener nicht länger als ein halbes Jahr arbeiten darf, von internen Abkommen mal abgesehen, der Arbeitsvertrag beendet ist. Das heißt, dass mein Arbeitsverhältnis somit beendet ist und ich nun wieder auf der Station herumsitze und der psychologische Effekt der Tätigkeit nicht mehr vorhanden ist. So hatte ich doch meine Ruhe, konnte mich ablenken, beschäftigen und war bis zu einen gewissen Grad ausgepowert. Hinzu kam natürlich der Vorteil, dass ich sieben Tage in der Woche uneingeschränkten Zugang zum PC hatte. Ich schaffte mir meinen eigenen Tagesablauf. Und nun?

Arschkriechen will ich nicht! Ich bin zwar ausgesprochen höflich und bringe jeden Menschen Respekt entgegen, aber dass ich jemanden in den Hintern krieche, kommt für mich einfach nicht in Frage. Jetzt hat man mir angeboten wirklich absolut kostenlos zu arbeiten und aus der Not sagte ich zu. Das hatte ich aber auch wirklich Menschen zu verdanken, die merkten, dass ich meinen gewohnten Ablauf plötzlich nicht mehr hatte, um mich von allem ein wenig distanzieren zu können. Denn die Vorteile ziehe ich mir raus und es ist auch zum Vorteil meiner Mitgefangenen, wenn ich zum Beispiel was erfahre und meine Leute warnen kann oder das ein oder andere besorgen und organisieren kann. Reinigungsmittel von der Anstalt, Besenstiele und so weiter...

Mein Tagesablauf sieht in der Regel so aus, dass ich um fünf Uhr aufstehe, um sieben Uhr Morgens zur Zentrale gehe und dort alles putze und anschließend helfe ich den Gefangenen und den dortigen Beamten beim Einkauf. Ich muss gestehen, dass es dort für mich am angenehmsten ist. Der Beamte ist so was von höflich und hilft, wenn mal das Geld nicht rechtzeitig da ist, mit Lebensmitteln oder Tabak aus und er schenkt mir auch sehr oft etwas, aber natürlich auch den anderen Gefangenen, die dort arbeiten. Und den dortigen Gefangenen nehme ich viel Arbeit ab. Denn wenn einer zum Besuch geht, so fehlt er den ganzen Tag und ich springe ein. Circa um die Mittagszeit bin ich dann schon fertig und ich sollte vielleicht dazu sagen, dass vorher vier Leute meine Arbeit machten, die ich nun alleine verrichte. Bei den meisten Gefangenen habe ich einen guten Stand und so bin ich, wie man mich eben kennt, immer höflich und zuvorkommend. Nur reizen darf man mich nicht. Ab Mittags setze ich mich an den PC und um ca. 16 Uhr gehe ich auf die Station, duschen, kurz ein paar Zeilen schreiben und dann werde ich schon gerufen, dass das Essen fertig ist. So esse ich mit meinem Zellenkollegen und mit vier weiteren Gefangenen von denen einer wirklich super kocht. Ich beteilige mich mit an den Kosten und es ist eine relativ gemütliche Atmosphäre.

Von den Menschen mit denen ich zusammen sitze, ist jeder für sich eine tolle Persönlichkeit. Nach meinem vor Monaten begangenen Suizidversuch haben sich diese Menschen entschlossen, mich in ihre Runde mit aufzunehmen, da ihnen das alles sehr leid tut und man merkte, dass mit mir etwas nicht stimmt. Wenn ich also diese Gemeinschaftszelle mit meinem Zellenkollegen betrete, dann ist der Tisch gedeckt mit Tischdecke, Brot auf dem Tisch und unser toller Koch verteilt das Essen. Die Gespräche sind oft ernster Natur, aber auch viele Späße werden gemacht. Der Koch zum Beispiel, G., ist ein Brummbär. Wer ihn nicht kennt, denkt erst einmal, dass er ein ungemütlicher Typ ist. Doch ganz das Gegenteil ist der Fall. Offenherzig aber manchmal auch ein wenig schusselig. Er hat eine extrem tiefe Stimme, Vollbart und ist richtig massig von der Statur. Er sitzt schon über neun Jahre und war vor kurzem das erste Mal für ein paar Tage zu Hause.

Dann gibt es Zio (Onkel) der wirklich lustig ist, aber auch eine echte Persönlichkeit und er hat einen Stand unter den Menschen hier drinnen. Er sitzt schon dreizehn Jahre und hat insgesamt 38 Jahre. Ein Irrsinn! Man sieht ihm an, dass er schon viel durchgemacht hat im Knast, aber auch er ein sehr offenherziger Mensch. Einmal bedankte ich mich unter vier Augen bei ihm, dass ich mit ihnen Essen darf und er sagte, wichtig ist, dass du dich wohl bei uns fühlst.

Dann kommt N. ein junger Kerl, der schon zehn Jahre sitzt und der immer bei mir nach fragt, ob alles in Ordnung ist und sehr, sehr viel Anstand hat. Klar haben das alle, aber er für sein Alter ist da ganz anders als die, die ich kenne.

Dann kommt noch ein junger Kerl und sein Leben scheint mir seine Musik zu sein. Aber auch er ein feiner Kerl. Er wartet noch darauf, dass man ihm was nachweisen kann.

Und zuletzt mein Zellenkollege über den ich ja schon was schrieb. Offen aber auch sehr direkt. So hat er ein Feingefühl, das man selten findet. Er ist so nett, dass er mir jederzeit was kocht, falls ich Hunger habe und auch sonst kümmert er sich um die Sauberkeit der Zelle und tut und macht. Und das Beste, er ist absolut ruhig und wir haben oft den TV aus, weil uns Beiden diese scheiße auf die Nerven geht. Er tut mir am meisten Leid, denn sein Leben ist nicht hier, sondern zu Hause in Holland. Wenn er Besuch hat, dann freue ich mich so sehr für ihn, als wäre es mein eigener Besuch.

Eigentlich weiß ich von keinem wirklich weswegen er sitzt, aber das ist mir auch egal. Denn so wie sie sind, passt das einfach.

Sie teilen einfach alles und selbst ihr Essen, welches sie durch die Besuche ihrer Angehörigen bekommen. Ich bedanke mich immer dafür und bin oft sprachlos! Keiner löchert mich oder fragt nach Hintergründen meines Verhaltens und dem Suizidversuch. Klar werden mal Späße gemacht, die aber alle im Rahmen sind und nie unter die Gürtellinie gehen, wie ich sie bei vielen anderen immer sehe, was mir dann zu weit geht. Ich werde auch nie gelöchert wegen dem, was ich mache mit meiner Öffentlichkeitsarbeit und meinen ganzen politischen Ansichten. Sie wissen ein wenig von mir, insbesondere dem Terrorismusvorwurf aus Deutschland, aber sonst halte ich mich eher verdeckt. Und manchmal will ich auch gar nicht zu viel erzählen. Zum ersten braucht es keiner wissen und zum zweiten habe ich immer die Befürchtung, dass sie denken könnten, dass ich massiv übertreibe oder es gar nicht stimmt. Manchmal bin ich aber auch zu mitteilungsbedürftig gegenüber meinem Zellenkollegen und er möge es mir verzeihen, wenn ich ihn ab und an nerven sollte.

Wenn wir abends schlafen gehen, sind wir uns eigentlich immer einig, dass wir beide keinen TV benötigen und eher die Ruhe genießen. Also verabschiedet sich mein Zellengenosse immer mit dem Spruch: »Gute Nacht mein Freund, morgen ein neuer Tag.« Ich muss dann immer lachen und war schon am Überlegen, ob das nicht ein Titel für das Buch wäre. Ja, ein neuer Tag, der gleiche scheiß Ablauf, der gleiche Witz und gleiche Ärger, wie einfach jeden verschissenen Tag.

Das sind eigentlich so die Menschen mit denen ich jeden Tag zusammen sitze und wenn es nur für eine Stunde ist. Ich weiß, dass ich jederzeit mit jedem Anliegen zu ihnen könnte und sie mir sofort helfen würden!

Es gibt aber auch auf meiner Station Menschen, denen man sofort ansieht, dass sie sich im Umgang mit mir nicht die Finger verbrennen wollen. Und davon gibt es leider sehr viele. Ich habe eh so die Befürchtung, dass man mich irgendwann vielleicht verlegen wird und man mich in eine Abteilung mit AS (altri Sicureza) steckt. Es sind zwar fast zwei Jahre, die ich nun hier bin, aber immer mehr wird über mich gesprochen, was die Beamten und Obrigkeit im Netz über mich lesen. Ich tu immer so, als habe ich es nicht gehört, wenn sie über mich reden und manchmal stelle ich mich auch wirklich auf doof. Aber ich habe so das Gefühl, dass ihnen das mit mir irgendwann zu heikel wird. Ja, ich rechne damit eigentlich immer und jeden Tag. Dazu kommen noch die Gefangenen, die vielleicht über mich ausgefragt werden und die dann irgendeine Story erzählen und einen Roman über mich plaudern. Ratten halt! Und die gibt es hier wirklich reichlich.

Wenn diese Zeilen noch rechtzeitig erscheinen (und ich hoffe doch *sehr* auch in der italienischen Sprache) dann bin ich mir ziemlich sicher, dass ich wegkomme, obwohl ich doch auch gutes über diesen Knast berichte. Aber selbst wenn man mich dann verlegt, ist mir das scheißegal. Man kann einen Gefangenen ohne vorherige Ansage ans andere Ende von Italien verlegen, oder gar auf eine Insel. Das habe ich bei anderen Gefangenen oft genug schon miterlebt. Was dann allein die Familien ausstehen müssen, ist unvorstellbar und nicht selten haben Familien einen Anreiseweg von tausend Kilometern und sogar noch mehr. Und nicht zu vergessen die ausländischen Gefangenen, deren Familien aus ärmsten Verhältnissen kommen und aus dem tiefsten Afrika einfliegen. Sich das Geld dafür aber vorher sehr mühsam zusammen sparten.

Ich weiß, dass ich nie alleine sein werde und alle meine Freunde draußen auf meiner Seite stehen, egal in welchen Knast man mich steckt. Außer, und das ist möglich, man lässt mich komplett von der Bildfläche verschwinden. Doch da komme ich ihnen schon zuvor, da können sie sich ganz sicher sein. Wie bereits gesagt, Knast ist Knast und Beamter bleibt nun mal Beamter. Denn so höflich sie auch sind und das spricht ein wenig auch durch ihre Mentalität, können sie auch ganz anders. Und wenn das passiert, dann kommt man erstmal in den Isotrakt, wo es nur so von Schlägen hagelt. Doch der Anlass dafür muss schon gravierend sein. Aber, und das muss nochmals gesagt werden, habe ich mir meinen Respekt wirklich sehr hart erkämpft!

Doch wer hätte jemals gedacht, dass ich hier das Gegenteil von Leben habe wie in der Haftanstalt Santa Maria? Die schlimmsten Befürchtungen waren in mir, in uns allen, was wohl die Beamten mit mir treiben werden. Ja, es gibt ein paar, die mir einiges sabotieren und die es auch auf mich abgesehen haben. Doch diese Beamten kommen *nie* an mich ran! Gelder sind schon von meinem Konto verschwunden, gewisse Post kommt nicht bei mir an und so weiter. Ich weiß woher das geschlagen hat, doch kann ich dagegen nichts machen. Sie arbeiten in einem anderen Haus, das Altri Sicureza ist und so lange ich dort nicht hinkomme, wird mir auch nichts passieren. Zudem sei noch erwähnt, dass alle wissen, wie viele Menschen ich draußen auf meiner Seite habe und die Öffentlichkeitsarbeit mich schützt. Niemand will sich die Finger an mir verbrennen!

Und eines weiß ich auch, sollte mir irgendetwas passieren, dann würden viele Gefangene in meinem Haus auf die Barrikaden gehen und nicht nur in diesem Haus! So hörte ich, als ich bei meinem leider gescheiterten Suizid im Krankenhaus gewesen bin, wie ein Beamter zu einen anderen sagte: »Wenn dem Deutschen was passiert, dann kannst du darauf gefasst sein, dass bei uns in Secondigliano tausend Gefangene auf die Barrikaden gehen.« Als ich das hörte, ehrte es mich doch ein wenig im Dämmerungsschlaf ,in dem ich mich noch befand. Aber an diese Worte kann ich mich noch ganz genau erinnern und ich werde sie niemals vergessen.

Aber muss es immer erst um ein Leben gehen? Warum muss erst etwas schlimmes passieren, damit die Menschen aufwachen und tätig werden? Das ist etwas, was ich nicht verstehen kann. Hier werde ich also zu einen gewissen Grad am fairsten behandelt und nicht wie in Deutschland, wo ich ständig isoliert gewesen bin, mich ständig das Sondereinsatzkommando nachts aus der Zelle holte und verlegte. Dazu noch die scheiß blöden Sprüche von den Pflegern, die mich oft beinahe zum Explodieren brachten. Oh wie Glück manch einer hatte, nicht die Fresse von mir voll zu bekommen und wenn so manch einer wüsste, wie kurz davor ich gewesen bin. Diese Saubande!

Es gibt einen Beamten der zuständig ist für die ganzen PCs und auch das Telefonieren. Man nennt ihn Ufficio Comando. Der ist auch relativ in Ordnung und hilft wirklich jedem Gefangenen, damit er zu seinem Recht kommt. Ihm und einen noch höheren Beamten, der sich Brigadier nennt, habe ich es größtenteils zu verdanken, dass ich ohne Probleme mich jeden Tag so frei bewegen kann und meinen eigenen PC zur Verfügung gestellt bekam, auf den ich jederzeit Zugriff habe. Diese Beiden, die sich sehr gut mit meinem Anwalt verstehen, wissen um meine Lage vor Gericht und was man mit mir gemacht hat. Wenn ich in ihren Büros was machen muss, dann lassen sie mich alleine und niemand würde auf die Idee kommen, dass ich etwas mitgehen lasse. Wäre ja auch ziemlich dumm, wenn ich schon der einzige in ihren Büros bin. Habe ich ein Anliegen wegen einem Antragsschein oder ähnlichem, dann kümmert man sich sofort darum und ich muss nicht ewig darauf warten. Leider sind solche Menschen die Ausnahme. Aber nicht zu vergessen, es sind und bleiben Beamte. Wenn *sie* wollen, dann können sie mir das Leben zur Hölle machen, das ist mir auch klar. Ein Fehler von mir und das war es – und ich weiß, dass es den ein oder anderen gibt, der darauf wartet. Das ist einfach so und überall im Knast, egal wo man sich befindet.

Und das beste Beispiel war in Deutschland die JVA Landshut.

Da gab es wirklich Schweine, die nur darauf gewartet haben. Nicht alle, aber doch ein paar die mit dabei gewesen sind.

Würde ich heute nach Deutschland überstellt werden, so hätte ich, gleich in welcher Haftanstalt, ein scheiß Leben! Ich weiß jetzt schon, dass ich bei einer Überstellung in die Bundesrepublik die höchste Sicherheitsstufe hätte und die ganze Scheiße von vorne anfangen würde. Aber ich kann den ganzen scheiß Justizapparat in Deutschland versichern, dass sie mich nicht klein bekommen und ich auf sie scheiße!

Der einzige Vorteil ist, dass mich jeder viel leichter besuchen könnte und ich täglich telefonieren dürfte. Von den wenigen Annehmlichkeiten, wie etwa elektrische Schreibmaschine, ganz zu schweigen. Aber ansonsten?

Immerzu damit rechnen, dass wenn die Tür aufgeht, da plötzlich das Sondereinsatzkommando vor einem steht mit irgendeiner absurden Verlegung oder anderweitigen Schikanen, macht mich im Kopf krank, was ich auch schon bin. Alles würde von vorne los gehen und davon mal abgesehen, traue ich unserem Staat alles zu, auch dass man mich für mein Lebensende hinter Gittern halten möchte. Darum unter anderem ist es so wichtig, dass die italienische Justiz mir glaubt und die nächste Instanz alles ändern wird. Sonst würde es keine guten Aussichten mehr für mich geben. Außer ich würde meine Zeit in Italien verbringen, sofern ich das noch überlebe.

Aber alles ist leichter gesagt als getan und so lange ich hier bin, kann mich nur meine Frau besuchen. Auch das Telefonieren ist nur auf sie beschränkt. Möchte ich jemand anderen anrufen, dann sieht das Gesetz vor, dass ich von der Person einen Telefonvertrag in Kopie an die Anstaltsleitung gebe, der bestätigt, dass die Nummer auch wirklich zu dieser Person gehört. Nur so wäre es möglich mit jemand anderem zu sprechen. Beim Besuch muss derjenige, der kommen möchte absolut sauber sein und eine Ausweiskopie schicken, damit das dann vom Gefangenen oder seinem Rechtsanwalt bei der Anstaltsleitung beantragt wird. Und in meinem Fall geht es hier um den »Linksextremismus« und da schaut man gerne auch zwei mal hin. Es ist hier auch nicht zu verstehen, dass in Deutschland Menschen offiziell eine Demo für mich machen können. Das wäre hier undenkbar und hätte ein riesiges Aufgebot an Bullen zur Folge. Hier ticken die Uhren einfach noch ganz anders, zumindest hier im Süden.

Ich habe vor ca. einem Jahr erreicht, dass auf jeder Station hier in der Anstalt ein Schachbrett zur Verfügung gestellt wird. Denn ich hatte unzählige Anträge gestellt, dass ich ein Schachbrett oder mein eigenes bekomme, was mir ständig abgelehnt wurde. Dazu muss ich kurz sagen, dass hier Schach für die meisten Gefangenen völlig unbekannt ist und sie nur Karten spielen. Nun, da es endlich für jede Station ein Schach gibt, ist die Anfrage riesig und das Interesse sehr groß geworden. Wir haben hier echt ein paar tolle Schachspieler. Ich bekam auch von Seiten der Anstaltsleitung das O.K., dass ich einigen Gefangenen das Schach beibringen darf und ich und ein weiterer Gefangener aus meiner Station kämpfen dafür, dass wir uneingeschränkt auf die anderen Stationen zu den interessierten Menschen dürfen. Aber auch da zeigt sich bald ein Fortschritt. Weiter sind wir in Vorbereitung für ein Schachturnier. Hier kann ich also doch etwas stolz auf mich sein, was ich erreicht habe, aber auch darauf, dass die Anstaltsleitung endlich etwas mit der Zeit geht und fortschrittlich wird. Zu verdanken haben wir das aber der stellvertretenden Leiterin, Frau S., die sich in allen Angelegenheiten Mühe gibt und sich einsetzt. Eigentlich lobe ich ja nicht, aber es gibt wirklich Menschen von Seiten der Anstaltsleitung, die versuchen mit der Zeit zu gehen und den anderen Anstalten als gutes Beispiel voran zu gehen. Aber sie müssen noch viel lernen, denn es gibt einfach noch viel zu viele Missstände!

Heute musste ich mir unter starken Schmerzen gezwungenermaßen zwei Zähne selber ziehen. Seit sieben Monaten jammere ich schon, dass ich Probleme mit meinen Zähnen habe und schrieb auch vor bereits sieben Monaten über das Problem, doch bekam ich nie eine Reaktion. Nun war die Entzündung im Oberkiefer so heftig und niemand machte etwas, da es immer nur geheißen hat, ich müsse die Kosten selber tragen, sodass ich mir gestern Abend die Zähne ziehen musste, damit die Entzündung nachlässt und der Eiter abfließen kann. Was für eine Scheiße! Nun fehlen mir zwei Zähne vorne und ich könnte mich in Grund und Boden schämen! Aber das soll es noch nicht gewesen sein!

Es wird mir jegliche Behandlung verwehrt und meine Medikamentenunverträglichkeit mit bestimmten Antibiotika wurde in den Akten nicht vermerkt. Mir geht es heute auch ganz besonders schlecht. So habe ich einen extrem hohen Kreislauf, meine Brust schmerzt und mir ist als würde mein Kopf zerplatzen. Ich habe auch ständig das Gefühl, dass ich umkippe und mir ist schwindelig.

Doch mit wem soll man sich noch darüber unterhalten?

Die eigenen Mitgefangenen, darunter ein Professor und Kriminologe, tun mehr oder weniger herablassend. Andere wiederum belächeln mich, obwohl man mir ganz genau ansieht, welchen körperlichen Verfall ich erleide. Das wurde mir auch heute wieder von anderer Seite bestätigt. Ich merke, dass mich innerlich irgendetwas auffrisst und weiß nicht was es ist. Die Schmerzen sind nun fast ständig da und nachts schlafe ich sehr unruhig und liege oft wach im Bett. Das einzige, was mich etwas ruhig stellt, ist meine Musik, die ich ständig höre, ja sogar zum Einschlafen.

Vor ein paar Tagen unterhielt ich mich mit meinem Zellengenossen und dem Professor über die Möglichkeit eines Fernstudiums für mich, jedoch in Deutschland. Die sehen mich an, als rede ich irgendeinen Scheiß, haben davon noch nie gehört und ich fühlte mich von ihnen ausgelacht. Auch meine berufliche Laufbahn wird nach Aussage von den beiden hier in Italien nicht angesehen. Ich hörte nur zu und sagte darauf nichts mehr. Ach, denke ich mir, da schau an, zählt mein Abi und so weiter nichts? Mein Beruf? Nein, nein, heißt es dann, du musst hier in Italien mindestens fünf Jahre auf eine Universität gegangen sein und erst dann wird es anerkannt. Dazu sollte ich vielleicht erwähnen, dass hier sowohl Architekten als auch gewisse Lehrer, die in die Anstalt kommen, alle mit Doktor angesprochen werden. Auf Nachfrage, ob denn die Person eine Dissertation, also Doktorarbeit geschrieben hätte und auf welchem Gebiet, wurde das verneint und es wäre in Italien so üblich. Aha, dann ist also jeder Studierte mit Abschluss ein Dr. Oder Prof.? Ganz merkwürdig und ich als Ausländer habe keine Möglichkeit Betriebswirtschaft oder anderes zu studieren. Ich gebe es echt auf und dann frage ich mich, was ich noch auf der Universitätsabteilung soll, wenn man mich schon nichts machen lässt. Die Leute meinen nur: »Glaubst du ich habe Interesse ein Studium zu machen?« Darauf antworte ich: »Also ich schon und meine Zeit würde ich gerne sinnvoll nutzen, aber auch für etwas, was mich interessiert.«

Mitten in der Nacht holte man mich zwei Mal aus der Zelle und meinte, ich solle runter zur Zentrale dort würde man mich brauchen... Immer habe ich aber im Hinterkopf, was mir in Santa Maria angetan wurde und bin dementsprechend auf der Hut. Ich ziehe mich also an und ahne schon was auf mich zukommt. Und genau, ich komme runter und wieder sind gewisse Bereiche komplett voll mit Blut. Ich beseitige alles und als ich nach Stunden unter ständigen Schmerzen fertig bin, gehe ich hoch, wasche mich etwas in der Toilette und lege mich mit Musik wieder ins Bett. Dabei komme ich dann in diesem Augenblick nicht mehr zur Ruhe, atme schneller, bin innerlich aufgewühlt, durcheinander und ich schlafe in der Nacht kaum oder habe Albträume. Mir schießt einfach durch den Kopf, was sich wieder ereignet hat, welches Schicksal sich abspielte, dass ein Mensch Blut lassen musste.

Jeder Tropfen, den ein Mensch an Blut lassen muss, ist ein Tropfen zu viel.

Mir kommen manchmal die Tränen, bin emotional, aber zeige es niemanden, denn das würde unter meinen Mitgefangenen nur den Anschein erwecken, wie schwach ich bin.

Im Volksmund sagt man: Mitleid kann man sich nicht leisten. *Wie bescheuert!*

Das sind dann auch solche Vorfälle, die mich nur schwer schlafen lassen und auch wenn ich vereinzelte Gefangene nicht so gut kenne und weswegen sie auch immer hier sind, tut es mir dennoch sehr leid für sie! Ich erfuhr über diesen Vorfall kaum etwas, doch viele Alternativen bleiben nicht, entweder man schlug ihn oder er entnahm eine versteckte Rasierklinge aus seinem Mund und schlitzte sich vor allen beteiligten Beamten auf. Solche Vorfälle sind in letzter Zeit wieder schlimmer geworden. Menschen verschlucken ab und zu Batterien um sich selbst zu vergiften und die Anstalt damit unter Druck zu stellen. Andere stellen sich vor die Zentrale und rammen sich mehrfach eine angespitzte Schere in den Bauch. Die Beamten sehen nicht in den Mund und es ist auch sehr schwierig eine Rasierklinge zu finden. Es gibt hier sehr viele, die solche Rasierklingen im Mund spazieren tragen – für alle Fälle und es sind Menschen, die diese auch ohne zu zögern benutzen würden. Es sind oft Verzweiflungstaten von Gefangenen, einen Ausweg zu suchen, mit welchen Hintergründen sie auch immer gerade vorher abgeführt wurden: Sie werden gegenüber des Kaufmannladens in eine nackte Zelle gesperrt und dort packen sie dann die Rasierklinge aus und schneiden sich tiefe Fleischwunden, die oft genäht werden müssen. Verzweiflung, Angst, was mit einem passiert und dazu alle anderen psychischen Probleme spielen dabei sicher eine große Rolle. Meistens machen diese Aktionen aber nur Ausländer. Denn die Verzweiflung ist bei ihnen doch am größten. So sind es Sprachbarrieren, die Familien im Ausland und unzählige Dinge, die ich hier noch mit aufzählen könnte.

Handys in Daumengröße sind hier extrem begehrt und das einzige Versteck ist der After. Ja, der After war schon seit jeher begehrt und in Deutschland sagt man dazu der Kofferraum, weil soviel rein passt. Mit der Scheiße, die den Gummiüberzug umringt in dem sich der verbotene Gegenstand befindet, kommt man mit der Zeit klar und gewöhnt sich auch sehr schnell daran. Gefährlich wird es allerdings, wenn man auf diesem Wege starke Drogen versteckt und ein Teil des organisierten Gummihandschuhes sich öffnen sollte. Das kann sofort zum Tode führen. Aber was bleibt Mensch anderes übrig?

Mich wundert es nicht, denn wenn ein Gefangener nur zehn Minuten in der Woche, wenn überhaupt, anrufen darf, was bleibt ihm noch übrig ? Drogen sind in jedem Knast, egal wo auf der Welt und man wird sie auch nie ganz abschaffen können. Damit hat die Justiz schon immer zu tun gehabt. Fragt man sich wie sie in die Anstalt kommen und auch die Mini-Handys, so bleiben nur noch die Beamten übrig. Wenn ich wollte weiß ich sofort an einer Hand abzuzählen, wer mir für fünfhundert Euro ein Telefon in die Anstalt bringt. So einfach ist das! So viel verdienen die Pfleger auch nicht und bei fünf grünen Scheinen werden sie schwach! So gut wie jeder von ihnen.

Eines Tages hatte ich am Abend solche Zahnschmerzen, abgesehen von der Niere, dass ich den Beamten darum gebeten habe, zum Infermiere gehen zu dürfen wegen einer Spritze. Der Infermiere kam hoch und meinte, dass solange vom Arzt nichts angeordnet ist, es auch nichts gibt. Ich wurde stocksauer und sagte: »Alles klar, ich habe dich verstanden.«

Zwanzig Minuten später wurde ich zum Sani gerufen und der Infermiere bereitete gerade eine Spritze für mich vor. Ich konnte nicht locker lassen und musste ihm meine Meinung vor einem höheren Beamten nochmals sagen. Ich sprach: »Wie ist das also, wenn ich dir hier auf den Tisch fünftausend Euro hinlege, dann wird man bei mir erst tätig?« Ja, so ungefähr und keiner von beiden Anwesenden verneinte das und wollte mich besänftigen. Dabei sagte ich: »Wisst ihr wie viel Geld meine Freunde für mich schon ausgegeben haben, nur damit ich anständig medizinisch versorgt werde? Wie lange ich schon auf eine OP warte?«

Ich ließ mir die Spritze geben und verabschiedete mich, höflich wie immer. Das was ich ihnen sagte, hatte seine Wirkung nicht verfehlt, aber letztendlich hat es eh nichts weiter gebracht, außer dass ich gegen eine Wand gesprochen habe. Geld, Geld und nochmals Geld, das ist hier das einzige Überlebensmittel.

Heute ist eine Besetzung da, bei der es zwei Beamte gibt, denen ich wirklich aus dem Weg gehen muss. So haben sie eine Art und Weise, die mich regelrecht ankotzt. Ich suche einen Anlass ihnen gerne eines aufs Maul zu geben, aber ich finde keinen passenden Grund, wenn ihr versteht was ich meine? Ich muss einen Grund dafür haben, nicht einfach blindlings etwas tun. Doch ich warte ab, und warte und warte und warte. Ich muss ruhig bleiben, sage ich dann ständig zu mir selbst, denn es gibt durchaus Situationen wo ich gerne… Es gab schon zwei Vorfälle, wo sich ein Beamter einen Spaß daraus machte und mit einem Messer vor mir herumzufuchteln und dabei war ich zutiefst erschrocken. Wusste er denn nicht, warum ich hier bin? Wusste er nicht, wie leicht er uns beide in Gefahr bringt und ich ihn entwaffnen könnte?

Als er das das zweite Mal machte, vor anderen Gefangenen, da wollte mich ein Gefangener festhalten, als ich dem Messer des Beamten ausgewichen bin. Dabei warf ich den Gefangenen zu Boden und fragte, ob er noch ganz dicht ist, jedoch immer mit einem Auge zu dem Beamten, der sein scheiß Messer immer noch in der Hand hielt. Sie hatten alle nicht mit meiner Reaktion gerechnet und diese kam für sie überraschend. Das war auch der letzte Vorfall mit einer solchen Situation.

Vor Kurzen, also Anfang Januar, gab es ein jährliches Fest mit auserwählten Gefangenen mit guter Führung, bei welchem die Caritas in die Anstalt kommt und im Theaterraum Essen auftischt und danach jeder Gefangene noch ein Geschenk in Form von einem Kaffee, einer Tafel Schokolade, zwei Briefmarken und einem Pullover geschenkt bekommt. Es ist immer das gleiche jährliche Spektakel und man wiederholt auf diese Weise Weihnachten. Ich wollte an dieser Veranstaltung nicht teilnehmen und wurde regelrecht von denen dazu genötigt, die es auch nur gut mit mir meinten. Aber in meinen Augen hatte ich da einfach nichts verloren und auch schon aus Solidarität gegenüber den anderen Gefangenen, die nicht daran teilnehmen durften. Nach zehn Minuten musste ich wegen der Lautstärke und der großen Menschenmasse den Saal verlassen. Es war für mich unerträglich und auch total heuchlerisch. Ich halte eh nichts von Weihnachten und diesen ganzen anderen Festtagen, darauf kann ich ganz gut verzichten und komme auch ohne den ganzen Scheiß klar. Also das Essen war wirklich lecker, da will ich mich nicht beschweren. Ich verließ die Veranstaltung und putzte einfach weiter oder ging in meinen PC-Raum und schrieb.

Hin und wieder gehe ich zum Infermiere und hole mir etwas zur Ruhigstellung, was er mir gar nicht geben darf. Aber er versteht mich und macht es einfach. Klar darf ich niemanden davon erzählen und immer nur wenn kein anderer mit anwesend ist. Er gibt mir auch Tabletten auf Vorrat, die ich dann gut verstecke, damit sie nicht von den Beamten gefunden werden. Er weiß, dass ich ihn niemals verraten würde, auch was meinen Suizid betrifft.

Denn von ihm bekam ich die gewünschten Medikamente, die nicht nachweisbar gewesen sind.

Ich muss vorsichtig gegenüber meinen Mitgefangenen sein, aber auch gegenüber den Beamten. Würde ich manchmal nichts zu mir nehmen, würde ich vor so viel Adrenalinüberschuss explodieren! Täglich stehe ich dermaßen unter Strom und dazu kommen die Dauerschmerzen, so dass mir einfach nichts anderes übrig bleibt. Ich verrichte hier so viel Arbeit in einem krassen Tempo, nur um mich so abzulenken von all den Sorgen und Problemen. Ich sehe dann nichts, außer meiner Arbeit und das ist einfach zu verrückt. Ich wäre so gerne wieder kreativ, würde mich gerne mit anderen Dingen ablenken, wie etwa basteln, meiner Motorenleidenschaft oder ähnliches. Aber das alles kann ich nicht. Mir fehlt dazu sowohl die Ruhe als auch ein kleiner Rückzugsort, den ich nicht habe. Ich arbeite also hart und schwer und das unbezahlt.

Den neuen Arzt, der nun anwesend ist, da sie alle drei Monate ausgetauscht werden – noch bevor der Vorgänger sich mit deiner Krankheitsgeschichte richtig vertraut machte – stellte ich gestern auch zur Rede und er schwor mir, dass er sich meiner annehmen würde. Naja, da warten wir doch mal ab, wie immer. Denn ihm wurde sicher schon zugetragen, wer ich bin und mit wem er es gerade zu tun hat. Normalerweise müssten alle Menschen draußen die Anstaltsleitung mit E-Mails bombardieren, nur so würde etwas weiter gehen. Ein israelischer Mitgefangener machte das genau so, als er in den Hungerstreik trat und nach E-Mail-Eingängen an die Direktorin wurde plötzlich alles für den Gefangenen gemacht. Mittlerweile bekommt er auch sein spezielles Essen, was ich bei muslimischen Gefangenen immer noch vermisse. Ich kämpfe gegen etwas an, aber es kommt mir vor wie so eine undurchdringliche Mauer, die meterdick ist. Es macht sich täglich nur noch Verzweiflung in mir breit!

Als ich am Anfang hier ankam, dachte ich, ich sehe nicht richtig, dass Gefangene sich Campingkocher und Gaskartuschen kaufen können, so viel sie wollen. Das wäre ebenfalls in Deutschland undenkbar. Mein erster Gedanke war, hier liegt ja alles herum, was man zum Bau eines Sprengsatzes braucht und irgendwann machte ich mich darüber und zeichnete eine kleine Skizze, wie man eine Bazooka basteln könnte, durch ganz einfach Hilfsmittel. Oder kleine Löcher an den Gaskartuschen versehen, sofort in einen dichten und großen Müllbeutel, gut zu machen und mittels gebastelten Zunder, der ganz leicht selbst zu basteln ist, an einen Platz legen, wo man es eben benötigt. Damit reißt du einfach alles ein. Der einzige Vorteil im Knast ist, man hat verdammt viel Zeit zum Nachdenken und Tüfteln. In manchen Dingen, und da möchte ich auf keinen Fall überheblich klingen, habe ich den meisten Gefangenen hier in Süditalien etwas voraus. Ich hatte einfach zu viel Zeit alleine und in Isolation verbracht, so dass man einfach auf die tollsten Dinge kommt, die ich hier natürlich nicht ausplaudern möchte. Hier verstecken sie ihr Handy im Arsch, das haben wir in Deutschland nicht nötig, dafür sind wir mit unseren I-Phones viel zu gerissen mit den Versteckmöglichkeiten. Es wäre jederzeit ein leichtes und ich frage mich, warum noch nie etwas in dieser Richtung passiert ist. Das sind also die sogenannten Schwerkriminellen?

Merkwürdiges System, denn nichts gibt es aus Glas, außer mein vor kurzen bestelltes Nasenspray von Wick, das aus Glas ist. Ist denen nicht klar, in welche Widersprüche sie sich ständig verwickeln? Ja, sogar die Fenster sind aus Plexiglas, aber meine Brille nicht... Ich fresse täglich aus Einwegplastiktellern und auch das Besteck besteht aus Plastik, welches man nach dem Essen wegwirft. Man muss das Besteck vorsichtig verwenden, damit es nicht gleich bricht und auf die Zacken der Gabel aufpassen, die ich schon unzählige Male versehentlich mitgefressen habe. Ich bin also gezwungen mir jeden Monat diese Utensilien neu zu kaufen.

Nebenbei lese ich von Knofos Buch »K. Und der Verkehr. Erinnerungen an bewegte Zeiten« und seine kurze Anleitung, die ich so gerne hier mit in die Zeilen mit einfügen möchte, über die Generalstabsanweisung für die deutsche Stadtguerilla und deren Taktik. Ich hätte zu einigen Punkten auch noch Verbesserungsvorschläge. Ein tolles Buch, das mich richtig fesselte. Ich teile sicher nicht alle Meinungen von Knofo, was die RAF betrifft, doch in manchen Punkten hatte er durchaus Recht. Leider leben wir heute in einer Zeit, wo kaum mehr über solche Methoden nachgedacht wird, obwohl es genug Menschen gibt, die ähnlich denken wie ich. Knäste komplett abzuschaffen werden wir wohl nie erreichen, denn sie sind eine notwendige Institution des Staates und erst recht durch die Privatisierung wird es schwierig sie zu überwinden. Doch durch diese jahrelange Haft bewirken sie nichts gutes und wecken eher ein Tier in mir und in vielen anderen, als dass ich/wir die gewollte Schiene fahren.

Dazu sage ich nur, seid vorsichtig, denn eines Tages und irgendwann kommt es aus mir raus und dann haltet euch fest!

Firmen beuten den Gefangenen aus, lassen kostengünstig in den Haftanstalten produzieren, um selbst ihren Reibach daraus machen zu können. Etwas über einen Euro bekommt ein Gefangener die Stunde und es reicht kaum für den Einkauf aus. Ich würde es begrüßen, wenn man hier die größten Firmen, die im Knast produzieren lassen – gegen minimale Entlohnung der Gefangenen, regelrechte Ausbeutung und Akkordarbeit in den Anstalten – auflisten würde, wie etwa Firma Bruder in Fürth bei Nürnberg, BMW Regensburg, Siemens, einer der größten Arbeitgeber in den Haftanstalten und so weiter.

Auch sollte man mehr gegen diese Firmen protestieren, in welcher Form auch immer. Verweigerung ihre Produkte zu kaufen, sabotieren, und, und, und.

Wenn nötig, richtig Schaden zu fügen.

Es lohnt sich in jedem Fall.

Dem Gefangenen bleibt kaum anderes übrig als die Scheiße zu machen. Klar gibt es Gefangene, die sich regelrecht um Akkordarbeit streiten und sich richtig ins Zeug legen und einen Soll nach dem anderen übertreffen, so dass der tägliche Soll immer weiter ansteigt und noch mehr von Gefangenen verlangt wird, die diese Scheiße gar nicht machen wollen. Beamte werden von Lieferanten bestochen, dass sie doch lieber von ihnen die Lebensmittel für die Anstaltsküche (nur als Beispiel) beziehen sollen als von der Konkurrenz. Dafür springen dann schon mal kleine Beträge und Geschenke raus. Habe ich selbst oft genug miterlebt.

Die Firma Bayer bringt neue Medikamente raus und wo werden diese als erstes getestet?

Klar, im Knast.

Der Anstaltsarzt führt dann eine Art Studie durch und so kommt das Medikament dann richtig auf den Markt. Vorher am Gefangenen getestet. Ich habe das selbst schon erlebt, sonst würde ich dies nie behaupten. Gezielt spreche ich hier die JVA Amberg an, in Kooperation mit verschiedenen pharmazeutischen Herstellern, unter anderem der Firma Bayer, dem größten Drogenhersteller und Verbrecherkonzern.

Mir ist es relativ egal, wer mich von denen anzeigen möchte und es tut. Scheiß drauf und die Wahrheit muss einfach direkt gesagt werden. Was wollen sie mir tun? Mich einsperren?

Zur Zeit lese ich das Buch »Hau Ab, Mensch« von Xosé Tarrío zum sicher zehnten Mal und jedes Mal bin ich Sprachlos über die inhaftierten Menschen in spanischen Gefängnissen und wie sie ohne Angst kämpfen und die Missstände versuchen aufzudecken.

Daran sollten sich viele ein Beispiel nehmen.

Napoli, den 08. Februar 2020

Mein Lieber Freund Xosé Tarrío,

auch wenn Du nicht mehr unter uns bist, weil dieses System dich systematisch ausgelöscht hat, so kann ich dir versichern, lebst du in meinem und mit Sicherheit auch in ganz vielen anderen Herzen weiter und bleibst unvergessen!

Das schönste Geschenk, was du uns geben durftest ist dein Nachlass von Schilderungen in deinem Buch »Hau ab, Mensch« und dein Kampf gegen diese Ungerechtigkeit.

Nichts war umsonst mein Freund, versprochen!

Dafür Danke von uns allen!

Dein Genosse Krebs Andreas Salih

Auch an Gabriel Pombo Da Silva ein herzliches Danke für die lieben und aufrichtigen Worte in diesem Buch! Und an die Mütter von allen toten Menschen weltweit in der Haft, insbesondere auch der von Tarrío, möchte ich sagen, dass keine Rechnung unbeglichen bleibt! Sie werden eines Tages ihre Rechnung dafür tragen müssen, egal wer es ist, das sei Ihnen garantiert! Der Tod ihres Sohnes bleibt nicht ungesühnt!

Einige Worte über die Haftanstalt Poggioreale

Eine Haftanstalt, die kaum richtig in Worten zu beschreiben ist.

Diese Unterbringungsform und die Zustände haben Poggioreale weltweit bekannt gemacht. Journalisten und anderen wird der Zutritt strengstens verwehrt und keiner kann wirklich die Wahrheit ans Licht bringen, was sich dort tagtäglich für Dramen abspielen. Hier sind viele Gefangene neu dazu gekommen, die in dieser Haftanstalt unzählige Jahre gewesen sind und was man da hört, verstört mich etwas. Auch diese Menschen sind erstmal geschockt, was sie gerade für einen relativ humanen Knast erleben und benötigen teilweise eine große Eingewöhnungsphase, das ist sofort an ihrem Verhalten erkennbar. Ich führte eine Art Interview mit einigen Gefangenen, deren Aussagen identisch sind und ich machte mir zig Aufzeichnungen hierüber. Auch habe ich dort einen Briefkontakt zu einem deutschen Inhaftierten, der schon ein paar Jahre dort einsitzt. Meinen Freund R. haben sie vor Monaten in eine andere Haftanstalt gebracht. Der Briefkontakt zu dem einen Inhaftierten gestaltet sich allerdings als sehr schwierig, da dieser Gefangene, so scheint mir, nur noch dahin vegetiert. Er hatte die Möglichkeit auf meine Universitätsstation nach Secondigliano zu kommen, was eine erträglichere Haftzeit für ihn gewesen wäre. Doch hat er durch die schwierigen Haftbedingungen in Poggioreale jede Motivation verloren, was mir sehr Leid tut für ihn. Ich selbst war nur ein Mal für einen kurzen Zwischenstopp dort und ich war zutiefst erschrocken, auch was das Verhalten der Beamten betrifft. Hier möchte ich eine kleine Dokumentation wiedergeben von dem, was ich weiß und was ich durch unzählige Recherchen in Erfahrung brachte.

Jeden Tag ein Toter. Entweder durch gewolltes Ableben oder anderweitig einfach aus dem Weg geräumt. Es gibt unterschiedliche Abteilungen, die ich hier aufzählen möchte: Abteilung Milano, Abteilung Napoli, Abteilung Salerno, Abteilung Livorno, Abteilung Avelino, Abteilung Torino, Abteilung Genova, Abteilung Firenze, Abteilung Italia, Abteilung Roma, Abteilung San Paolo.

Insgesamt befinden sich ca. 2200 Menschen dort, verteilt auf die oben genannten Abteilungen und die Zustände, die ich hier beschreibe sind nur furchtbar. Drei Stockbetten mit neun und mehr Personen darin. Dusche im separaten Raum und die Zellen sind kalt, feucht und schimmelig. Eine erdrückende Stimmung herrscht in den Zellen und jeden Tag gibt es einen Toten. Die Zugänge werden so verteilt: Du bist vom Clan so und so, also ab auf die Station so und so. Du Clan so und so, also ab zu deinen Leuten auf die und die Abteilung. Essen kommt kalt an, da es durch die halbe Anstalt getragen werden muss von den Hausarbeitern. Das Essen ist zum größten Teil viel zu wenig, ungenießbar und in Styropor eingeschweißt. Ungeziefer wie Ratten und Kakerlaken sind ganz normal und gehören mit zum Alltag. Dann gibt es die berüchtigte Zelle Zerro (0) in die mensch nach Willkür kommt. Eine Art Kerker, wo die Gefangenen auch geschlagen werden. Immer wieder wurde darüber berichtet, auch Interviews auf Youtube, doch diese berüchtigte Zelle wurde nie abgeschafft. Aufschluss gibt es keinen, da sich zu viele Gefangene auf einer Abteilung befinden und es oft nur zu Auseinandersetzungen kommt. Nachdem es Anfang der 80er Jahre ein schreckliches Erdbeben in Neapel gab, wurde die Haftanstalt Poggioreale größtenteils zerstört. Nach der Wiederinstandsetzung, hinterließ einer der Architekten in einer Mauer im Hof seine Initialen mit der Inschrift: »Hier kommt keiner lebend raus.« Er wurde kurze Zeit später von Camorraangehörigen erschossen. Wenn man aus dem Fenster blicken möchte, sieht man einfach nichts, außer eine Mauer. Dort werden die Menschen erbärmlich und wie Vieh gehalten, es ist mit nichts anderem zu vergleichen. Erschreckend, wenn man bedenkt, dass wir uns im 21. Jahrhundert befinden! Jedoch gehen die Menschen dort immer mehr auf die Barrikaden, so machen sie regelmäßig Hungerstreiks um eine Verbesserung der Haftbedingungen zu erwirken.

Ich frage mich, warum sich hier nicht Amnesty International einschaltet, warum man von weitem nur zusieht, wie die Menschen dort untergebracht werden? Was macht die EU nur?

Auch hier werden die Menschen sich komplett alleine überlassen. Wird man frech gegenüber dem Beamten oder finden diese etwas Verbotenes im Haftraum, dann hat das weitreichende Folgen für denjenigen. Dort herrscht immer noch Zucht und Ordnung, soweit man das so sagen kann. Schlimm sind wirklich diese drei-Mann-Stockbetten und die Zellen sind so klein, so werden noch nicht einmal Tiere im Tierheim gehalten, selbst die haben mehr

Freiraum und Bewegung. Erschreckend und es reicht schon aus, wenn man sich die Berichte im Internet ansieht. Dort werden von Angehörigen, die wegen Besuch schon einen Tag vorher vor der Anstalt stehen müssen, da sie sonst nicht reinkommen und von den Gefangenen erzählt, was es heißt in Poggioreale inhaftiert zu sein.

Das ist wirklicher Knast und wirklich menschenunwürdig!

Selbst wenn man zum Sani möchte und sich früh dafür beim Stationsbeamten durch das Gitter meldet, kommt man nicht gleich am selben Tag zu ihm, nein, man wartet Tage, ja sogar bis zu einer Woche, bis man endlich geholt wird.

Tagebucheinträge

24. Februar 2020

Ich arbeite wie gewohnt und wie ein Irrer, nur um mich vom Kopf abzulenken. Jede körperliche Bewegung benutze ich so, dass eine Muskelpartie angestrengt und trainiert wird. So versuche ich mich auf meine Art etwas fit zu halten. Die Schmerzen sind mittlerweile mein ständiger Begleiter und sind für mich schon fast normal. Aber auch oft schon unerträglich. Ich sah heute wieder den neuen Anstaltsarzt und fragte wieder das Gleiche, wann ich endlich ins Krankenhaus komme für die Biopsie. Als Antwort darauf bekam ich, dass er alles bereits in die Wege geleitet hat, sowie auch schon sein Vorgänger und es aber nicht an ihm liegt, sondern von der Anstaltsleitung geplant und organisiert wird. Ich warte also weiter und was anderes bleibt mir nicht übrig. Einzig, dass er mir mittlerweile etwas stärkere Medikamente zuschiebt. Durch die Schmerzen stehe ich aber auch extrem unter Strom, sprich habe einen sehr hohen Adrenalinauschuss, den ich nur durch arbeiten etwas zurückfahren kann.

Nach meiner Arbeit gehe ich wie gewohnt an den PC und mache meine ganzen Aufzeichnungen oder lerne mittels meiner Motorradbücher über Modifikationen und Verbesserungen an Motorentypen. So weit das halt eben geht, mit dem was mir zur

Verfügung steht. Da ich ja nun endlich dank Di Rubbo ausdrucken kann, was und wie viel ich will, mache ich also auch meine Post teilweise am PC. Die meisten von den Beamten sind zwar weiterhin mir gegenüber ruhig und verhalten sich korrekt, jedoch habe ich nun zwei Beamte am Arsch, die von einem anderen Haus mit Altri Sicureza hierher versetzt worden sind. Diese Beamten sind echt das letzte, provozieren mich in einer Tour und machen mich dumm an. Das war vor Tagen schon so heftig, dass ich wirklich überlegte dem einen ein paar in die Fresse zu hauen. Natürlich weiß ich woher der Wind kommt, denn wie bereits geschrieben, gibt es in einem anderen Haus hier im Knast ein paar Beamte, die es wirklich auf mich abgesehen haben. Und ich liege mit meiner Vermutung richtig, sie haben Kontakt zu einigen Beamten aus der Haftanstalt Santa Maria, wo Angehörige von Massimo arbeiten und die mich fast einen Monat lang regelrecht folterten. Ich glaube, dass gezielt diese zwei Beamten nur auf einen Fehler von mir warten. Zum Glück sind sie nicht täglich da, sondern alle drei Tage, doch dann versuche ich ihnen komplett aus dem Weg zu gehen.

So kurz vor der nächsten Instanz möchte ich nicht unbedingt bestätigen, was das Gericht in Santa Maria Capua Vetere über mich im Urteil schrieb und wie gefährlich ich doch wäre. Trotzdem hätte ich gute Lust denen eine reinzuhauen!

Wieder ein Tag hinter mir und es ist der…

25. Februar 2020

Eigentlich unglaublich, aber es gibt hier Arzthelfer, die mir wirklich alles an Medikamenten geben, was ich ihnen sage. Contramal, Tavor und so weiter. Aber wenn diese bestimmten Personen nicht anwesend sind, geht es mir natürlich dementsprechend schlecht. Habe mir also eine kleine Dröhnung gegönnt, damit ich dem Druck weiter standhalte. Denn gestern waren die Schmerzen wieder teilweise unerträglich, so dass ich nicht wusste, was ich machen soll. Die zwei Beamten, denen ich am liebsten die Fresse polieren würde, sind nicht da und so bin auch ich gerade von meinem Gemütszustand etwas ruhiger. Aber sobald sie anwesend sind, bin ich noch mehr unter Strom und sehr nervös!

Vor Tagen erzählte ich jemanden über ein paar Geschehnisse aus der Haft in Deutschland und was

man da stellenweise mit mir gemacht hat. Ich merkte, dass man mich etwas ungläubig angesehen hat. So zum Beispiel, wie ich sehr oft am Bett gefesselt gewesen bin und das über Tage hinweg. Weder Nahrung noch Trinken hatte ich bekommen und ins Bett hat man mich ständig pissen lassen.

Hätte ich damals die Beziehungen wie heute gehabt, ich glaube ich hätte so manchen Beamten um die Ecke gebracht.

Einmal als ich so abends in Amberg beim Einkaufen in einem großen Supermarkt gewesen bin, sah ich einen Beamten, genau die Oberdrecksau von Amberg, Müller hieß dieses Schwein und ich sah wie er von Regal zu Regal schlenderte mit seiner aufgestylten Frau und seiner Tochter, die sicher schon um die Zwanzig gewesen ist. Mich traf doch fast der Schlag, als ich ihn sah und ich rief gleich ein paar Jungs an, die mir dabei behilflich sein sollten, dass ich ihn beobachten und seine Adresse ausfindig machen kann. Und so waren meine Jungs auch gleich zur Stelle und ich hatte die Adresse. Irgendwie ahnte er vielleicht etwas, denn er drehte sich auf dem Fußweg nach Hause ständig um, hatte aber keinen von uns gesehen.

Einige Wochen später sollte es ihn teuer zu stehen kommen, was er mit den Gefangenen in Amberg trieb und er war auf meine Weise resozialisiert und hat nie wieder die Gefangenen wie Dreck behandelt.

Bis heute weiß niemand, wer wirklich dafür verantwortlich gewesen ist.

Nun, du kleines Arschloch, weißt du es…

Einmal im Jahr machen die einen Beamtenausflug mit einem großen Bus und da hatte ich schon allerhand Pläne, die jedoch gut geplant werden müssten. Eigentlich wäre es ein leichtes. Zum Beispiel ein gezielter Anschlag auf das jährliche Anstaltsleitertreffen. Im Knast bekommt man wirklich so allerhand mit, wann und wo sie ihren Urlaub verbringen. Welche Veranstaltungen wo stattfinden und so weiter. Dass darauf noch keiner gekommen ist, enttäuscht mich doch sehr. Denn das Prozedere mit ihren Ausflügen gestaltet sich immer gleich und auch die Route, die ich von Amberg immer noch gut im Kopf habe, hat sich nicht geändert. Aber auch von anderen Anstalten wäre es ein leichtes dies in Erfahrung zu bringen, diese Möglichkeiten hätte ich auch heute noch.

Mir hat jemand mal erzählt, dass es theoretisch möglich wäre Fernsteuerungen aus dem Modellbau, die sehr leicht erhältlich sind, auf der Frequenz 2,4 GHz laufen und gerade mal 100 Euro kosten, auch für andere Sachen zu verwenden. Nicht nur für die Bullen ist die Zukunftstechnik vom Vorteil, sondern auch für andere. Die Fernsteuerung hätte eine Entfernung von circa bis zu einen Kilometer störungsfrei, darum auch auf der Frequenz 2,4 GHz.

Niemals würde jemand mit so etwas rechnen und auch das jährliche Anstaltsleitertreffen ist theoretisch ein Ziel und wird nur kaum durch Sicherheitskräfte bewacht. So habe ich einmal ein solches Treffen selbst mitbekommen und konnte die Sicherheitsvorkehrungen genau beobachten und studieren. Es ist auch immer noch ein leichtes die Bullen abhören zu können, auch mit dem Digitalfunk, auch Handys sind nicht sicher, nicht nur für uns, sondern auch auf der Seite der Bullen.

Die Technik, um diese abhören zu können, überschreitet kaum die 2000 Euro Grenze.

Solche Sachen gehen mir oft durch den Kopf...

Mittwoch, der 26. 02.2020

Auch heute wieder ein Tag zum Schreien und ich halte es kaum noch aus mit den Schmerzen. Wieder habe ich den Arzt darauf aufmerksam gemacht und wieder die Gleiche verschissene Antwort, dass auch er wartet bis die Genehmigung zur Ausführung ins Krankenhaus kommt.

Ich sagte ihm direkt ins Gesicht, ob ich erst ohnmächtig werden muss, was sehr oft passiert, oder dass mir das Blut schon aus allen Körperöffnungen kommt? Keine Antwort und er sieht mich an, als würde ich mit einem kleinen überforderten Kind sprechen. Der einzige, der über meine Dauerschmerzen Bescheid weiß, ist mein Zellenkollege, doch ansonsten lasse ich mir kaum etwas bei anderen anmerken. Also muss ich mir schon wieder heimlich Tabletten besorgen, die auch wirklich helfen, aber auch zur Abhängigkeit führen. Ich schlafe sehr schlecht und ich wache ständig in der Nacht auf, weil ich Albträume habe.

Das Schlimmste ist, wenn man nicht zur Ruhe kommt und nicht schlafen kann.

Und da fällt mir gerade ein, dass auch Schlafentzug ein gängiges Mittel in der deutschen Haft gewesen ist und bei mir schon sehr oft angewendet wurde. Dies äußerte sich so, dass ich Dauerlicht hatte, welches unmöglich von meiner Seite abgestellt werden konnte und dazu kamen sie entweder stündlich oder jede halbe Stunde und rissen die Kostklappe auf und verlangten von mir, dass ich ein Lebenszeichen von mir gebe. Diese permanente Störung durch lautstarkes Reden und Zuschlagen der Kostklappe ließ mich nicht schlafen, hinzu kam das Dauerlicht. Ich weiß nicht, ob sich der Leser dies nur ansatzweise vorstellen kann, was ich hier berichte. Man kann nicht schlafen und wenn einem doch die Augen zufallen, dann kommen sie genau in dem Augenblick und rufen durch das Geklirre und dem Lärm der Kostklappe: »Hey Krebs!« Und man schreckt hoch und dann knallen sie die Kostklappe wieder mit Gewalt zu und versperren diese. Dann sitzt du erst mal da und dein Herz schlägt bis ins Unermessliche und du brauchst Zeit um wieder runterzufahren. Dann überkommt dich erneut die Müdigkeit und plötzlich ist es wieder das gleiche Spiel. Das ist pure Folter. Die Zelle nur weiß, keinerlei Eindrücke und keine Gegenstände in der Zelle, das über Tage und Wochen. Der Kopf dreht sich nur noch, man kann keinen klaren Gedanken mehr fassen und mit der Zeit tut dir alles weh vom Herumliegen. Gefühle überwältigen dich plötzlich und mittendrin sitzt du auf dieser Gummimatratze und fängst leise an Gespräche zu führen oder mal leise zu weinen. Bis der Arzt auftaucht und meint, dass du wieder auf eine »normale Zelle« kommst.

Man hätte noch nicht einmal die Möglichkeit sich etwas anzutun und erhängen ist auch nicht drin, da kein Fenster vorhanden ist. Wer das einmal erlebt hat, wird es sein Leben lang nicht vergessen!

Es fällt mir gar nicht leicht darüber zu schreiben, denn die Erinnerungen kommen in diesem Augenblick wieder hoch, die man ständig versucht zu verdrängen. Tagsüber gelingt es, aber nachts ist es besonders schlimm und im Schlaf hat man eh keinen Einfluss darauf, was man träumt und alles holt einen ein. Und wer glaubt, dass diese Praktiken nicht mehr existieren, der ist hier komplett auf dem Holzweg, denn diese Methode um jemanden fertig machen zu wollen, wird immer noch angewendet.

Manchmal kann ich es kaum glauben, dass ich das erlebt und überlebt habe.

Donnerstag, der 27.02.2020

Wurde heute gerufen, um einen Mitgefangenen in die Isolation zu bringen. Warum ich das mache?

Warum nicht? Es ist kein anderer da, der das ganze Hab und Gut des Gefangenen trägt und er selbst

schafft es nicht alleine. Also helfe ich und kann dabei von ihm an andere etwas ausrichten, da er ja

mit niemanden mehr reden darf. Manchmal stecken sie mir heimlich Nachrichten zu, um andere zu warnen und ich spreche ihnen Mut zu, trage ihre Habe bis zum Isotrakt und verabschiede mich herzlich. Manchen Beamten gefällt das nicht, aber wem es nicht passt, der kann mich mal und dann sollen sie jemand anderen zum Schleppen holen.

Mir tut es von Herzen leid, wenn ich diese Menschen in die Isoabteilung begleite, aber ich mache es, weil sie alle wissen, dass sie sich auf mich verlassen können, wenn ich was wichtiges zu übermitteln habe. Meistens sind die Menschen dann über Wochen auf dieser Abteilung, wo man kaum reden darf und wenn man Theater macht, schon das Rollkommando ums Eck im Büro für solche Fälle bereit steht. Wenn sie einschreiten, hagelt es Schläge!

Viele Beamte, die ich in den anderen Häusern mit Altri Sicureza antreffe, haben schon ein bösartiges Auftreten und ihre Blicke verheißen nichts Gutes, was einen dort erwartet. Ich habe wie doof wieder gearbeitet, mich abgelenkt und anschließend meinen Nutzen daraus gezogen, indem ich uneingeschränkt an den PCs arbeite und für die Mitgefangenen viele Sachen auf meine Station schmuggele. Natürlich was so noch gerade halbwegs im Rahmen ist und nicht unbedingt großartige Konsequenzen hat.

Die beiden Drecksbeamten habe ich seit Tagen nicht mehr gesehen und ich hoffe, dass es so bleibt.

Ich versuche gerade solange wie nur möglich unten in meinem Computerraum zu bleiben, weil ich gerade auf der Station es nicht aushalte und mich einige ankotzen mit ihrem schlauen Getue und aber auch Herumgeschreie auf der Station, was mich irre nervös macht. Ich liebe die Ruhe und brauche sie auch dringend. Manchmal habe ich so den Eindruck, dass die Mitgefangenen ganz vergessen, dass sie sich in Haft befinden. Denn sie führen sich auf, als wären sie im Schul- bzw. Ferienlager. Ich halte es kaum aus, während der Öffnungszeiten auf der Station zu sein und diesen Lärm zu ertragen. Es wird auch kaum Rücksicht genommen was dies betrifft, gerade wenn sie sich auf dem Gang versammeln und das unmittelbar vor meiner Zelle. Obwohl sie wissen, wie sehr ich die Ruhe brauche, auch mein Zellenkollege.

Durfte heute auch wieder Videochiamata (Skype-Telefonie) mit Jutta machen und das war das Schönste vom ganzen Tag! So toll meine Frau sehen und sprechen zu können, unsere beiden süßen Katzen zu sehen, mit der Kamera von Juttas Handy einen Blick aus ihrem Fenster zu sehen und die Umgebung, wo sie wohnt. Einfach wunderbar und das beruhigt mich sehr für den restlichen Tag und ich werde dann immer am Abend, wenn ich ins Bett gehe, von diesen Erinnerungen und Eindrücken unseres Zuhause und was wir sprachen in den Schlaf gewogen. Auch für Jutta ist dieses Videochiamata unglaublich wichtig und tut auch ihr sehr gut, um damit neu Kraft zu tanken und Energie zum Durchhalten. Jedoch überschattet auch hier wieder ein anderes Ereignis das tolle Videotelefonat.

Und zwar habe ich miterlebt wie ein Rollkomando in die Zelle eines Ausländers auf der Observationsstation ging und filzte. Dabei fanden sie ein Minihandy und führten diesen jungen Kerl ab. Als sie in abführten, sah ich wie er in seinen Mund griff und eine Rasierklinge hervorholte und anfing sich an der Halsschlagader und den Armen tiefe Schnittwunden zuzufügen. Es war ein Riesentheater und einige Beamte wollten ihm sogar die Rasierklinge aus der Hand reißen. Sie stritten laut miteinander und dann wurde er komplett abgeführt. Nun rief man mich, um wieder einmal das Blut zu entfernen und da ich den jungen Kerl kannte, der sich das angetan hat, machte ich das und konnte dem Mitgefangenen noch einen Gefallen tun und warnte andere vor einer eventuellen Filzung auf einer anderen Station. Dann packte ich seine Sachen ordentlich zusammen und auch seinen Tabak, damit nichts von anderen geklaut wird und brachte ihm das in eine andere Zelle, wo er untergebracht wurde. Und nun sitze ich vor dem PC und schreibe die heutigen Geschehnisse auf.

Aber ich muss dennoch an meinen Besuch über Skype denken und wie schön das wieder gewesen ist und das macht mich ruhig und glücklich für wenige Momente, bis mich die Realität wieder einholt, so wie das mit diesem jungen Gefangenen, der Blut ließ

Freitag, der 28. Februar 2020

Was für ein Dreck, was ich wieder erleben musste.

Wieder Blut beseitigen, wieder ein Schicksal, weswegen ein Mensch Blut lassen musste.

Ich habe keine Ahnung, was passiert ist, denn alle halten sich in Stillschweigen.

Ich kann nur Vermutungen anstellen und das war es auch schon.

Ich möchte heute etwas berichten, was ich in den Neunziger Jahren in der Legion bzw. in Ex-Jugoslawien erlebt habe. Nur ein kleiner Auszug, was aber sicher viele neugierig macht. Das, was ich hier berichte, ist unerträglich in meinem Kopf, aber sollte dennoch erzählt werden.

Wer glaubt, dass ich hier übertreibe, der sollte erst gar nicht weiter lesen.

Als ich mich zur Fremdenlegion meldete, befand ich mich die ersten Monate nach Aufnahmeprüfungen in Form von psychologischen Tests und körperlicher Eignung in Französisch Guyana wieder, wo sich das Ausbildungslager des 3. R.E.I (3. régiment étranger d'infanterie) befindet. Hier verbrachte ich einige Zeit und das Training war irre hart, gab mir aber viel für mein weiteres Leben mit. So meine ungeheure Disziplin und Konsequenz. Es sollte mir für das weitere Leben durchaus von Nutzen sein. Jedoch ging es dann wirklich zum Einsatz in den Kosovo (Ex-Jugoslawien) und das war dann wirklich bitterer Ernst.

Ich war ein Späher und zusammen mit einem weiteren Kameraden erkundeten wir die Gegend, um heimlich Beobachtungen durchzuführen, befanden wir uns in einem Art Graben, umgeben von Gebüschen.

Ich sah so durch mein Fernglas und mein Kamerad befand sich genau neben mir und wartete darauf, was ich erblicke. Plötzlich und aus heiteren Himmel stieß er einen Atemzug aus, dessen Geräusch ich niemals vergessen werde. Als ich zu ihm blickte, sah ich wie aus seiner Stirn Blut herunterlief und er einfach mit geöffneten Augen zusammen sackte. Dann hörte ich einen Knall und in diesem Augenblick war mir sofort klar, dass mein Kamerad durch einen Sniper eine Kugel in die Stirn bekam. Den Schuss hörte ich aufgrund der Entfernung erst einen kurzen Moment später. Mein Kamerad war auf der Stelle Tod.

Durch den Funk gab ich diese Nachricht an die Einheit weiter und suchte sofort Deckung. Denn ich konnte den Heckenschützen mit dem Fernglas nicht ausmachen und hatte selbst die Befürchtung, dass er mich auch trifft. Von meiner Einheit waren sofort welche vor Ort und ein Apache Hubschrauber der Amerikaner machte den Heckenschützen auch per Infrarot aus und »neutralisierte« diesen.

Es gab kaum Zeit über diesen Verlust weiter zu trauern, obwohl es in der Legion ein sehr harter Schlag ist, wenn ein Kamerad ums Leben kommt. Die Einstellung ist, ob lebend oder tot, kein Kamerad wird zurückgelassen.

Ein weiterer Einsatz war dann die umliegenden Häuser zu sichern und so gingen wir in einzelnen Gruppen von immer circa vier Mann Streife. Von Weitem sahen wir zwei kleine Kinder auf der unebenen Straße, die nur aus Schotter und Kies bestand, herumalbern. Die Menschen aus diesem Dorf waren froh. dass wir anwesend waren und sie verrichteten ihren normalen Alltag. Jedoch von Soldaten aus verschiedenen Nationen umgeben und ab und an flog ein Hubschrauber darüber oder ein Panzer oder Aufklärungsfahrzeug durchquerte das Dorf.

In der Nähe dieses Dorfes wurden Hinweise durch Einwohner gegeben, wo sich ein Massengrab befindet, das von Menschen aus meiner Einheit ausgehoben wurde und es roch erbärmlich. Wer einmal den Geruch einer Leiche in seiner Nase hatte, wird diesen niemals vergessen. Dieser süßliche Geruch bleibt dir ein Leben lang im Kopf hängen. In diesem Grab waren erschossene Männer in verschiedenem Alter, ja sogar noch halbe Kinder, Knaben im Alter von vielleicht fünfzehn oder sechzehn Jahren. Ein schrecklicher Anblick mit verwesenden Leichen, die sich schon Monate darin befanden und zum Teil auch welchen, die bereits Skelette waren und nur noch von Haut und Haaren umgeben. Anhand der Kleidung konnte man erkennen, dass sich unter den ganzen Todesopfern kein einziger Soldat befand.

Zurück zu diesen spielenden Kindern, die mit einen kleinen Ball herumspielten: Diese hörten vor lauter Lärm vom Hubschrauber nichts und ein Panzer fuhr genau aus einem Winkel ums Eck und noch ehe er auftauchte oder wir einschreiten konnten, überfuhr er diese zwei Kinder. Erst danach sollte ich erfahren, dass es zwei kleine Brüder gewesen sind. Durch das Überfahren des Kettenfahrzeuges, was ganz schnell ging, wurden die Beiden durch dieses enorme Gewicht in den Boden gequetscht und alles war voller Blut und Resten von menschlichem Fleisch. Der Panzer hielt danach an, als der Fahrer das Unglück durch heranlaufende Menschen bemerkte und die hinteren Fahrzeuge der Kolonne hielten ebenfalls an. Der Fahrer des Panzer war schockiert und andere Soldaten aus seiner Einheit brachten ihn zu seinem Schutz sofort vom Unglücksort weg. Denn die Menschenmenge war aufgedreht und die Situation drohte fast schon zu eskalieren. Der Unfallort wurde abgesichert und durch die interne Militärpolizei untersucht und fotografiert. Wir hatten aus unserer Einheit kaum Zeit uns weiter darum zu kümmern, da wir einen anderen Befehl folgen und ausführen mussten.

Ich sah nur dieses schockierende Bild und die weinenden Eltern und auch andere Menschen.

Am Abend bei einer Rast an unseren Stützpunkt sprachen wir noch lange über dieses Ereignis.

Den einem sah man an, wie er darüber nachdachte und andere wiederum verdrängten es, um sich selbst etwas zu schützen und nicht psychisch an solchen Bilder kaputt zu gehen. Aber das mit diesen zwei kleinen Kindern hat wirklich jeden aus der Einheit, der mit dabei gewesen ist, im Nachhinein sehr beschäftigt. Ich, für meine Person, leide noch heute unter diesem Anblick und nicht nur unter diesem, sondern auch unter dem Anblick des Massengrabes oder meines getöteten Kameraden unmittelbar neben mir, mitsamt dem Ausstoß seines letzten Atemzuges. Wenn du einmal hörst wie ein Mensch beim Eintreten des Todes seinen letzten Atemzug raus lässt, wirst auch du dieses Geräusch niemals mehr vergessen.

Irgendwann ertrug ich das Leid der dortigen Bevölkerung und die extreme Armut nicht mehr. Alles was diese Menschen dort erlebt und durchgemacht haben, ließ mich nicht mehr zur Ruhe kommen. Wir waren zwar dort um diese Menschen zu schützen, aber dennoch zweifelte ich immer mehr an allem. Also entschied ich für mich selbst von der Fremdenlegion abzuhauen, was ich dann auch mit Hilfe von der UCK (Albanischen Freiheitskämpfer) tat, die ich benötigte, um das Land schnell und unbemerkt verlassen zu können.

Meine eigene Familie weiß bis heute nicht, wo ich mich in Wirklichkeit über dreieinhalb Jahre befand. Denn ich erzählte niemanden, außer engsten Freunden, von meinem Vorhaben zur Fremdenlegion zu gehen. Auch über die anschließenden Ereignisse erzählte ich bis heute nie so »ausführlich« jemandem.

Samstag, der 29. Februar 2020

Und wieder ein Tag mit lauter Dramen, die sich hier abspielen.

Nun ist man hier in heller Aufregung wegen diesem Corona-Virus, der gerade im Umlauf ist und nun kommen die Haftanstalten, so auch hier, auf die geniale Idee eine Isolationszelle mit anliegendem Behandlungszimmer neu zu bauen. Hier war ich heute mit der Reinigung der neuen zwei Zellen beschäftigt, die eigentlich ganz komfortabel sind und vor allem neu. Jedoch fragte ich dann einen hohen Beamten, wie die sich das vorstellen, wenn auf einmal nicht ein Gefangener, sondern mehrere betroffen sind. Darauf konnte er mir keine Antwort geben. Dann stellte ich eine weitere Frage und zwar ist das mit dieser isolierten Zelle ja schön und gut, aber wer soll dann den Gefangenen anständig medizinisch behandeln? Sind doch eh nur alles Nichtsnutze an Arzthelfer und Mediziner am Start, das sieht man ja an mir und meiner Behandlung.

Darauf lachte der Beamte nur und konnte mir nur zustimmen. Des Weiteren dachte ich mir, ach da sieh mal an, dafür existiert plötzlich ein Haufen Geld um solche Vorsichtsmaßnahmen und eine Zelle mit Behandlungszimmer zu erschaffen und das auch noch in Rekordgeschwindigkeit. Mittlerweile habe ich auch erfahren, dass einige Haftanstalten hier im Süden von Neapel keine Besuche für Gefangene zulassen aus Vorsichtsmaßnahmen und weil gewisse Regionen gerade vom Virus heimgesucht wurden. Dafür dürfen die Gefangenen aber jeden Tag telefonieren und es wird gerade geplant nicht nur für ausländische Gefangene, sondern für alle ortsansässigen Gefangenen dieses Skype einzurichten, solange diese Besuche von den Angehörigen nicht stattfinden können. Da der Virus aus China kommt, hat man nun alle chinesischen Geschäfte in Neapel bis zum 15. März geschlossen. Das heißt eine Zwangsschließung vom italienischen Staat veranlasst. Man befürchtet nun auch Gewalt von Seiten der hiesigen Camorra gegen chinesische Bürger hier in Neapel. Auch das gerade in Poggioreale die Gefangenen auf die Barrikaden gehen, weil derzeit keine Besuche stattfinden und den Gefangenen und den Angehörigen nur das Telefonieren bleibt. Auch dürfen derzeit keine Lebensmittel oder Kleidung in der Haftanstalt abgegeben werden. Hier frage ich mich auch was passiert, wenn Menschen aus dem Ausland einfliegen und das Ticket und alles schon organisiert haben und plötzlich den Gefangenen nicht besuchen dürfen. Wer kommt für den Schaden auf? Bleiben die Angehörigen, die tausende von Kilometer anreisen, auf den Kosten sitzen?

Also hier geht gerade wegen diesem Virus die Post ab und es herrscht die reinste Panik. Ich denke mir dann, gestern war es noch die Vogelgrippe, heute dieser Corona-Virus und morgen finden die Menschen etwas anderes, aus was sie ein Drama machen können und Gelder einfach so verschleudern, die vorher angeblich nicht vorhanden waren. Was für ein Tag und es wird von nichts anderem mehr gesprochen, als von diesem Corona-Virus. Dann hat sich wieder einer auf der Observationsstation selbst mehrfach verletzt und es war einfach ein schrecklicher Anblick, als dieser zum Sani gebracht wurde. Meistens sind es eigentlich nur Lappalien, was den Menschen dazu veranlasst, sich selbst dermaßen zu verletzen und ich stehe dann oft ratlos da und frage mich, ob es das Wert gewesen ist.

Sonntag, der 01. März 2020

Bin wie gewohnt um fünf aufgestanden und um sieben Uhr wurde aufgesperrt und ich ging runter zur Zentrale, um meinen gewohnten Ablauf anzufangen. Eine ziemlich coole Besetzung ist gerade da und da kann man wirklich alles machen. So können auch einige ohne Probleme in den Kraftsportraum oder Menschen aus meiner Abteilung an die PCs, die zum Studieren zur Verfügung stehen. Also es geht relativ locker zu. Jedoch stelle ich auch hier fest, dass nicht alle gleich behandelt werden, sondern es auch nach Sympathie geht. Doch leider ist das überall so und es macht auch keinen Unterschied, in welchem Land man sich in Haft befindet. Knast ist Knast und die Methoden bleiben fast die gleichen.

Mir geht es heute besonders schlecht und die Schmerzen steigen heute ins fast schon Unerträgliche.

Montag, den 03. März 2020

Was für scheiß Arschkriecher!

Heute machen sie eine interne Feier unter den Beamten, weil jeder irgendwie aufgestiegen ist.

Nun kriecht jeder jeden in den Arsch, bringt jedem was Süßes mit und versucht so Punkte zu sammeln. Also unterscheidet sich das nicht nur von den Gefangenen, sondern die Beamten sind die gleichen. Das hat zur Folge, dass man mich alle Minute lange ruft und irgendetwas anschafft, was mir dermaßen auf den Strich geht und ich nur versuche ruhig zu bleiben und die Beherrschung zu bewahren. Anstelle dass man sich um meine Gesundheit kümmert, wird diese komplett ignoriert und man hat sich bis jetzt einen Scheißdreck um mich gekümmert. Trotz Versprechungen von Seiten der Anstaltsleitung und des medizinischen Dienstes will man einfach nichts machen, obwohl sich mein Gesundheitszustand sehr verschlechtert hat und ich die Arbeit nicht mehr lange schaffe. Seit sieben Uhr bin ich hier am Start und arbeite bis zum frühen Abend unentgeltlich. Klar, um mich etwas abzulenken und nicht an die ganzen Probleme zu denken, aber ich schaffe es kaum noch körperlich und ich komme zu meinen persönlichen Sachen, wie Briefe schreiben nicht mehr. Dazu befinden sich wieder diese Arschlöcher von Beamten am Start, die mich in einer Tour provozieren und ich weiß nicht mehr, wie ich mich weiter verhalten soll. Am liebsten würde ich mich verlegen lassen, aber dies ist nur möglich, wenn ich die nächste Instanz hinter mir habe und man mich zu einer Strafe verurteilt für etwas, was ich nicht gemacht habe.

Ich schlafe nicht mehr gut, die Albträume holen einen ein, von den Schmerzen ganz zu schweigen. Ich hatte gestern schon überlegt, mich in irgendeinem unbesetzten Aufenthaltsraum für Anwälte zu erhängen, so nah bin ich an einem Punkt.

Nun soll ich an der Torwache auch noch Putzarbeiten verrichten und ich war gestern bereits dort und so konnte ich alle Sicherheitslücken ganz genau beobachten. Ich könnte jeden Besucher der etwas schmuggeln wollte, genaue Tipps geben, was er machen muss, um denen ihr System zu umgehen. Ich frage mich, ob sie noch ganz dicht sind, mich mit da rein zunehmen in ihre Torwache. Unglaublich, aber es soll mir zum Vorteil sein, denn wenn ich nur eine einzige Lücke finde, bin ich weg. Und darauf können sie einen lassen! Über die Mauer, die umgeben von Schießtürmen ist und wo sich in jeden Winkel und im Abstand von zehn Metern eine Kamera und Bewegungssensor befindet. Doch bezweifle ich, dass diese überhaupt funktionieren, so marode wie dieser Bau ist und schon fast zusammenfällt. Auch sind die Türme seit geraumer Zeit nicht mehr besetzt. Doch in meinem Zustand würde ich es kaum über die Mauer schaffen und zudem bin ich mir da etwas unsicher. Der einzige Weg wäre eine Uniform von denen anzuziehen, die ich mir schon länger besorgt und versteckt habe und dann so über die Besucher rauszugehen. Ein Risiko, aber es könnte funktionieren.

Ich habe es dermaßen satt und ich stelle mir nur eine einzige Frage, warum nehmen sie mich für die Arbeiten an der Torwache, warum nicht jemanden der eine kurze Strafe hat? Sehr komisch und mit Vorsicht zu genießen!

Sonntag, der 08. März 2020

Endlich kann ich wieder am PC schreiben, denn man hat für einige Tage die komplette Station der Schule geschlossen, da einige

Typen von draußen in Schutzanzügen kamen und alles desinfizierten. Dann war ich wieder zum reinigen an der Torwache und diesmal zählte ich die Fächer ab, wo sie ihre Waffen drin haben: 16 mal 16 Fächer. Dazu für jeden Turm ein Schnellfeuergewehr, also kommt ein ganzes Arsenal zusammen. Dennoch bin ich der Meinung, dass es gehen könnte. Aber wenn sie dich dann erwischen, ist es aus und ich meine komplett aus. Man fragte mich sogar so durch die Blume, ob ich denn hier in Neapel Freunde hätte, wo ich hin könnte, was ich verneinte. Die Frage war mir natürlich klar, warum man diese stellte, weil man mich ab und zu mit zur Torwache nimmt. Eine ganz hinterfotzige Frage von ihnen. Besucher will man nun nur noch zwei an der Zahl pro Gefangenen in die Anstalt lassen und man ist in heller Aufregung wegen diesem Drecksvirus. Ja, ich musste mir sogar schon anhören, dass es die Schuld der Deutschen wäre, da eine deutsche Frau die erste gewesen ist, die dieses Virus in die Anstalt brachte.

Ich ignoriere mittlerweile alles.

Die Tage geht es mir gesundheitlich immer schlechter und schon wieder ist eine neue Ärztin hier. Mir kommt es so vor als tauscht man sofort die Ärzte aus, die sich wirklich bemühen um den Gefangenen und dann stellt man jemanden hier rein, der nichts taugt und an allem spart. Ich habe schon wieder eine starke Grippe und körperlich kaum Kraft meine scheiß tägliche Arbeit noch anständig durchzuführen. Man will mir einfach nicht helfen und ich mache diese Arbeit jetzt wirklich nur noch, um meine Aufzeichnungen am PC zu verrichten. Ich habe Null Power mehr und das ist für mich eigentlich nicht normal. Mir bleibt nichts anderes übrig als einfach nur zu warten.

Ich hasse dieses Dreckssystem und die ganzen Machenschaften!

Gestern kam der Psychologe zu mir, Aldo, und er fragte mich wie es mir geht und diesmal antwortete ich ihm frech, ob er mich verarschen will und er nicht sieht was mit mir los ist. Dabei packte ich in meine Jackentasche und holte ein ganzes Arsenal an Medikamenten hervor und warf es auf dem Tisch. Ich soll doch die Ruhe bewahren, meinte er und ich antwortete nur, dass sie sich in nächster Zeit noch umsehen werden, denn so geht das nicht mehr mit mir weiter!

Das einzig Positive ist am Donnerstag wieder das Skype-Gespräch mit Jutta gewesen und unser Telefonat am Freitag. Aber ansonsten bleibt mir kaum noch etwas an Freude. In meiner Zelle komme ich auch nicht mehr zurecht, weil ich sehr darunter leide keinerlei Privatsphäre mehr zu haben und so komme ich in meiner Zelle noch nicht mal mehr zum Schreiben. Ich würde mich so gerne verlegen lassen, Einzelzelle, wo einfach nur Ruhe herrscht. Es wäre mir mittlerweile sogar scheißegal, ob es in einem Isolationstrakt wäre, denn den Zustand so halte ich kaum noch richtig aus. Mein Arzthelfer, der mir immer etwas zum Aufbauen zugeschoben hat, ist nun auch nicht mehr hier und er hat sich ins Krankenhaus nach Avelino versetzen lassen. Dem anderen Arzthelfern kann man nicht trauen und so vermeide ich zu fragen, ob sie mir das ein oder andere Präparat geben. Einzig ein Homosexueller, aber diesen habe ich leider schon länger nicht mehr gesehen. Er hat vieles über mich schon im Netz gelesen und weiß, wie sehr ich mich für andere eingesetzt habe, auch für seine Neigung, wenn man das so sagen kann. Darum ist er mir auch sehr zugetan, nur aber leider selten hier in diesem Haus. Also was bleibt mir anderes übrig, als bei einer günstigen Gelegenheit, die sehr selten ist, etwas zu klauen, was ich brauche.

Vor Tagen habe ich auf Nachfrage meinen Kontostand erfahren und gesehen, dass wieder liebe Menschen mir fünfhundert Euro für medizinische Sachen und Vitamine überwiesen haben. Dabei komme ich mir jedes mal so schlecht vor, weil ich mir denke, dass es auch andere Menschen so sehr nötig haben und der Aufwand, der draußen für mich betrieben wird, ist einfach Wahnsinn und absolut toll!

Ich koste meine Lieben mittlerweile eine wirklich ganze Stange Geld und ich habe keinerlei Ahnung wie ich das wieder gutmachen kann. Auch habe ich erfahren, dass ich derzeit der teuerste Gefangene bin, von Seiten verschiedener Organisationen draußen. Ach wenn die wüssten, denke ich mir immer, wie ich hier abgezogen werde und das Geld in Wirklichkeit kaum reicht.

Vor ein paar Tagen habe ich zusätzlich zu den 24 Jahren noch 1 Jahr und vier Monate bekommen wegen der Flucht aus dem Hausarrest. Es war ihnen vor Gericht wirklich scheißegal, warum ich dies machte und mit welchen Hintergründen. Haben wir aus Spaß an der Freude alles zurückgelassen, was wir besessen haben?

Was für Schweine und im Urteil stand auf deutsch, dass ich in Deutschland einer Terrororganisation angehöre. Es hört und hört damit einfach nicht auf und das Gericht hält mir dies ständig vor und nur deswegen die ständigen hohen Strafen. Ich verstehe das ganze nicht mehr und dies obwohl vom BKA bereits gegenüber der Anstalt mündlich bestätigt wurde, dass das nicht stimmt. Dann frage ich mich, wer zum Teufel mir das in Deutschland eingebrockt hat? Irgendjemand aus höherer Stelle in Deutschland, wer auch immer, will mir das Leben zur Hölle machen und anscheinend auch, dass ich nicht mehr raus komme.

Zum Thema Camorra und Mafia: Das Thema Camorra kann ich hier schon nicht mehr hören. Für meine Mitgefangenen bedeute Camorra schon etwas wie eine Religion, etwas Heiliges. Mit Stolz sitzen Menschen zwanzig oder mehr Jahre ab, weil sie im Auftrag der Camorra etwas getan haben. Die Camorra gibt ihnen Schutz, Sicherheit und zu Essen. Der Staat nicht. So sehen die Menschen das hier und es ist für mich kaum zu glauben, wenn ich alle diese Dinge höre.

Montag, der 09. März 2020

Heute wurde überall in den Nachrichten verbreitet, dass in mindestens sieben Haftanstalten die Gefangenen auf die Dächer steigen, alles in Schutt und Asche legen, um gegen die verschärften Maßnahmen von Seiten des Ministeriums zu protestieren. Zwei Inhaftierte sind bereits Tod. Der Besuch für alle Gefangenen ist bis auf weiteres gestrichen und überall, auch bei uns, sind verschärfte Sicherheitsmaßnahmen zu spüren. Bis in die frühen Morgenstunden wurde auch bei uns in Secondigliano protestiert. Die Frage, die sich alle Gefangenen stellen ist, warum kein Besucher rein darf, aber durch das Anstaltspersonal jederzeit der Virus in die JVA gebracht werden kann. Angehörige stehen vor der Anstalt und protestieren lautstark und die Nachrichten im TV sind bereits voll davon.

Da ich seit Tagen eine Art Grippe wieder verstärkt habe und am Wochenende mehrfach zum Sani musste und auch der Arzt erschien aus einem anderen Haus, ging ich gestern nicht arbeiten und als ich heute morgen wieder unten im Erdgeschoss sauber machte, wurde ich von anderen Gefangenen aus einer anderen Station sehr beschimpft, dass ich ein solcher Virusträger wäre. Ich blieb dennoch ruhig und versuchte die Beschimpfung zu ignorieren, was mir innerlich sehr schwer fiel. Ich dachte mir auch nur, sobald sie was brauchen, kommen sie, aber wenn es jemanden wirklich schlecht geht, wird man behandelt wie der letzte Dreck. Menschen, die meine Kinder sein könnten...

Mit diesem Vorfall hatte ich schon gestern gerechnet als andere Stationen sofort erfuhren, dass da ein Gefangener ist, dem es nicht gut geht. Dass die Menschen aber nicht begreifen, dass ich ohnehin ein gravierendes Problem mit Nieren und Prostata habe und sich mein Zustand wöchentlich verschlechtert, das interessiert keinen. Ich hörte auch, wie man sich gegenüber anderen Beamten beschwerte wie es sein kann, dass ich trotzdem noch hier im Erdgeschoss frei herumlaufe und ich alle anstecke. Keine Ahnung was die Beamten darauf antworteten und es ist mir auch egal, weil es eh nichts bringen würde die Gefangenen von ihrer Einstellung abzubringen.

Dienstag, den 10. März 2020

Die Nachrichten überschlagen sich in ganz Italien. Die Beamten tragen nun Gesichtsschutz und sind dazu veranlasst worden, auch Handschuhe zu tragen. Mittlerweile sind über vierzig Haftanstalten in ganz Italien an den Revolten beteiligt und über zwanzig Gefangene dadurch ums Leben gekommen. Sechs Gefangene durch Eigenverschulden, indem sie die Anstaltsapotheke plünderten und sich versehentlich eine Überdosis Methadon gaben, und die anderen Gefangenen kamen durch die Staatsmacht ums Leben. So wurden einige Gefangene durch Schüsse der staatlichen Eingreiftruppe getötet. Sollte es auch hier zum Eingreifen der Polizei kommen, hilft es recht wenig, sich auf den Bauch zu legen und die Hände hinter dem Kopf zu verschränken. Denn sie nehmen keinerlei Rücksicht auf Unbeteiligte und schlagen alle Gefangenen zusammen. Wenn es soweit kommt, so hoffe ich, dass es nicht ganz so heftig wird.

Sechzig Gefangenen ist bereits durch die Revolte die Flucht gelungen und bis jetzt hat man noch keinen ergriffen. Die ruhigste Abteilung ist derzeit noch die Universitätsstation, doch durch die ganzen Maßnahmen wird es sicher nicht bei dieser Ruhe bleiben und ich hörte dies auch heute durch das Belauschen von Gesprächen unter den Beamten.

Bis in die späten Mitternachtsstunden hört man das Geschrei aus den anderen Häusern der Altri Sicureza, teilweise sogar bis in die frühen Morgenstunden. Da nun jeder Gefangene derzeit nur die Möglichkeit der Videotelefonie, also Skype, hat, anstelle seines Besuches jede Woche, ist die Nachfrage so groß und die Kapazität der Anstalt so überlastet, sowohl Personal als auch von den Internetleitungen und Gerätschaften, dass jeder Gefangene nur zwanzig Minuten Besuch über das Internet machen kann. Das heißt also, anstelle der normalen Stunde pro Woche, ist der Besuch auf zwanzig Minuten gekürzt, damit auch jeder Gefangene drankommt, und die Anstalt es sonst nicht schaffen würde und nicht für eine so große Anzahl an Inhaftierten ausgestattet ist. Wie weit das Ganze noch geht, ist kaum abzusehen, doch bin ich sehr schockiert über diese krassen Zustände, wie sie gerade zu spüren sind.

Was mich betrifft, so war ich heute bei der schon wieder neuen Ärztin. Die andere war gerade mal etwas über eine Woche hier und schon ist sie wieder weg. Die neue Ärztin ist nun doch sichtlich besorgter und veranlasst nun alles Weitere. Für die notwendige Biopsie stehe ich auf einer Warteliste, und es werden nun weitere Tests mit Medikamenten gemacht, nachdem endlich in meiner Krankenakte festgehalten wurde, dass ich eine Medikamentenunverträglichkeit habe. Schön will ich nichts reden, denn so viele Ärzte versprachen endlich tätig zu werden und kaum einer hat es wirklich eingehalten. Also heißt es weiter abwarten, wie es weitergeht und ob nun wirklich etwas gemacht wird oder das auch nur leere Versprechungen waren. Komisch, dass man am ersten Dezember, als ich wegen des Suizides im Krankenhaus war, einen Tumor festgestellt hat, und man hier erst weitersehen und weitere Tests machen möchte. Ganz komisch und richtig dubios das Ganze!

Man merkt hier eine extreme Anspannung, sowohl unter den Gefangenen als auch unter den Pflegern, die ja mittlerweile auch so aussehen. Merkwürdig und irgendwie gespenstisch, wenn man plötzlich die Beamten mit Mund- und Handschutz sieht. Aber, und auch das musste ich heute beobachten, halten sich nicht alle Beamten daran und viele ignorieren den Mund- und Handschutz. Für mich handeln sie hier schon grob fahrlässig, denn schließlich ist dies vom Ministerium mittlerweile so vorgegeben. Wenn also ein Gefangener infiziert ist, dann nur durch das Anstaltspersonal, anders kann er sich unmöglich angesteckt haben.

Während ich diese Zeilen gerade schreibe, schießt mir durch den Kopf, wie sehr sich nun alle von meinen Lieben draußen Sorgen machen, wenn sie die Nachrichten hören, was gerade in Italien los ist und quasi schon der Ausnahmezustand herrscht. In den Nachrichten wird von der Roten Zone gesprochen. Nun, das trifft jetzt aktuell auf ganz Italien zu.

Ich befinde mich gerade in irgendeinem schlechten Horrorfilm!

Mittwoch, der 11. März 2020

Heute musste ich wieder ackern bis zum Umfallen, das heißt, dass ich alle Bereiche, die Beamte anfassen desinfiziert habe, zum Schutz für uns alle.

Gestern Abend durfte ich um ca. 21 Uhr noch zu Hause bei Jutta mit einem genehmigten Zusatztelefonat anrufen, was jedem Gefangenen zugesprochen wurde, damit man seine Angehörigen über die aktuelle Situation auf dem Laufenden hält und sie beruhigt. Jutta hat sich sehr über meinen Anruf gefreut und ich konnte ihr so innerhalb von zehn Minuten berichten, was gerade bei uns in Secondigliano los ist. So musste ich auch gestern Abend alles, was als Waffe dienen könnte, also aus Metall ist, einsammeln, weil man mittlerweile zu große Angst hat, dass die Lage sich verschärft und die Revolte auf unser Haus übergeht. Die Beamten oder besser gesagt die Pfleger, weil sie mittlerweile alle auch so aussehen, haben scheiß Angst und sind spürbar extrem angespannt. Natürlich habe ich alle Infos, die ich so belauschen und in Erfahrung bringen konnte, an meine Mitgefangenen weitergegeben. Auch das viele Schlösser im Erdgeschoss ausgetauscht wurden und Sicherheitsvorkehrungen getroffen wurden, im Falle einer Geiselnahme.

Ich konnte Jutta etwas beruhigen und schilderte ihr, dass die Zustände für alle sehr krass sind und jeder hofft, dass sich die Lage beruhigt.

Donnerstag, der 12. März 2020

Oh, was für ein Tag, einfach unerträglich und dazu, dass ich mit Jutta nicht einmal diese Videotelefonie machen konnte. Die Internetverbindung ist so schlecht hier, dass man mich einfach vor einen Monitor setzte und ich eine Stunde meinen Besuch vor einem leeren Monitor verbrachte ohne dass ich Jutta sah oder sprechen konnte. Ich bin danach so ausgeflippt, dass man mich erst einmal beruhigen musste. Was für eine miese Schweinerei! Bin total niedergeschlagen und weiß gerade nicht weiter! Auch für Jutta muss es eine unglaubliche Qual sein!

Aber wir können nichts dagegen machen und sind dem allen schutzlos ausgeliefert.

Freitag, der 13. März 2020

Scheissdrecksladen! Mittlerweile sind auch Gefangene mit dem Virus infiziert und wurden von Beamten angesteckt. Die Sache scheint kein Ende zu nehmen und alle sind in größter Panik. Aber wenn ich die Beamten so sehe, dann schüttel ich nur den Kopf, denn nur wenige halten sich daran und tragen die ganze Zeit während ihrer Schicht einen mickrigen Mundschutz, der besser als gar nichts ist. Aber auch das hilft recht wenig, wenn ich sehe, dass sie dafür keine Handschuhe tragen. Die einen tragen Mundschutz, aber keine Handschuhe, die anderen wiederum tragen Handschuhe, aber dafür keinen Mundschutz. Ganz andere tragen vielleicht beides, aber ziehen dafür den Mundschutz dauernd zur Seite, damit sie genüsslich rauchen und den Rauch schön kräftig aus den Lungen ins Freie blasen können. Es widerspricht sich einfach alles!

Nun sind alle Gefangenen, die arbeiten gehen und die Beamte in ihrer Nähe haben, am Überlegen, ob sie nicht die Arbeit einstellen, damit sie so auf diese Missstände hinweisen und auch vermeiden angesteckt zu werden und dies dann auf der Station an andere Mitgefangene weiter geben. Denn obwohl die Beamten, bzw. alle darauf hingewiesen wurden, dass sie zum Schutz der Gefangenen einen Mund- und Handschutz tragen müssen, halten sie sich nicht immer daran. Sobald sie unten in der Zentrale herumlaufen, wo ebenfalls Gefangene, wie unter anderem ich sind, höre ich, wie die Beamten herum motzen wegen dem lästigen Tragen des Mundschutzes und sich diesen einfach abnehmen. Gefangene haben schon Psychosen deswegen und gehen den arbeitenden Gefangenen, die mit den Beamten in näheren Kontakt kommen, aus dem Weg. Andere sitzen beim Essen und haben schon im Bauch ein regelrechtes Unwohlsein.

Es sind gestern einige aus der Haftanstalt aus Foggia nach Secondigliano verlegt worden, die an einer Revolte beteiligt gewesen waren. Dementsprechend sind Sicherheitsvorkehrungen getroffen worden. So habe ich gesehen, wo sie untergebracht wurden: In absoluter Einzelhaft mit rundum Überwachung in den Häusern für Altri Sicureza.

Denn ich musste gestern einen Gefangenen zur Kammer begleiten, der entlassen wurde und ich half ihm dabei, seine Sachen zu tragen. Und da die Kammer genau bei den verschärften Überwachungshäusern ist, habe ich also alles mitbekommen und konnte hören, was die Beamten gesprochen haben. So darf auch nicht jeder Beamte den Bereich betreten, wo die von der Revolte untergebracht wurden. Aber auch unsere Jungs, die auf die Barrikaden gingen, sind mittlerweile zerschlagen und verlegt worden. Doch das war noch nicht alles und der nächste Aufstand, gerade durch die nun infizierten, toten Gefangenen, ist schon vorprogrammiert. Ein einziger kleiner Funke genügt und dann geht die nächste Post erst richtig ab. Das Schlimme ist nur, dass die Gefangenen sich dann nicht nur auf das Anstaltspersonal und den Staat an sich konzentrieren, sondern den Aufstand auch für private Zwecke nutzen und einige Rechnungen, sprich »Vendettas« mit anderen Mitgefangenen begleichen. Und so töten sie sich auch untereinander. Ich habe mir selbst mittlerweile ein Messer angefertigt und versteckt, zum Schutz sollte etwas passieren.

Das einzig Gute was heute gewesen ist, dass ich mit Jutta zehn Minuten telefonieren durfte und wir beide sehr traurig gewesen sind mit der gestrigen Skype-Videotelefonie. Wenn das bei einigen anderen auch passiert, dann bringt es das Fass zum Überlaufen. Schließlich ist es das einzige, was wir haben, um mit unseren Angehörigen sprechen und sie sehen zu können. Nun müssen wir fast eine Woche warten bis wir uns wieder hören dürfen und vielleicht auch sehen, wenn es diesmal mit der Skype-Verbindung funktionieren sollte. Es ist eine einzige Qual, dass wir ihnen so ausgeliefert und auf das wenige Telefonieren von gerade mal zehn Minuten angewiesen sind. Dazu diese weite Entfernung von 1800 Kilometern, ein wirklich absoluter Albtraum! Wie gerne wäre ich jetzt bei meiner Frau, um sie zu trösten mit ihrem jetzigen Gesundheitszustand und für sie da zu sein! Ihr jeden Wunsch von den Augen ablesen, ihr etwas von dem zurück geben, was sie alles für mich tut und für mich ständig da ist! Sie ist mein einziger Halt im Leben, gibt mir Kraft und Energie um weiterzumachen, diese ganze Scheiße durch zu stehen! Ich erzähle ihr allerdings gerade nicht alles von dem, was hier los ist oder von meinem schlechten Gesundheitszustand. Sie hat einfach viel zu viele eigene Sorgen und ich will nicht, dass sie sich weiter nur Sorgen um mich machen muss. Also sage ich immer, dass alles in Ordnung ist und sie sich keinen Kopf machen braucht.

Eigentlich sind die ganzen Probleme hier innen nichts zu dem, was die Angehörigen draußen durchmachen müssen. Draußen sind die wirklichen Probleme in jeder Form, was wir Gefangene oft ganz vergessen. Wir denken immer, dass draußen alles so toll ist und sehen nur die Freiheit. Doch draußen musst du genauso hart und noch viel härter für alles kämpfen. Behörden, die Miete monatlich bezahlen können, arbeiten, um sich ernähren zu können und und und und. Dazu vielleicht noch die Kinder, die man hat und ganz besonders wenn sie noch klein sind. Hier innen musst du dich darum nicht kümmern. Obwohl es schon ein krasser Unterschied ist im Ausland in Haft zu sein, wo man wirklich glaubt sich in einem dritten Welt Staat zu befinden, als im eigenen Heimatland, wo man sich doch etwas mehr um die Gefangenen kümmert als hier, wo man sich komplett selbst überlassen ist und zusehen muss, wie man überlebt. Dann sind wir ja auch nicht mehr die Jüngsten und zunehmend merkt man das Alter und die Kräfte die an einem zehren. Es ist anders als wenn man gerade mal fünfundzwanzig Jahre jung ist. Werde mich heute zeitig von diesem Tag verabschieden und auf die Station gehen, duschen, etwas essen und dann ins Bett. Bin K.O. und zudem, wer weiß was heute noch passiert. Denn es ist gerade wirklich alles möglich und offen. Die letzten zwei Tage ist es zwar ruhiger geworden, aber dabei wird es nicht lange bleiben und das Fass wird erneut überlaufen.

Samstag, der 14. März 2020

Und wieder ein neuer Tag, diesmal kracht es gerade unter den Gefangenen gewaltig und alle sind total angespannt. Kann kaum schreiben, so sehr nimmt mich dieser Zustand gerade mit. Irre und noch nie habe ich so was erlebt. Es ist wie in einem Horrorfilm und draußen soll angeblich niemand auf der Straße zu sehen sein, außer die Bullen. Es gibt sogar eine Verordnung laut der jeder ab 18 Uhr in seiner Wohnung bleiben muss, außer die die arbeiten. Geöffnet haben nur der Supermarkt und die Apotheke, alles andere hat bis auf weiteres geschlossen. Kein Restaurant oder sonstiges Geschäft hat geöffnet. Die Beamten sind gereizt und ich höre aus den Gesprächen was draußen los ist und alles eher einer Geisterstadt gleichkommt. Und das macht sich auch hier innerhalb der Mauern sehr, sehr stark bemerkbar. Mit keinem ist es mehr auf meiner Station auszuhalten und ich wäre ganz froh, wenn ich niemanden sehe und hören würde und selber isoliert wäre. Brauche so dringend meine Ruhe und meinen persönlichen Rückzugsort. Deswegen arbeite ich lieber wie ein Depp, als dass ich noch irgendjemanden ertragen muss! Komme mit mir selber nicht mehr klar und dazu die eigenen Sorgen, wie kann ich dann mit anderen auskommen. Wie kann ich anderes Gequatsche noch ertragen, wenn der eigene Kopf überlagert ist mit Sorgen und Ängsten?

Sonntag, der 15. März 2020

Was für ein grausamer Zustand, es wird immer schlimmer unter uns allen!

Montag, der 16. März 2020

Und nun ist es also richtig passiert, es herrscht Ausnahmezustand.

Seit sieben Uhr befinde ich mich wieder beim Arbeiten und habe nur noch ein Grinsen auf meinem Gesicht, weil hier alles drunter und drüber geht.

Wir haben einen Infekt und weitere werden folgen. Dazu eine hysterische Ärztin, die einfach nur noch rumschreit und sogar die Beamten zum Explodieren bringt. Sie ließ alles stehen und liegen und ging einfach weg. Hat einfach ihre Arbeitsstelle verlassen. Und selbst die Arzthelferin stritt mit der Ärztin und verließ einfach die Arbeit, ohne dass noch irgendein Gefangener behandelt wurde und sogar die Menschen, die auf ihr Insulin angewiesen sind, stehen nun ratlos da und kommen langsam in eine kritische Phase.

Es herrscht absolutes Chaos und die Beamten versuchen nun selbst medizinisch tätig zu werden und den Gefangenen irgendwie zu helfen. Jetzt ist nur noch die Frage, wann sich die Gefangenen selbst untereinander an den Hals gehen.

Ich beobachte das ganze Szenario und sehe nur wie alle heillos überfordert sind. So höre ich auch aus den ganzen Gesprächen von Seiten der Beamten heraus, was draußen los ist, und zwar gleicht alles einer Totenstadt und nur Polizei und Militär sind auf den Straßen zu sehen. Ich glaube, dass das ganze kein Ende finden wird und ganz im Gegenteil noch viel schlimmer wird.

Als die Ärztin so laut um sich schrie und mit der Arzthelferin vor den Gefangenen gestritten hat, kam ein aufgeschrecktes Rudel von mehreren Beamten ans Gitter gerannt, das elektronisch aus der Zentrale geöffnet werden muss. Die war allerdings nicht besetzt, denn auch dieser Beamte ging einfach weg und ließ alles stehen und liegen. Nun stehe ich so bei der Zentrale und die Beamten wollten durchs Gitter in das Arztzimmer auf der anderen Seite des Ganges rennen. Konnten aber nicht, weil keiner da war, der das Gitter per Knopf öffnete. Die Beamten schrien mir zu, dass ich aufmachen soll und nach kurzem Zögern drückte ich den Knopf, damit das Gitter sich öffnete. Sie rannten wie verrückt in die Infermeria und mussten die Ärztin und die Arzthelferin voneinander trennen und beruhigen. Was für ein Spektakel, da sind die Beamten gar nicht mehr wegen uns hier, sondern müssen wegen anderen aus dem Anstaltspersonal einschreiten. Die ganzen Beamten sahen sich in der Infermeria gegenseitig an und waren selbst total ratlos, was hier gerade für Zustände herrschen. Und dann verlässt einfach jeder seine Arbeit oder taucht erst gar nicht mehr auf. Auch fühlt sich keiner mehr für irgendetwas zuständig.

Vor ein paar Tagen sagte ein Beamter vor der Zentrale zu mir, was draußen so los ist und jeder Bürger zu Hause bleiben muss und nur das Haus zum Einkaufen oder Arbeit gehen verlassen darf. Ansonsten wird das unbefugte Verlassen mit Geldstrafen und sogar mit Haft geahndet. Da meinte er: »Was soll ich zu Hause? Da bin ich ja eingesperrt wie im Knast und dann gehe ich lieber arbeiten und werde dafür auch noch bezahlt.« Ich sagte darauf: »Was hast du für eine Ahnung vom Eingesperrtsein? Du gehst doch nach jeder Schicht nach Hause und musst nicht auf alles verzichten, wie wir.« Der sah mich nur doof an und meinte dann: »Ihr habt hier aber mehr Freiraum und Bewegung als die Menschen draußen, denn die sitzen wirklich nur in ihren vier Wänden und haben keinen Hofgang, sondern der Balkon oder das Fenster bleibt da nur noch zur Wahl.« Worauf ich wieder sagte, dass das auch nicht das schlechteste wäre.

Die Menschen draußen müssen beim Einkaufen sogar diszipliniert in der Reihe stehen und 1,5 Meter Abstand zum Nächsten einhalten. Ich bin ja gespannt, wann es zu den ersten Plünderungen kommt.

Meine Mitgefangenen aus den ganzen Abteilungen haben stellenweise keine Ahnung, was sich in der Zentrale und in dem Büro des Inspektors abspielt, welch krasses Chaos eigentlich herrscht. Ich warte hier nur noch auf die erste richtige Geiselnahme, dann glaube ich ist das Maß voll.

Napoli, den 20. März 2020

Nun habe ich ein paar Tage nicht geschrieben, weil einfach zu viel Chaos herrscht und die Zustände immer schwieriger auszuhalten sind. So können alle Gefangenen keine Videotelefonie machen, weil keine Internetverbindung zustande kommt und das verursacht eine Stimmung auf den Nullpunkt unter uns allen. Die Obrigkeit steht der Situation machtlos gegenüber und das einzige was sie tun können, ist jedem Gefangenen anstelle der Videotelefonie ein Zusatztelefonat zu ermöglichen. So konnte ich zumindest gestern Jutta anrufen und was sie mir alles berichtet was in Deutschland gerade auf den Straßen los ist, ist beunruhigend! Aber sie sagte mir auch, dass sehr viele Menschen um mich besorgt sind, da die Nachrichten über Italien in den deutschen Medien erschütternd sind. Nun hoffe ich, dass meine Zeilen nach Wien und Berlin schnell ankommen, damit alle über die aktuelle Situation informiert sind.

Vorhin hat man zwei Gefangene überwältigt, die bewaffnet gewesen sind und auf Beamte losgehen wollten. Nun, Mitleid habe ich keines mit den beiden, da sie eh Ratten gewesen sind und gegen einige Mitgefangene heimlich auspackten. Doch die Überwältigung war spektakulär und überall auch zu hören.

Wir sind alle, sowohl unter den Gefangenen als auch Pflegern, sehr sehr angespannt und es nimmt auch kein Ende. Doch meine Gedanken sind gerade bei Jutta und unserem gestriges Telefonat, was mir wieder etwas Kraft gibt. Aber trotzdem mache ich mir verdammt große Sorgen um Jutta und ob sie auch zurecht kommt, bei der momentanen Stimmung in Deutschland. Sie berichtete mir, dass alle Lebensmittel ausverkauft sind und es auch keinen Gesichtsschutz zu kaufen gibt. Das Geld geht gerade nur für das Anlegen einer Vorratskammer drauf.

Wir sind weiter isoliert und niemand kommt zu uns rein oder raus. Jedoch wurden nun einige vorzeitig in den Hausarrest entlassen, um so die Gefängnisse zu entlasten. Allerdings kommt hier nicht jeder in diesen Genuss des Hausarrestes. Ich bekam gestern mit, dass die Ärztin für einen Gefangenen eine Ausführung ins Krankenhaus beantragt hat, weil er sehr erkrankt ist. Diese ärztliche Anordnung wurde allerdings von der Anstaltskommissarin abgelehnt, wegen der ganzen Virusgeschichte. Wie abgefahren das Ganze ist! Es wird keinem mehr geholfen, also nicht ins Krankenhaus gebracht, trotz der Notwendigkeit. Die Ärztin und die Kommissarin stritten sich gestern sogar lautstark vor den Beamten und den Gefangenen. Richtig Krass!

Da wir eine kleine Mini-Schneiderei im Schultrakt haben, von ca. 20 Quadratmetern, wurde ich und noch drei andere Gefangene gefragt, ob wir uns an dem Projekt Gesichtsschutz beteiligen wollen. Das heißt aus Mailand gab es die Anfrage an alle Haftanstalten, wer bereit ist Gesichtsschutze anzufertigen, da diese in ganz Italien ausverkauft sind. Nun stimmten wir vier Gefangene zu und fertigen kostenlos Gesichtschutzmasken an, die dann auch unentgeldlich weiter gegeben werden.

Nun hat sich ein weiterer Gefangener schwer am Kopf verletzt, aber dafür auch zwei Beamte mitgenommen, indem er eine Vase aus Glas vor dem Büro des Brigadier nahm und auf die Beamten losging. Ein weiterer Gefangener wurde vorhin von mehreren Pflegern aus einem Büro beim Inspektor geschlagen. Ich konnte es zwar nicht sehen, aber dafür war sein Schreien ganz laut im ganzen Erdgeschoss zu hören, ja sogar bis in die erste Station. Das brachte uns alle noch mehr in Aufruhr, so dass wir alle gegen die Zwischengitter geschlagen haben und die Beamten aufforderten die Misshandlungen zu unterlassen.

Einige meiner Freunde sind heute auf mich zugekommen, um sich Infos über manche Vorsichtsmaßnahmen, die die Beamten in die Wege leiteten, von mir zu holen. Sie planen eine größere Aktion, doch ohne die Infos werden sie sonst nicht weit damit kommen. Ich wurde gefragt, ob ich mitmache und ich stimmte zu. Der Plan sieht so aus, dass das Arztzimmer mitsamt der Ärztin und dem Infermiere besetzt wird und bessere medizinische Hilfe gefordert wird und dass endlich für jeden Gefangenen die Videotelefonie (Videochiamata) möglich ist, ohne ständige Internetprobleme, gestellt wird. Ich habe auch vorgeschlagen die Ärztin und Infermiere zu fesseln und für alle Fälle ein paar Brandsätze vorzubereiten. Da alles noch in Planung ist und die Tage steigen soll, kann ich darüber gerade nicht weiter schreiben, nicht dass jemand auf die Idee kommt meine Zeilen hier am PC zu lesen und so die ganze Aktion auffliegt. Insgesamt sind wir jedoch, und so viel kann ich verraten, wie eine kleine Armee aufgestellt. In den anderen Häusern mit Altri Sicureza kam es gerade wieder zu Ausschreitungen und der Teufel ist gerade zu hören und ein Stück weit zu sehen.

So wie ich auch verfolgen konnte, kam ein Teil der Bereitschaftsbullen vor der Anstalt zum Einsatz. Jedoch haben die Scheißangst, denn bei den Gefangenen mit Altri Sicureza handelt es sich immerhin um Camorra-Mitglider und unter ihnen auch welche, die keine Hemmungen haben über Leichen zu gehen.

Konnte heute mein reguläres Telefonat machen und es war super schön Juttas Stimme zu hören, obwohl ich erst gestern für zehn Minuten telefoniert habe anstelle des Videochiamata. Wir machen uns beide so Sorgen, was das mit der Virusgeschichte noch für Ausmaße annehmen wird. Denn ein Ende ist hier nicht in Sicht, auf keinen Fall und es wird eher noch schlimmer! Und so lange das alles anhält, wird auch mir medizinisch nicht geholfen. Das einzige, was passieren kann, ist wenn man nur noch eine Lebenserwartung von drei Monaten hat, dass man entlassen wird. Aber wer soll das feststellen und bestätigen, wenn man nicht mal ins Krankenhaus kommt?

Nun ja, das war heute wieder mein Tag, ein scheiß Tag, wie immer! Ein Ende ist nicht in Sicht und so warte ich was morgen passieren wird. Schlimmer kann es nicht mehr werden, sondern eher nur besser!

Samstag, der 21. März 2020

Heute gab es eine Massenschlägerei zwischen Beamten und Gefangenen.

Für einen kurzen Augenblick gingen wir als Sieger hervor und die Pfleger waren gezwungen sich zurückzuziehen. Jedoch kamen sie nach einer Stunde mit einem viel größeren Aufgebot wieder und uns blieb nichts anderes übrig, als uns zu ergeben. Doch dafür geht es in einer anderen Abteilung rund. Diese Schlägerei blieb ohne Konsequenzen, denn sie sind immer noch bemüht uns alle zu beruhigen und einen auf familiär zu machen. Ich war auch dabei, aber ich konnte kaum etwas machen, da ich gesundheitlich richtig angeschlagen bin und kaum Kraft habe, leider. Und so musste ich das ganze Treiben dann aus sicherer Entfernung mitansehen, im Sitzen wie im Kino. Klar hat man dann auch mich in die Zelle gesperrt. Doch nach langen Stunden und um alle zu beruhigen auf beiden Seiten, wurden die Zellen wieder aufgesperrt.

So ist es Recht, dann könnten wir sowas ja jeden Tag machen, wenn alles ohne Konsequenzen bleibt. Nach dieser Rauferei kamen Anstaltsleitung und höhere Beamte und redeten im Aufenthaltsraum mit uns allen und versuchten einen auf verständnisvoll zu machen.

Sonntag, der 22. März 2020

Heute durfte jeder zu Hause anrufen – die versuchen wirklich alles damit es ruhig bleibt!

Wunderschön war es mit Jutta zu telefonieren und sie war super überrascht, dass ich angerufen habe. So ist es brav mit der Anstaltsleitung, denke ich mir, schön alles genehmigen. Jedoch hat dieser Tag auch seine schlimmen Seiten an sich. So schnitt sich jemand die Halsschlagader aus Verzweiflung auf. Ein anderer ging auf die Beamten los, sodass ein ganzes Rudel diesen Gefangenen aus dem Hofgang rausholte. Wieder ein anderer plante eine Geiselnahme, die in letzter Minute vereitelt wurde. Es wird gerade immer schlimmer!

Ein anderer war am Kopf sehr schlimm verletzt und wollte ebenfalls auf Beamte losgehen. Ich habe nur gehört wie sich zwei höhere Beamte unterhalten haben und der eine zum anderen sagte: »Wir dürfen keine Angst zeigen, auch wenn wir diese haben! Und der andere stimmte dem zu. Ja, sie haben alle Angst!

Ich auch, ich würde lügen wenn ich nein sagen würde!

Unsere geplante Aktion ist erstmal wegen verschärfter Sicherheitslage auf Eis gelegt. Was für eine verdammte Scheiße! Zu gerne würde ich Details darüber schreiben und von unserem konkreten Vorhaben und unseren Forderungen erzählen. Doch wie bereits gesagt, wenn jemand diese Zeilen hier innen lesen würde, würde es sie auf den Plan rufen.

Heute wurde ich von mehreren Gefangenen aus einer anderen Station angesprochen, die gerade zum Sani gingen, was mit mir los ist. Ich fragte warum, was soll sein und sie antworteten, dass ich sehr schlecht aussehe und richtig zusammengefallen bin. Sie sprachen auch den Sani darauf an und sagten: »Siehst du nicht, wie schlecht es ihm geht?« Auch zu einen höheren Beamten sagten sie das und sie meinten zu mir, dass ich irgendetwas schlimmes habe, denn ich muss furchtbar aussehen. Hmm, mir ist das selber gar nicht so bewusst und auf meiner Station hat noch keiner etwas zu mir gesagt. Aber vielleicht wollen sie es auch gar nicht sehen. Das trifft es sicher am ehesten. Ja, komisch dass andere Gefangene mich darauf angesprochen haben. Einer meinte so, dass es so aussehen würde als würde ich nicht mehr lange leben. Krass wie direkt der gewesen ist!

Ich merke ja selbst, dass mein Körper verrückt spielt, ich kaum Kraft habe, und, und, und. Aber das ich so schlecht aussehe, ist mir selber gar nicht bewusst.

Montag, der 23. März 2020

Heute geht es mir wieder so was von schlecht, dass ich am Nachmittag zur Ärztin ging, die alleine im Arztzimmer war. Ich sagte ihr, dass es mir seit Tagen nicht gut geht und sie fragte, warum ich nicht zur Sprechstunde komme. Darauf antwortete ich, dass ich wieder die Befürchtung habe, dass sie mich einfach stehen lässt, so wie das letzte Mal und ich schon fast Angst vor ihr habe. Dann fragte sie mich, was ich genau habe und ich schilderte, dass mein Kreislauf verrückt spielt, die Beine sehr angeschwollen sind, mir kalt ist und ich Fieber habe und dass ich kaum noch esse und Gewicht verliere. Darauf meinte sie, ohne mich zu untersuchen oder Fieber zu messen, dass ich mir aus dem Medizinschrank eine Tachipirina nehmen soll. Ich war so baff, also sprachlos, dass ich zum Schrank ging, aus dem ich mir alles hätte nehmen können und sagte zu ihr, ich habe keine Ahnung welche Packung das ist. Sie gab mir keine Antwort und ich verließ einfach den Raum ohne Medizin oder noch weiter mit ihr zu reden. Danach ging ich zum Offico Kommando und schilderte was passiert ist und dass sie mir kein Stück hilft, obwohl ich auch heute wieder von vielen Seiten angesprochen wurde, was mit mir los ist. Der meinte: »Sag mir Krebs, wie kann ich dir helfen?« Ich sagte, dass er mit ihr reden soll. Denn wenn ich nochmals zu ihr muss und sie mich so behandelt, dann geht es diesmal nicht gut für sie aus. Daneben stand der Gefangene, der Kriminologe und Professor ist und auch er sagte, dass das so nicht geht und sie hätte mich untersuchen müssen, auch wenn klar ist, was ich habe. Und sie hätte mich nicht so ab-

Donnerstag, der 26. März 2020

Wieder sind Gefangene aus Verzweiflung und der Not ausgeflippt und verletzten sich selber ganz schlimm. Es ist zumindest für mich jedesmal ein ganz furchtbarer Anblick, wenn diese Gefangenen in die Ambulance im Erdgeschoss gebracht werden, wo ich ja den ganzen Tag bin, alles mitbekomme und auch zuständig für den medizinischen Bereich bin. Sie liegen dann hilflos im Behandlungsraum und die Pfuscher von Ärzten machen nur das Nötigste und fummeln am Betroffenen herum, während die Beamten dastehen und nur kluge Sprüche loslassen und zum Gefangenen sagen: »Mensch du kannst doch mit uns reden und überlege mal, was du deinen Angehörigen damit antust«, und so weiter und sofort. Die haben ja leicht reden, sie gehen ja nach ihren acht Stunden nach Hause, denke ich mir dann. Dass der Gefangene hier allem schutzlos ausgeliefert ist und gerade in der jetzigen schwierigen Situation mit dem Corona-Virus komplett isoliert von der Außenwelt ist, keinerlei Besuch hat, weder Familie noch Anwalt, keine Pakete mit Lebensmittel mehr in die Anstalt kommen und sogar die Post verrückt spielt, das will keiner sehen. Verzweiflung und Angst macht sich unter uns allen Gefangenen breit! Die Panik kommt immer mehr in unser Bewusstsein und das macht alles noch viel gefährlicher. Denn dann sind auch wir unberechenbar!

Freitag, der 27. März 2020

Wie ich es ankündigte, so ist es nun eingetroffen. Die Menschen bei mir drehen immer mehr durch, ja sie flippen regelrecht aus! Die Stimmung unter uns ist sehr explosiv und aggressiv! Sie gehen nun untereinander immer mehr auf sich los und das ist schlimm mit anzusehen. Ich stehe dem hilflos gegenüber, kann nichts tun, außer davon zu berichten, zu schreiben und vorsichtig zu sein, dass mir nicht irgendetwas passiert!

Leider geht es mir weiterhin nicht gut und nun bemerke ich, wie an Stellen meines Körpers die Adern hervortreten, die Muskeln schrumpfen und ich nichts tun kann gegen meinen körperlichen Verfall. Ich komme mir vor wie aus einem Horrorfilm, wo

speisen dürfen mit irgendeinem null-acht-fünfzehn Medikament. Er, also der Beamte, will sich darum kümmern.

Auf der Station reden die Menschen schon über meinen Zustand und sind besorgt. Ich glaube auch, dass sie wegen mir auf die Barrikaden gehen werden, wenn nicht bald was gemacht wird. Am nächsten Tag ging ich gleich früh um sieben Uhr zum Brigadier und schilderte ihm auch was tags zuvor gewesen ist. Kurz darauf erschien die Ärztin und der Brigadier zitierte sie in sein Büro und stellte sie zur Rede. Dieses Dreckstück von Ärztin wollte sich rausreden, doch der Brigadier kennt mich nun schon lange genug und weiß, dass ich nicht ohne Grund zu ihm komme und nicht irgendeine Story erzähle. Kurz darauf ging die Ärztin und der Brigadier rief mich und sagte dass sie, die Ärztin, mich später rufen wird. Ich bedankte mich und sagte aber noch dazu, dass es mir recht wäre, wenn er mit dabei ist. Dann ging ich und machte meine Arbeit weiter. Mir geht es dermaßen scheiße, dass ich mich kaum noch richtig auf den Beinen halten kann und nur schlafen könnte. Werde mich ins Bett legen und einfach schlafen.

Dienstag, der 24. März 2020

Und wieder ein Tag, ohne dass ich zur Ärztin gerufen wurde.

In einem anderen Haus ist erneut eine Revolte gestiegen und die Beamten sind in heller Aufregung, da es sich um ein Haus handelt wo Camorra-Angehörige unter Altri Sicureza untergebracht sind. Darunter Menschen, die teilweise nichts mehr zu verlieren haben. Bei uns im Haus ist es gerade wieder still. Aber ich weiß, dass es nur für kurze Dauer so bleibt und eigentlich nur die Ruhe vor dem Sturm ist.

Heute darf auch wieder jeder anrufen und es ist schon genau festzustellen, dass die Anstalt alles macht um die Gefangenen zu besänftigen und ruhig zu stellen. Da das Videochiamata, also Skype nicht funktioniert, stellte das Justitzministerium 1600 Tablets für alle Haftanstalten in ganz Italien zur Verfügung, damit die Gefangenen nun über Whatsapp telefonieren und die Angehörigen sehen können. Drei Tablets für jedes Haus. Ob das aber funktioniert ist noch offen. Denn die Angehörigen, die ihr Handy dafür benutzen, müssen vorher ein bestimmtes Programm herunterladen, Cisco Webex. Jedoch sagte die Anstalt das keinem Gefangenen und mich machte ein Freund darauf aufmerksam, Manuele, der sich damit ziemlich gut auskennt und bei mir in der Zelle ist. Der sagte sofort, dass ich meiner Frau das sagen soll, denn sonst würde das nicht funktionieren. Dafür bin ich ihm natürlich sehr dankbar, denn die Anstalt würde uns einfach im Regen stehen lassen.

Einige Leute auf meiner Station möchten einen Zellenwechsel machen. Dies ist in der Regel kein Problem und trotzdem wurden die Anträge abgelehnt, aus welchen Grund auch immer.

Nun kamen zwei Gefangene auf mich zu, um mich, der immer Zugang zu den Büros der Obrigkeit hat und alle anderen Gefangenen sich erst dafür beim Stationspfleger anmelden müssen und es Tage dauert bis sie geholt werden, zu bitten, dass ich mit dem Brigadier rede und ihm ausrichten soll, da die Lage eh schon extrem angespannt ist, die Gefangenen keinen Besuch haben, komplett isoliert sind und es eine Frage der Zeit wäre, bis es wieder los geht mit dem nächsten Ärger. Um das zu vermeiden sollen sie der Verlegungen zustimmen. Nun überbrachte ich ihm diese Nachricht und stellte aber auch klar, dass es mir ganz genauso geht und ich mich den Gefangenen anschließe. Er stimmte der Verlegungen zu und ich überbrachte die Nachricht auf meiner Station. Ich komme mir aber etwas blöd vor, hier ständig den Vermittler zu spielen und fühle mich in meiner Haut nicht wohl dabei. Aber von meinen Mitgefangenen ist es so gewollt, dass ich den Vermittler mache und sie sehen in mir mehr Chancen, als bei anderen Mitgefangenen, da ich meinen gewissen Ruf habe und man mir gegenüber doch schon sehr vorsichtig ist. Sie wissen alle ganz genau, was ich jeden Tag am PC mache und was meine Post zum größten Teil beinhaltet. Die Beamten versuchen auch immer vorsichtig mir gegenüber zu sein, mit dem was sie reden. Aber auch das mag ihnen nicht so ganz gelingen. Ich bekomme doch sehr viel mit und konnte auch heute wieder eine bevorstehende Großfilzung an meine Leute weitergeben, die sich alle sofort darauf eingestellt haben und alles verschwinden ließen, ganz besonders unsere Waffen.

Ich hörte die Beamten, wie sie untereinander sprachen und der eine zum anderen sagte: »Nun gehen wir ohne Angst an unsere Arbeit.« Ja sie haben scheiß Angst, das merkt man ganz deutlich!

Mittwoch, der 25. März 2020

Ich habe einen Plan. (Egon von der Olsenbande lässt grüßen). Da es wegen der Virusgeschichte keine Ausführungen ins Krankenhaus gibt, egal wie schlecht es einem Gefangenen geht, will ich mit mehreren Gefangenen, die ebenfalls unter einer schweren Krankheit leiden, in den Hungerstreik gehen. Jedoch sehe ich es bei den anderen Gefangenen als brotlos an, denn ich habe noch keinen gesehen, der es länger als einen Tag ausgehalten hat. Ohne Fressen kommen die gar nicht zurecht! Ich habe es ja leider selber schon mehrfach erlebt. Entweder sie ziehen sich mehrere Sachen über, um beim Wiegen etwas vorzutäuschen und sie heimlich fressen können, oder sie fallen selber um und die andere Sache ist die, dass sich die Gefangenen bei Ankündigung eines HS von den Beamten sofort weich quatschen lassen. Das dauert keine halbe Stunde, wenn einer der höheren Beamten mit dem jeweiligen Gefangenen unter vier Augen spricht und dann kommt dieser wieder auf die Station und fängt an zu fressen. Wie charakterlos! Erst reißen sie das Maul auf und dann lassen sie sich zu texten oder halten ihre Linie selber nicht bei und ziehen sich mehrere Klamotten über, um die Gewichtsangaben so zu täuschen. Ganz krass sind die Gefangenen, die von 8.00 Uhr morgens beim Aufschluss bis um 20.00 Uhr abends zum Einschluss disziplinierter Camorrist sind. Danach beim Einschluss lassen sie sich in jeder erdenklichen Form gehen, saufen, nehmen Drogen, werden ausfällig und so weiter. Ja, schon fast asozial. Manche geben auch nur vor Camorrist zu sein und ihre Tat haben sie öffentlich getan, um so von jedem gesehen zu werden und alle dann sagen, man der hat aber Eier! Dass e eigentlich verdammt blöd ist und so sich eine fette Strafe einha delt, soweit denkt er erst gar nicht.

Hauptsache er ist dann überall anerkannt. Es gibt hier ein Gefangene vor denen andere sehr große Angst und Respekt h Doch in Wirklichkeit sind sie alles andere als gefährlich, w auch oft feststellen musste.

sich jemand komplett zum Schlechten verwandelt, wie eine Leiche, die auch zusammen gefallen ist. Schlimm zu sehen, wenn ich mich selber so im Spiegel betrachte! Aber noch schlimmer, wenn Jutta oder alle anderen mich so sehen würden, die mich kennen!

Napoli, den 26. März 2020

Das werden nun meine letzten Zeilen, da ich gesundheitlich dermaßen angeschlagen bin, dass ich kaum noch auf den Beinen stehen kann. Hier herrscht weiter der Ausnahmezustand und heute kamen über vierzig Beamte auf meine Station und haben alles zerlegt und unsere ganzen Waffen, wie Messer und Metallschlagstöcke gefunden. Keine Ahnung was noch alles kommen wird.

Mittlerweile rief es auch die Beamten auf den Plan, das etwas schlimmes mit mir ist und sie haben sogar die Ärztin zur Sau gemacht. Als ich zu ihr ging, sagte sie nur, dass sie keine Zeit hätte. Das berichtete ich dem Brigadier, der sofort zu ihr ging und Stress machte, woraufhin sie mich untersuchte. Aber dieses Luder taugt wirklich zu nichts, bis auch ein Spezialist mit dazu gekommen ist. Sollte mein Zustand sich weiter verschlechtern, werden andere Ärzte mit hinzugezogen, doch eine Ausführung ist wegen der Virusgeschichte derzeit bis auf weiteres untersagt.

Nun sitze ich vor dem PC und schreibe diese Zeilen als Abschluss für diese ganzen Aufzeichnungen. Ich wiege mittlerweile um die sechzig Kilo und es geht weiter bergab. Ich weiß auch nicht, was ich dazu noch sagen soll! Es wird jeden Tag schlimmer!

Ich möchte so gerne noch einmal zu Hause sein, bei meiner Frau, bei meinen Freunden, einfach nur zu Hause sein und wenn es nur noch ein paar Tage sind! Nur bei meinen Lieben sein, das wäre mein größter Wunsch! Doch das wird wohl leider kaum passieren.

Die Menschen auf der Station planen gerade die nächste Revolte im Namen der Kranken und meiner Wenigkeit.

Ich durfte heute Whatsapp mit Jutta machen, das war ein kleiner Trost und nun hoffe ich, dass es nächste Woche wieder so sein wird. Jedoch nur für jeden Gefangen fünfzehn Minuten, welch eine Schweinerei!

Wie es weiter geht, weiß ich nicht, keinen Plan wie alles enden soll und meine Hoffnung, Wünsche und Träume sind erst mal auf Eis gelegt.

Solange wie ich kann, werde ich weiter kämpfen, kämpfen bis zum Letzten! Ich hoffe das irgendetwas eines Tages auch Früchte trägt. Ich hoffe so sehr!

Ich will nur noch einmal zu Hause sein, nur das und nichts anderes!

V. Anhang

Brief aus Amberg, 22.12.12

»[…] In der Regel ist es so, dass jeder der nach Amberg kommt, in einen stinkenden kleinen 8-Mann Haftraum unter gebracht ist, gleich wer oder was. Es kann dann bis zu einem Jahr dauern (da Warteliste) bis jemand einen Einzelhaftraum bekommt. Ich hatte also nach vorläufiger Aufhebung des Bunkers auf meinen Einzelhaftraum bestanden und hätte ich also die Saalgemeinschaft verweigert, hätte ich das nächste Diszi bekommen. Eine regelrechte Erpressung. Eigentlich ist es so, einmal Einzelzelle, dann verliert man diese nicht mehr, sie darf einem nicht genommen werden. Da es mir, wie gesagt körperlich nicht gut ging, willigte ich ein. Beim Verlassen des Bunkers wurde ich umgekleidet und sah da schon meine ganzen Habseligkeiten. Also haben die schon mit meiner Einwilligung gerechnet. Ein unglaubliches Pack! Wie gesagt, ich bin darauf gefasst, dass es in Kürze weiter geht. Natürlich nicht über die Weihnachtsfeiertage, das traut sich dass katholische Bayern dann doch nicht, aber danach. Natürlich werde ich mit allen Konsequenzen meinen Hungerstreik fortführen, um somit zu zeigen, dass ich immer noch Mensch bin und mich niemals manipulieren lasse. Eher verrecke ich, bevor ich klein beigebe und mit dem Kopf in denen ihren Allerwertesten stecke. Eigentlich war es dumm von mir zu glauben, dass Gericht würde sich auf Seiten eines Gefangenen schlagen. Die eine Krähe hackt der anderen sicher kein Auge aus. Aber wenn ein Mensch nicht weiß wie weiter bleibt ihm oft nicht anderes übrig als eine gerichtliche Entscheidung zu beantragen. Na, zumindest mach ich ihnen Arbeit und zeige, dass es so nicht geht. Zu deiner Frage wegen der Einkaufssperre, diese ist vorläufig auch aufgehoben. Aber keine Sorge, dass lassen sich die nicht entgehen. Ich gehe auch davon aus, da ich dann als Schuldhaft ohne Arbeit eingestuft werde, habe ich auch keinerlei Anrecht auf ein monatliches Taschengeld. Wie lange die das dann machen dürfen weiß ich nicht, da ich keinerlei Ahnung von den sich ständig ändernden Gesetze habe. Fakt ist auch hier, dass sich das Diszi nicht bloß auf eine Einkaufssperre, Bunker und so weiter erstreckt, sondern dass die mich über Monate so bestrafen können. Da ich eh zeige, was ich denke, in Form von Hungerstreiks, nicht reden und so weiter, werde ich eh nichts erwarten können, keine Arbeit etc. und weiterhin nonstop Einschluss. Ich kann mir auch ganz gut vorstellen, wie der ein oder andere von denen schluckt und kocht, weil ich das alles niederschreibe, aber auch das ist mir wurscht. Die einzige Sorge, die ich habe, ist dass mal so rein zufällig Post verschwindet, das wäre kein Wunder und wäre sicher auch nicht das erste Mal.

Manchmal denke ich mir, dieser ganze Scheiß Justizapparat gehört in die Luft gesprengt und das ganze Pack mit dazu. Tut mir leid, wenn ich manchmal so direkt schreibe, aber da sieht man mal wie weit sie einen bringen und wie explosiv die Situation doch ist. Heute teilte die Anstalt an alle Gefangenen wegen Weihnachten einen Stollen aus. Den können sie sich sonst wohin stecken. Was soll das, christliche Nächstenliebe und Tags darauf wieder die Peitsche und ab ins Loch? Ich sehe das mal so, die meisten Gefangenen werden doch nur dumm gehalten. Man sitzt in seiner Zelle, teilweise wie ich 23 Stunden und du weißt nichts mit dir anzufangen. Wartest nur dass die Türe mal aufgeht und etwas passiert. Man erzieht sich schon die Leute so wie man sie braucht. TV sehen macht doch auch nur noch blöd und recht viel bleibt dann auch nicht mehr. Zum Glück bin ich im Besitz eines Radios, wo ich dann doch etwas abschalten kann, wenn auch nur schwer…«

Brief aus Amberg, 21.1.13

»[…] Zuerst möchte ich mich bei euch allen für diese große Anteilnahme bedanken. Nun will ich euch berichten, wie es mir in den letzten Tagen ergangen ist. Ich wurde während meines Hungerstreik (HS) ins Spital verlegt, wo ich ein paar persönliche Dinge mitnehmen durfte. Es war eine saubere Zelle mit abgetrennten Klo, einem alten Krankenbett und mit heißem Wasser aus der Leitung. Im Großen und Ganzen gab es nichts daran auszusetzen und man bot mir mittags und abends Essen an, was ich natürlich neun Tage konsequent ablehnte. Getrunken habe ich am Tag ca. zwei Tassen Wasser aus der Leitung, mehr ging nicht rein. Fast täglich wurde der Blutdruck gemessen und es kam immer wieder die Frage, wie lange ich das machen wolle. So lange, wie eben nötig, meinte ich. Fast täglich wurde mir Post einbehalten, die ich nicht zu Gesicht bekommen habe, mit immer den gleichen Begründungen: »Gefährdet die Sicherheit und Ordnung«, »Kein Gedankenaustausch«, »Grobe Beleidigung«, »Beeinflussung des Inhaftierten«. Nichts von all diesen Gründen konnte ich nachvollziehen. Selbst Post von mir (Hauspost) an andere Kollegen wurde einbehalten und zum Teil kopiert. Einige Briefe von anderen Gefangenen vermisse ich bis heute und wundere mich ehrlich gesagt auch nicht mehr. Regelmäßig kam ein Schichtdienstleiter zu mir, fragte, wie es mir geht und so weiter. Natürlich erklärte ich jedes Mal aufs Neue, was meine Beweggründe sind und das ich nicht mehr alles so hinnehmen kann. Auch ein Sozialdienst suchte mich auf, doch letztendlich bestehen die Probleme immer noch. In der Hoffnung, dass meine Post, die einbehalten wurde u.a., mir ausgehändigt wird, unterbrach ich schriftlich meinen HS und wurde geschwächt (Flüssigkeitsmangel) zurück in die Saalgemeinschaft verlegt. Am gleichen Tag gegen Abend wurde mir dann die nächste Anhalteverfügung mitgeteilt und ich dachte wirklich ich spinne. Mein Zellenkollege fragte mich, ob ich seinen Brief erhalten habe und ich fragte: »Welcher Brief?« Gott weiß, wo dieser gelandet ist. Heute morgen schickte ich einen weiteren Brief an die Anstaltsleitung mit der Ankündigung, dass ich den HS sofort wieder aufnehme, sollte dies nicht aufhören. Stunden darauf wollte mich die Abteilungsleiterin sprechen und ich verweigerte die Vorführung. Gegen Mittag kam dann der Hausdienstleiter und teilte mir schon wieder mit, dass ein Brief angehalten wurde. Anscheinend möchte man unbedingt vermeiden, dass ich Solidaritätsschreiben u.a. bekomme und behält so gut wie jede Postsendung ein. Letztendlich sieht es so aus, die ganz Oben interessiert es einen Scheiß, ob du einen HS machst oder nicht. Die »Kleinen« sollen sich um die Sache kümmern, so ist es mir vorgekommen. Meines Erachtens war alles eine Hinhaltetaktik und ich bin nun genauso schlau wie vorher. Es gab zwar interne Zusagen bzw. Entgegenkommen, was allerdings nichts an der immer noch bestehenden Situation ändert. Heute bekam ich einen sehr netten Brief aus München, in dem gefragt wurde, ob ich denn alleine bin. Ja, leider, und mein Protest richtet sich mittlerweile auch gegen diese Unterbringung. Diesbezüglich wurde ich ebenfalls auf einen Monat vertröstet, was einfach nicht hinzunehmen ist. Auch hier muss ich wieder sehr vorsichtig sein, was und wie ich etwas schreibe, da ich immer befürchten muss, dass ein Brief von mir die Anstalt nicht verlässt. Es hört auf jeden Fall nicht auf und ich gebe nicht nach. Der HS wird fortgesetzt... Ich hoffe weiterhin auf Anteilnahme, die mir Kraft und Energie gibt weiter zu kämpfen. Aber bitte vergesst nicht, dass es sein kann, das mich so manche Post gar nicht erreicht und einfach einbehalten wird, was bei mir tagtäglich praktiziert wird. Gerne würde ich das ein oder andere noch schreiben und euch mitteilen, aber wie gesagt, meine Post würde die Anstalt wahrscheinlich nicht verlassen und ich bin mir so ziemlich sicher, dass meine Briefe gesondert und ganz genau Kontrolliert werden. Drückt mir weiterhin die Daumen. Danke und macht weiter so!

P.S.: Man ist alles andere als erfreut, dass mein Brief im Internet steht.«

Hungerstreik im September '13

Andreas Krebs war vom Donnerstag den 26. September bis 01.10.2013 im Hungerstreik um sich gegen die Einbehaltung von Post (unter anderem die Gefangenen-Info) zu widersetzen. Auch um Laktosefreiekost hat er erfolgreich gekämpft.

Hier ein paar Zeilen aus seinem Brief vom 1.10.13:

»[…] Die Gefangeneninfo schrieb mir ein paar Zeilen und separat kam die Zeitschrift schon vor Wochen und wurde einbehalten. Aus Protest habe ich allein in den letzten Tagen 5 Kilo abgenommen. Ich sage ja, sie hören nicht auf, ganz im Gegenteil, es wird schlimmer. Heute kam dann ein Beamter und eine Vollzugsinspektorin und händigte mir die Gefangenen Info aus – Gewonnen! – und es wurde der Empfang der Roten Hilfe Zeitung und der normale Besuchsraum für meinen kommenden Besuch genehmigt. [...] Trotzdem muss ich sagen, haben mir die letzten Tage sehr zugesetzt, auch körperlich, da ich Tage kaum getrunken habe. Heute habe ich das TV-Gerät abgegeben.

Kann's mir nicht leisten, diese miesen Abzocker. Vor einer Woche bat ich die Poststelle um Frankierung eines Briefes. Tja, abgelehnt, weil ich ja 10€ zur Verfügung hätte. Ich bekomme im Monat circa 30€ Taschengeld, davon ziehen sie 20,17€ für den TV ab und der Rest bleibt für den Einkauf. Das gibt ja echt nicht, dachte ich mir und so musste ich schon fast darum betteln, dass sie den TV aus meinem Haftraum entfernen. In den letzten Tagen habe ich mit der Obrigkeit nur noch einen Papierkrieg gehabt und alles wegen der Post. Ich habe ganz klar gesagt, ich will keine Lockerungen und auch keine vorzeitige Entlassung, aber ich will meine Post. Als Antwort hörte ich, sie sind der einzige, der keine Lockerung möchte. Gestern war eine Haftraumkontrolle und ich wurde gefragt warum ich so viel RAF Sachen (Bücher etc.) habe, worauf ich keine Antwort gab. Viele Sachen von mir wurden auf jeden Fall durchgelesen. Wenn die wüssten... [...] Heute hat man mir durch die Blume mitgeteilt, ich solle doch wenn möglich keine Gefangenen Info oder Rote Hilfe an andere ausleihen. Nun da brauchen die sich kaum Sorgen machen, die Knackis können hier erst recht nichts damit anfangen (kein Witz). Morgens höre ich auf den Gängen schon wie sie über Lockerungen usw. reden, nichts anderes haben die im Kopf. Um mein Essen haben sie sich ebenfalls gezankt und wollten es mir schon abkaufen. Andere putzen bei anderen für ein paar Kippen die Zellen, krass und es ist für mich total abartig. [...] Habe ich dir über meinen weiteren Sieg schon was erzählt? Ich bekomme doch nun mein Allergieessen, also auch laktosefrei. Nun wurden für alle Gefangenen, die ein ähnliches Problem haben, teure laktosefreie Produkte eingeführt. Vorher bekamen auch diese Gefangenen an Stelle von Milch Wasser. [...]«

Tod eines randalierenden Häftlings und Protest in der JVA Landshut

Brief vom 27.05.14

»Ein randalierender Häftling hat am Wochenende im Landshuter Gefängnis einen Atem- und Herzstillstand erlitten und ist wenig später in einem Krankenhaus gestorben. Erste Ergebnisse der Obduktion hatten noch keine klaren Hinweise auf die Todesursache erbracht, teilte die Polizei am Montag mit. Die Staatsanwaltschaft nahm die Ermittlungen auf. Der 28jährige hatte demnach in der Nacht zu Samstag in seiner Zelle randaliert. Dabei soll er ein Fenster zerschlagen und sich selbst Schnitte zugefügt haben. Auch ein Sanitäter der Justizvollzugsanstalt Landshut wurde verletzt. Nach ersten Ermittlungen wurde der renitente Häftling von den Vollzugsbeamten am Boden fixiert. Dabei erlitt er den Atem- und Herzstillstand. Der Notarzt konnte den 28jährigen zwar noch reanimieren, er starb aber wenig später in einem Krankenhaus in Landshut. Eigene Recherchen und Aussagen von Mitgefangenen aus dem Bereich Absonderung zur Folge sind gestern, den 26. Mai, auf merkwürdige Weise fast alle Inhaftierten in den normalen Strafvollzug verlegt worden. Mitgefangene teilten mit, dass von Freitag auf Samstag um ca. 01.00 Uhr ein regelrechtes Aufgebot an Vollzugsbeamten oberhalb der Absonderung in der Abteilung U-Haft gewesen ist und angeblich ganz klar zu hören war, wie der ausländische Gefangene durch Bedienstete geschlagen wurde. Da die Praxis der Beamten so ist, dass bei einer Fixierung auf dem Gefangenen gekniet wird, besonders am Hals, ist natürlich zu vermuten, dass die Halsschlagader abgedrückt wurde. Da mir selbst bekannt ist, dass gerade die jungen Beamten arrogant und aggressiv gegen hilflose Gefangene vorgehen, ist hier eine übertriebene Maßnahme gegen den Mitgefangenen zu vermuten. Bereits vor Monaten brachte ich dieses Thema und das fehlende Einfühlungsvermögen gerade von jüngeren Beamten bei der Anstaltsleitung vor. Bis auf den Gefangenen S. Und R. wurden alle unbequemen Strafgefangenen in den normalen Strafvollzug verlegt. Weiter anzumerken ist, dass innerhalb von ca. zwei Jahren dies der siebte Todesfall ist. Bei dem jetzigen Gefangenen handelt es sich um einen ausländischen

Inhaftierten, der am Münchener Flughafen eine Maschine entführen wollte und deswegen in der Untersuchungshaft eingesessen ist.[4]

Gegen Mittag wurde mir von einem Gefangenen berichtet, dass ein Beamter – Name ist bekannt – ihm und einem weiteren Gefangenen gesagt hat, dass der verstorbene Gefangene eh ein Arschloch war und der Gefangene könne froh sein, dass er nicht mit dabei war. Es ist unglaublich, wie sich Vollzugsbeamte diesbezüglich äußern und dass solche Personen überhaupt mit Menschen arbeiten dürfen bzw. diese ihnen anvertraut werden. Solche Beamten gehörten unverzüglich aus dem Dienst entfernt. Aus Schutz für die Gefangenen ist es mir zum jetzigen Zeitpunkt nicht möglich, den Namen dieses Beamten bekannt zu geben. Der Beamte ist auch wegen anderweitigem Fehlverhalten gegenüber den Gefangenen bekannt. Wie bereits in den letzten zwei Wochen berichtet, möchten die Inhaftierten die ständigen Schikanen nicht weiter hinnehmen und gründeten quasi eine Gewerkschaft. Hier eine Abschrift des Schreibens der Gefangenen an die Justizvollzugsanstalt Landshut, mit Forderungen wegen besseren Haftbedingungen.

»Gefangene der Justizvollzugsanstalt Landshut

Wir, die Gefangenen der JVA Landshut, Berggrub 55 in 84036 Landshut, stellen mit der im Anhang befindlichen Unterschriftensammlung folgende Anträge:

---

4 Am 1.4.14 nahm Muslim H., ein Flüchtling aus dem Kosovo, im Flugzeug mit welchem er nach Ungarn abgeschoben werden sollte (von wo aus er illegal nach Deutschland eingereist war) eine Stewardess als Geisel, bedrohte sie mit einer Rasierklinge und versuchte so, seine Abschiebung zu verhindern. Das ganze ging so aus: Anforderung des SEKs an den Startflughafen, Abbruch des Flugs durch den Pilot, Rückkehr zum Startflughafen. Dort wurde der Flüchtling mithilfe eines Gepäckabfertigers, der beim Übersetzen half, dazu überredet, die Geisel gehen zu lassen und sich festnehmen zu lassen. Die Anklage lautete: »Freiheitsberaubung, Nötigung, gefährlichen Eingriffs in den Luftverkehr und Körperverletzung«. Zwei Monate nach diesem Geiselnahmevorfall wurde Muslim H. getötet. Ermordet von acht Justizbeamten der JVA Landshut, die ihn »fixierten« und unter »unmittelbarem Zwang« zu Boden drückten, nachdem er in seiner Zelle randaliert und mit Glasscherben auf die Wärter losgegangen sein soll. Dabei erlitt er einen Atem- und Herzstillstand, wurde reanimiert und starb einige Stunden später im Krankenhaus.

1. Die Verbesserung der ärztlichen Versorgung durch die neue Anstaltsärztin.
2. Die Einführung einer sinnvollen Freizeitgestaltung innerhalb des Haftraumes, wie zum Beispiel die Möglichkeit von Basteleinkauf, konkret: Modellbau, Spiegelkratzen, Intarsienarbeiten, Puzzle.
3. Bei schönen Wetter, von Mai bis September, die Möglichkeit, am Wochenende anstelle von einer Stunde Hofgang, auf 1 1/2 Stunden zu erweitern.
4. Die Erweiterung von einem Liter Milch in der Woche, auf 1 1/2 Liter mit 3,5 % Fettanteil.
5. Die Einstellung ständiger Schikanen insbesondere gegen ausländische Gefangene sowie die russischen Inhaftierten. Konkret möchten wir erwähnen, dass ständige Repressalien von Seiten der Sicherungstruppe an der Tagesordnung sind und Kontrollen nicht mehr im Verhältnis stehen. Geringste Kleinigkeiten führen sofort zur disziplinarischen Ahndung, ohne irgendein Einfühlungsvermögen oder das Eingehen von sozialen und psycho-sozialen Belangen der Inhaftierten der Justizvollzugsanstalt Landshut. Gerade die jüngeren Vollzugsbeamten legen sehr oft ein provokatives Verhalten an den Tag. Wir bitten daher um eine Deeskalation, keine Provokation.
6. Die Einführung von Getränken beim Besuch der Angehörigen, Freunden und Bekannten sowie die Möglichkeit von Zuwendungen, so wie es in allen anderen Haftanstalten in der Bundesrepublik möglich ist.

Mit dieser Forderung wenden wir uns ausschließlich an den Anstaltsleiter Herrn Amannsberger und auch nur diesen. Um die Forderung an Menschlichkeit Nachdruck zu verleihen, sind die Gefangenen aus freien Stücken bereit, mit einem Sitzstreik während des Hofganges, gegebenfalls mit einem zusätzlichen Hungerstreik sich dafür einzusetzen.

WIR MÖCHTEN ANMERKEN, DASS ES SICH HIER UM EINEN GEWALTLOSEN PROTEST HANDELT UND BEREITS IM VORFELD DIE ÖFFENTLICHKEIT ÜBER DIESE AKTION INFORMIERT WURDE.

Anlage eine zusätzliche Unterschriftensammlung den Teilnehmer.

Die Gefangenen der Justizvollzugsanstalt«

Bericht über den Solidaritätshungerstreiks für die kämpfenden Gefangenen in Griechenland (18–20.7.14)

Es beteiligten sich insgesamt sieben namentlich bekannte Gefangene (Ahmet Düzgün Yüksel, Andreas Krebs, Oliver Rast, R., Sadi Özpolat, Thomas Meyer-Falk sowie Marco Camenisch) und einige namentlich weiter nicht bekannte Gefangene.

»Aber ich bin stolz, wenn es auch nicht viele waren oder der eine oder andere sich vielleicht durch das System hat beeinflussen lassen, dass sich trotz der krassen Umstände so viele für einen gemeinsamen solidarischen Hungerstreik bereit erklärt haben. Es zeigt, wenn wir wirklich wollen, dann können wir auch gemeinsam etwas auf die Beine stellen. Ich bin derzeit über eine weitere Aktion am Überlegen und ich würde mich sehr freuen, wenn man auch weiterhin mit einer Anzahl an Inhaftierten rechnen kann. Zu den griechischen Inhaftierten möchte ich sagen, dass auch wenn uns die Grenzen trennen, wir trotzdem im Geiste bei ihnen sind und sie auf uns zählen können. Ihr seid nicht allein, so wie auch alle anderen auf der ganzen Welt. [...] Meine Solidarität und Anteilnahme gilt allen griechischen Inhaftierten und daher rufe ich alle in Deutschland zu einen gemeinsamen Protest auf, vielleicht in Form eines mehrtägigen Hungerstreiks und einer Unterschriftensammlung«.

Ein Gefangener wurde an der Solidaritätsaktion gehindert: »Am 14. Juli ist der Gefangene Alexey Puchkov in einer Nacht- und Nebelaktion direkt aus dem Arrest in Landshut von der örtlichen Sicherungstruppe gezerrt und durch diese noch im gleichen Augenblick in die JustizvolIzugsanstalt Nürnberg verbracht worden. Dort wird er derzeit in Absonderung, also Isolationshaft, gehalten. Alexey begab sich Anfang voriger Woche erneut wegen der ständig anhaltenden Schikanen und Repressalien des obigen Stellvertreters der JVA in den Hunger- und Durststreik, wo er innerhalb von vier Tagen 7 kg abgenommen hat. Ihm wird weiter vorgehalten, die anderen russischen Mitgefangenen aufgewiegelt zu haben, wie mit der Unterschriftensammlung und dem Aufruf zum gemeinsamen HS für die griechischen Gefangenen. Noch während er in den HS ging, schlossen sich alle russischen u. a. Inhaftierten aus Solidarität seinem HS an. Daher also auch die plötzliche Verlegung in eine andere Haftanstalt mit Absonderung.«

Interview nach der Entlassung

29.1.2014

Das Interview wurde 2 Wochen nach seiner Entlassung geführt.

Wie waren deine letzten Wochen im Knast?

Die letzten Wochen waren ein Albtraum. Sie haben mich noch in Aschaffenburg unter Verschluss genommen und ich hatte kaum eine Möglichkeit meine Sorgen und Ängste bezüglich meiner Entlassung mit meinen Leuten im Knast zu besprechen. Es ging soweit, dass ich mir selbst eine Dröhnung besorgen musste, um die Situation auszuhalten und abzuschalten, sodass auch die Suizidgedanken aufhören. Ich stand in einem großen Widerspruch, ich konnte mich nicht freuen auf draußen, sondern ich hatte große Angst vor dem Unbekannten. Du lebst die ganze Zeit in einem Loch. Zum Glück konnte ich trotz der Absonderung in meinem Haftraum bleiben, denn dort hatte ich in den letzten Wochen ein geschmuggeltes Handy auf Zelle, mit dem ich mich selbst zumindest etwas auf meine Entlassung vorbereiten konnte.

Ist nicht der Knast dazu verpflichtet einen Gefangenen auf die Entlassung vorzubereiten?

Sicher, ich habe auch bei Gericht einen Beschluss erwirkt, der den Knast dazu aufforderte mich auf meine Entlassung vorzubereiten und neu zu entscheiden. Das Gericht schloss in ihrem Beschluss selbst die Gefahr der Flucht aus. Quellen verrieten mir, dass der Knast zwei mal eine Sitzung diesbezüglich veranstaltet hatte. Zwei Stunden vor meinem Besuch von Freunden haben sie mir dann eröffnet, dass ich verlegt werde. Also nix mit Entlassungsvorbereitung. Sie haben vermutlich genau gewusst, dass ich bei einem Ausgang wohl nicht wieder kehren würde (*lacht*).

Wie sieht denn so eine Entlassungsvorbereitung eigentlich aus?

Es kommt auf die Haftzeit an. Es würde viele Sachen geben vom Tragen der eigenen Kleidung, frei Telefonieren dürfen, bis hinzu begleitetem Freigang. Der Knast soll dich auf das Leben draußen vorbereiten, da spielt natürlich die Haftzeit eine Rolle und auch die Isolation. Null haben sie gemacht, ich konnte mich weder um neue Kleidung noch eine Wohnung kümmern. Sie zwingen dich das alles illegal zu machen und das haben ich dann auch gemacht. Ich bin dadurch ein Risiko eingegangen noch mehr Strafe zu bekommen, aber das war mir egal. Es ist so wichtig sich auszutauschen.

Du hast dich mit dem Handy also selbst auf deine Entlassung vorbereitet?

(*lacht*) Ja, das Handy hatte ich, wohl wissend, dass ich die Beamten und Anstaltsleiter allesamt verarsche. So wie sie es mit mir und allen anderen Gefangenen machen. Ich habe dann viel mit meinen Leuten draußen telefoniert. Interviews gegeben, es gab auch eine Veranstaltung, wo ich dann aus dem Knast über die Soliwerkstatt und den Knast berichtet habe. Ich habe sogar meine Schreibmaschinenbänder mit dem Handy von drinnen selbst bestellt.

Hast du das Handy mit rausgenommen?

Ach nein, das wurde dem zuständigen Beamten wieder gegeben (*lacht*)...

Du bist dann aus Bayern zwei Wochen vor deiner Entlassung nach Hamburg verlegt worden, wie war das für dich?

Allein außerhalb Bayerns waren die Eindrücke in den anderen Anstalten auf mich die reinste Reizüberflutung, da ja bekanntlich in bayrischen Haftanstalten ein anderes Lüftchen weht.

Dort gab es ganz andere Möglichkeiten, wie etwa Telefonieren, Privatkleidung, Essen und, und, und. Jeder Haftraum war mit TV, Kühlschrank, Wasserkocher und so weiter ausgestattet. In Hamburg angekommen hatte ich plötzlich den ganzen Tag Aufschluss und konnte mich viel freier bewegen, als ich es die ganzen Jahre zuvor gewohnt war. Jedoch war ich wirklich sprachlos über das Verhalten der meisten Mitgefangenen. So gestaltete sich der ein oder andere Gefangene seine Freizeit gemeinsam mit Stationsbeamten: Sie spielten Tischtennis, oder ich sah auch des öfteren, wie sich Beamte zu Gefangenen auf ein Schwätzchen und eine Zigarette in die Zelle setzten. Mir fiel es schwer Freund und Feind zu unterscheiden. Die Hamburger können sich freuen, dass ich quasi nur zu Besuch war, sonst hätte ich den Laden auch noch aufgemischt. Besonders hatte mich jedoch die erste Nacht beeindruckt und sehr mitgenommen: So gab es dicke Matratzen, dicke und sehr weiche Kopfkissen und Decken. Als ich im Bett lag, kamen mir bei diesem weichen Gefühl die Tränen. Auch in Gedanken an die anderen in Bayern sitzenden Inhaftierten und Freunde. Jetzt zwei Wochen nach meiner Haftentlassung geht es mir kaum anders und jedes mal wenn ich ins Bett gehe habe ich dieses Gefühl.

Wie war der Tag der Entlassung, was waren die ersten Eindrücke von draußen?

Am Tag meiner Entlassung konnte ich es immer noch nicht glauben rauszukommen. Als ich vor dem Tor stand, atmete ich durch und wurde auch schon von zwei lieben Menschen empfangen, was für mich unglaublich emotional war und ich hätte heulen können.***Ein absolut geiles Gefühl, das ich kaum richtig beschreiben kann.*** Jedoch ist zu erwähnen, dass mein Perso, der in der JVA Amberg von Amtswegen neu angefertigt wurde, nicht auffindbar war. Man hat mich also ohne Ausweispapiere aus der Haft entlassen. Lediglich der Entlassungsschein wurde mir ausgehändigt mit dem Vermerk diesen sechs Wochen aufzuheben, da ich erst in dieser Zeit aus dem Polizeicomputer mit dem Vermerk Haft ausgetragen werde. Eigentlich war ich der Annahme, dass mich die Bullen verfolgen und observieren, wegen meiner Kontakte und dem jahrelangen Kampf gegen das Schweinesystem (schön dieses Schweinepack nicht angetroffen zu haben). So wurden Besuche in der JVA ganz genau kontrolliert und meine Post separat von jemanden aus der Sicherungstruppe zensiert. Vieles an Post, ob ein- oder ausgehende, wurde als sogenanntes Beweismittel zur Gefangenenhabe genommen. Erst bei der Entlassung wurde mir das wirkliche Ausmaß an beschlagnahmten Sachen bewusst, da ich vieles erst dann ausgehändigt bekam. Jedoch sind auch viele Postsendungen spurlos verschwunden. [...]

Hast du es dir so vorgestellt?

Ich konnte mir nach so vielen Jahren eingesperrt sein, draußen nicht vorstellen, auch wenn Freunde am Telefon versucht haben es mir zu erklären. Nach jedem Ausflug brauche ich eine längere Erholungsphase und muss dann die ganzen Eindrücke verarbeiten, auch jetzt noch. Die ganze Auswahl in den Kaufhäusern, Supermärkten und so weiter überfordern mich noch immer, 17 Tage nach der Entlassung.

Was fällt dir besonders schwer?

Ich kann nur selten allein auf die Straße, Menschenansammlungen und so weiter gehen mir immer noch sehr nahe. Oft habe ich Sprachaussetzer, bin plötzlich völlig abwesend und hin und wieder aggressiv und launisch. Das alles, bedingt durch die Einzelhaft und ständigen Repressalien, hat durchaus seine Schäden hinterlassen. In den ersten Tage bin ich abgestürzt und wollte den Frust rauslassen, zum Glück ist nichts passiert, aber die Aggressionen sind da und es ist ein enormer Druck. Auch die Albträume sind geblieben und ich komme auf ganze vier Stunden Schlaf am Tag. Das einzige was mich doch etwas zur Ruhe kommen lässt, ist mein abendlicher Joint vorm zu Bett gehen. ***Ja, ihr abgefuckten Anstaltsleiter, ich lebe!***

Ich muss vieles neu lernen, auch mit Menschen umzugehen und so weiter. Ich bin sehr froh Freunde und Leute um mich zu haben, die mir mit absolutem Verständnis begegnen und mir die Zeit geben mich etwas zu erholen. Solche Freunde, die für mich etwas wie Familie geworden sind, ist das Wertvollste was man sich wünschen kann.

Wie ist deine Situation jetzt? Du hast dir im Knast nichts gefallen lassen, kannst du schon abschätzen an welchen stellen du draußen anecken wirst?

Da ich mich also nicht unter Führungsaufsicht durch den Staat stellen lasse (egal mit welchen Konsequenzen man mir droht), habe ich mich vom ersten Tag an entschlossen in die Illegalität zu gehen und von dort meinen Kampf gegen dieses System weiter zu führen. Ich fühle mich trotz der Vorsicht sehr wohl und möchte behaupten: Jetzt bin ich frei! Meine Gedanken sind bei meinen Leuten drinnen. Ich stehe in Kontakt mit ihnen und arbeite daran, dass unser Austausch weiterhin bestehen bleibt. Niemals lasse ich mich überwachen oder in irgendeiner Form durch dieses Schweinesystem kontrollieren. Und der Staat kann sich sicher sein, ich mache es ihnen nicht einfach.

Homosexualität im Knast

9. Januar 2015

»In letzter Zeit wurde ich immer öfter gefragt, wie mit Homosexualität im Knast umgegangen wird, gerade im streng katholischen Bayern und ich möchte über ein paar Fälle erzählen, in der Hoffnung, dass auch solche Menschen Gehör finden und dass darüber berichtet wird. Gerade im Langstrafenknast in Bayern ist ein Mensch mit der Neigung zur Homosexualität schweren Repressalien ausgesetzt, die soweit gehen, dass sie aus Schutz vor anderen Gefangenen in Isolationshaft verlegt werden. So beobachtete ich in meiner langjährigen Haftzeit, dass immer wieder Menschen durch Mitgefangenen schweren Misshandlungen ausgesetzt sind.

Ich möchte daher nur ein Beispiel von vielen berichten: Micha saß in der Justizvollzugsanstalt Amberg eine mehrjährige Haftstrafe wegen Betrug verbüßte und war 55 Jahre alt. Seine Neigung wurde nur dadurch bekannt wurde, weil er in seinem Haftraum mehrere Fotografien und Poster von männlichen Models hängen hatte, was unter den Mitgefangenen sofort zu Misstrauen führte.

Anfangs wurde er immer sehr nett behandelt. Er alberte mit den Gefangenen herum und war immer hilfsbereit. Da er Nichtraucher war, hatte er beim monatlichen Einkauf immer den ein oder anderen Euro übrig, machte kleine Geschenke an die engsten Freunde, ohne irgendeine Gegenleistung zu erwarten. Natürlich kamen viele Gefangene und ließen sich das eine oder andere vom Einkauf mitbringen und nutzten die Gutmütigkeit auch oft aus. Bis zu dem Tag, als ein Mitgefangener ihn fragte, was es mit den Fotografien auf sich hat und Micha offen erklärte, dass er homosexuell ist. Ab diesem Tag fingen die Probleme an. Da Micha Hausarbeiter war, also verantwortlich für die Sauberkeit auf der Station und die tägliche Essensausgabe zu Mittag und Abend, kam er automatisch mit allen Gefangenen in Kontakt. Er wurde vor den Bediensteten beleidigt, bespuckt und mit körperlicher Gewalt bedroht. Die Beamten reagierten kaum und sahen zum größten Teil nur zu, wie Micha eingeschüchtert und mit Äußerungen wie »Du Schwuchtel« und »Arschficker« betitelt wurde. Die Gefangenen weigerten sich, von ihm das Essen entgegen zu nehmen und schlugen Micha einfach mit der flachen Hand ins Gesicht und er wurde offen bespuckt. Micha wurde Tage später in Isolationshaft genommen, getrennt von allen anderen Inhaftierten. Dort verbrachte er seine restliche Haftzeit von noch über einem Jahr bis zur Endstrafe.

Ein anderer Fall hat ebenfalls mit einen Homosexuellen zu tun, der mit dem Wissen der Beamten täglich geschlagen und misshandelt wurde. So musste dieser Putzarbeiten in den Hafträumen der anderen Inhaftierten verrichten und durfte fast seinen ganzen monatlichen Einkauf abgeben. Seine Blessuren im Gesicht und am Körper waren offen zu sehen. Durch die ständigen Misshandlungen versuchte er sich bereits mehrfach das Leben zu nehmen und wurde von Tag zu Tag depressiver. Während meiner Erzählungen gegenüber anderen Genossen wurde ich gefragt, warum sich die Gefangenen nicht an das Dienstpersonal wenden oder die Vorfälle ihren Angehörigen berichten. Wenn die Anstaltsleitung und der jeweilige Stationsbeamte überhaupt gewillt ist zu helfen, stehen sie meist selbst machtlos den Misshandlungen gegenüber. In der Regel ist es aber so, dass Bedienstete wegsehen und die Sache den Gefangenen überlassen. Der Beamte möchte seine Schicht so ruhig wie es nur geht verbringen und sitzt meist nur in seinem Büro, liest

Zeitung oder sitzt mit seinem Privat-PC am Schreibtisch. Wenn ein betroffener Gefangener sich an die Anstaltsleitung wendet, die eigentlich verpflichtet ist, der Sache sofort nachzugehen und dies auch in der Regel tut, wird der Gefangene sofort in Schutzhaft genommen. Jedoch ist keine Schutzhaft und Isolierung hundertprozentig sicher. Selbst eine Verlegung in eine Schwesteranstalt schützt denjenigen nicht, da hier sofort Mitgefangene informiert werden und das Spiel von vorne los geht. Viele Gefangene haben auch ein Schamgefühl, dies ihren Angehörigen, ob beim Besuch oder im Brief, zu berichten. Wohl auch deswegen, weil auch Vollzugsbeamte gegenüber anderen Gefangenen gerne aus dem Nähkästchen plaudern und Informationen an andere zukommen lassen. Die Konsequenzen wären noch weit schlimmer, würde sich der Mensch anderen anvertrauen.

Ich lernte zum Beispiel einen lieben Menschen in Amberg auf meiner Station kennen, der homosexuell war und auch sonst von seiner Statur und seinem Auftreten keine Chance gehabt hätte, sich zu wehren. Dieser Mensch wurde über die Zeit hinweg ein toller Weggefährte für mich und ich unterhielt mich offen vor allen anderen Gefangenen mit ihm. Natürlich kamen der ein oder andere zu mir und sagten, was ich denn mit der Schwuchtel möchte und so manche mieden auch mich. Da ich jedoch einen gewissen Ruf hatte, was Schlägereien betrifft und auch sonst wegen meinem Kampf gegen das System, hatte man sehr großen Respekt vor mir, sodass man meinen Weggefährten in Ruhe ließ. Dieser Mensch hatte allerdings sehr große Angst, dass wenn ich nicht mehr da bin, aus welchen Gründen auch immer, er wieder das Opfer wird und wieder so behandelt wird, wie bevor wir uns kennenlernten. Er kam zum Beispiel zu mir in die Zelle, brachte täglich kleine Geschenke zu mir oder wollte immer mein Geschirr im Waschbecken abspülen, oder meine private Sportkleidung im Eimer waschen. Selbst meinen Haftraum wollte er wischen. Alles nur, weil er Angst hatte, dass ich ihn fallen lassen könnte. Selbst Beamte sahen mich dumm an oder verdrehten die Augen, weil ich mich mit »diesem« abgegeben habe. Dieser Gefangene ist auch nie in den täglichen Hofgang gegangen, immer aus Angst vor Beschimpfungen und so weiter. Natürlich versuchte ich ihm jedes mal zu erklären, dass er sich keine Sorgen machen muss und doch bitte die ständigen

Geschenke vom Einkauf und Putzarbeiten lassen soll. Um ehrlich zu sein, ich wurde ihn schon nicht mehr los. Denn wann immer auf der Station Aufschluss war, war er ständig in meiner Nähe und ging auch nie von meiner Zellentüre weg. Interessant war dann aber auch zu beobachten, dass wenn ich nicht in der Nähe war, Mitgefangene plötzlich zu ihm gingen und sich Dinge vom Einkauf ausliehen oder ihn bequatschten, dass er ihnen doch Tabak vom nächsten Einkauf mitbringen soll. Da er Nichtraucher war, hatte er natürlich den ein oder anderen Euro übrig und das nützten die Leute aus. Natürlich bekam er die verliehenen Sachen nie zurück und trotzdem verschenkte er weiterhin. Ich versuchte immer, auf ihn einzureden, den Leuten nichts zu geben und das sie ihm nur ein schönes Gesicht machen, weil sie Schiss vor mir haben und weil sie ihn benutzen. Einige Giftler ließen sich so auch ihre Drogen finanzieren, oder beglichen so ihre Schulden bei ihrem Dealer. Aber sobald er doch einmal zu jemanden »Nein« sagte, wurde er im gleichen Zug wieder aufs übelste beschimpft. Als ich selbst dann wegen einem gefundenen Handy und Aussagen von Ratten bezüglich einer vermeintlich im Besitz befindlichen Stichwaffe verlegt und in Isolationshaft genommen wurde, ist der Kontakt abgebrochen und er wurde wieder so behandelt wie vorher, mit ständigen Schikanen und Beleidigungen. Ich habe ihn dann nie wieder gesehen. Lediglich durch Berichte von anderen habe ich erfahren, was er wieder durchleben musste. Mir ist es ein sehr großes Anliegen gerade über solche Menschen zu berichten, was sie ertragen müssen, alles nur weil sie sich zum gleichen Geschlecht hingezogen fühlen. Und dass ich es als notwendig ansehe, dass auch schwule Menschen von draußen Solidarität und Anteilnahme erfahren sollten und dass sie nicht alleine sind. Sicher werde ich mir keine Freunde mit meinen Berichten bei anderen Gefangenen machen, aber das ist mir egal.

Homosexualität im Knast – ein brisantes und heikles Thema, das wir nicht einfach so abschreiben sollten. Und diese Menschen dürfen wir nicht vergessen.«

Brief über die Entführung durch das LKA

22. Oktober 2017

»Am 12. Oktober 2017 um 6.00 Uhr morgens startete der Tag wie jeder andere – morgendliches Wecken und Lebendkontrolle. Ich holte meine Morgenmedizin aus dem Dienstzimmer und ging anschließend duschen. Ich muss dazu sagen, dass von Montag bis Freitag von 6 bis 8 Uhr die Zellentüren geöffnet sind. Ich ging um kurz nach 7 Uhr kurz duschen und begab mich danach in meine Zelle. Plötzlich um ca. 7.12 Uhr kam eine Stationsbeamtin in meine Zelle und sagte, dass das LKA aus Berlin dann kommt und ich sollte mich gleich fertig machen. Da ich wissen wollte, was die Berliner Bullen von mir möchten, da in mehreren Dingen gegen mich ermittelt wird, erklärte ich mich bereit anzuhören, was sie konkret von mir wollen. Unverzüglich ging ich auf der Station zu dem befindlichen Telefon und wollte sofort meine Frau anrufen, um sie darüber zu informieren und dass sie auch die Anwältin kontaktiert. Ich gebe meinen Pin ein und plötzlich höre ich die Ansage: Aus Sicherheitsgründen wurde mein Telefonkonto gesperrt. Total misstrauisch und nach vier weiteren Versuchen ging ich zum Dienstzimmer des Pflegepersonals und fragte, warum das so ist, was die Gründe für die Sperrung sind. Da wurde mir gesagt, dass das Telefon öfters spinne und nicht immer richtig funktioniere. Ich also nochmals zum Telefon und wieder die gleiche Ansage. Ich ging in meine Zelle und grübelte darüber nach, was hier nicht stimmt. Ein Gefangener kam zu mir in die Zelle, den ich fragte, der aber genauso überrascht gewesen ist. Da in meinem Kopf alle Alarmglocken läuteten, gab ich dem Kumpel ein paar verbotene Dinge aus meiner Zelle zum Verstecken, weil ich ja im Laufe des Tages meine Zelle verlassen muss und in die Veranstaltung zum LKA Termin gebracht werde, um zu hören, was sie wollen. Ich traute der ganzen Situation nicht und befürchtete auch, dass meine Zelle durchsucht wird, wenn ich nicht da bin. Dieses Spiel kannte ich auch schon aus anderen Anstalten aus Bayern. Nur dass mit dem Telefon war mir neu, da es in ganz Bayern solche Möglichkeiten und Telefonanlagen für Gefangene nicht gibt. Plötzlich kam schon wieder die Beamtin (es war kurz nach 7.30 Uhr) und meinte, ob ich fertig bin, da es los geht. Ich war wieder total überrascht und meinte, dass das doch nicht normal ist, dass nun 7.30 Uhr jemand von außerhalb in die Anstalt kommt, worauf sie meinte, dass sie keine Ahnung hätte. Sie meinte nur, dass ich Anstaltskleidung anziehen müsste, was ich dann machte. Sie brachte mich also nach vorne in Richtung Torwache, wo ein Gebäude für Anwaltsbesuche und die Bekleidungskammer ist. Dort steckte man mich in einen Warteraum, wo allerdings ein Beamter bei mir blieb. Total komisch, die ganze Situation, auch das ich im Warteraum zusätzlich bewacht werde! Fünf Minuten darauf kam ein weiterer Beamter und man ging mit mir in die Schleuse der Torwache, wo sehr viele Bullen in zivil, schwer bewaffnet und mit Schutzweste ausgerüstet standen. Einer kam auf mich zu und meinte, dass ich zur Generalstaatsanwaltschaft nach Berlin gefahren werde. Ich fragte sofort nach meiner Anwältin, woraufhin man meinte, dass diese darüber verständigt wird. Ich bemerkte, dass die komplette Torwache von der Polizei in zivil besetzt wurde und die Beamten der Anstalt in ihrem eigenen Bereich nicht das geringste zu melden hatten. Die Beamten standen sichtlich hilflos da und hatten selber keinerlei Ahnung, was da gerade passiert und was die Gründe für das Aufgebot und die Besetzung der Torwache sind. Ich war total sprachlos und fühlte mich in dem Augenblick eingeschüchtert. Die Bullen durchsuchten mich und brachten mich zu einem schwarzen Mercedes Bus mit getönten Scheiben. Man fesselte mich an den Beinen und dann zog man mir eine schusssichere Weste drüber, wo ein Polizist zu den dumm rein schauenden Beamten sagte: »Zur Sicherheit, nicht dass die Freunde von Herrn Krebs draußen stehen.« Dann wurden meine Hände gefesselt, man setzte mich hinten ins Fahrzeug und sie fuhren aus der Schleuse, ohne ein weiteres Wort an die immer noch dumm schauenden Beamten zu sagen. Ich bemerkte vor der Anstalt einen weiteren mit schwarzen Scheiben versehenen Bus, der uns in sehr großem Abstand folgte. Das sah ich, weil ich mich regelmäßig umblickte. Nach ca. 30 Minuten stellten sich drei Mann vor, die hinten bei mir saßen und ich fiel aus allen Wolken. Einer telefonierte, anscheinend mit einer höheren Person, was ich nur bruchstückhaft hörte: »Ja, wir haben ihn und sind unterwegs.« Es waren das LKA Brandenburg, das LKA Berlin und das LKA Niedersachsen. Ich fragte, ob man mich verarschen wollte und es kommen doch nicht drei Bundesländer an LKA-Beamten mit so einem Aufgebot zusammen nur um mich zum Staatsanwalt zu bringen. Einer lenkte ab und versuchte total hinterfotzig mich zu fragen, wie die Haft ist, und wurde langsam immer persönlicher. Ich sagte nur, dass alles läuft und ich möchte nicht weiter reden.

In Magdeburg fuhr man ein großes Polizeigebäude an, fuhr auf den Hinterhof, wo man mir meine abgenommenen Zigaretten und mein Feuerzeug aushändigte. Ich rauchte im Abstand von ca. drei Metern zu den Bullen eine Zigarette und als ich fertig war, lud man mich wieder ein und es ging weiter. Dabei merkte ich bevor ich eingeladen wurde, dass das Fahrzeug ein Potsdamer Kennzeichen hatte. Wieder unterwegs sprach kaum jemand und die drei bei mir hinten blätterten nur in ihren Unterlagen. Die Fahrt dauerte ewig und es war für mich sehr bedrückend und irgendwie total unreal. Sie musterten mich ständig oder legten ihre Mappen so hin oder hielten sie bewusst so, dass ich das ein oder andere sehen konnte und sie beobachteten mich und wie ich wohl reagiere. Ich habe mir nichts anmerken lassen und blickte nur aus dem Fenster und achtete auf die Strecke, die gefahren wurde. Ab und zu schloss ich die Augen und versuchte zu entspannen, da mir total übel gewesen ist und durch die schusssichere Weste schwitzte ich wie verrückt. Mir kam der Weg verdächtig lange vor und als ich nach drei Stunden Fahrt nach einem kurzen Schlaf wieder wach wurde, stellte ich anhand der Verkehrszeichen fest, dass wir in Brandenburg sind und nicht in Berlin. Da sagte der eine zu mir, dass sie mich belogen hätten und sie fahren ein Anwesen an, was sie mir zeigen möchten und ob ich dazu was sagen kann. Ich wollte sofort zurück zum Knast und der eine meinte nur, dass wir gleich da sind. Ich war total durcheinander, weil mir so was auch noch nie passiert ist und ich auch nicht für möglich gehalten hatte zu was diese Arschlöcher fähig sind und mit welchen Methoden sie arbeiten. Sie fuhren an einem Anwesen langsam vorbei und sofort wurde auf mich eingeredet, ob ich darüber etwas sagen kann, wer da wohnt und, und, und… Ich hatte nur gesagt, dass ich keine Ahnung hätte und noch nicht einmal diesen Ort kenne. Dann rückte einer mit der Sprache raus und er sagte, dass sie wissen, dass ich vor Monaten Kontakt zu zwei der gesuchten Ex-RAF Leuten gehabt hätte und dabei wedelten sie mit Fotos von diesen Menschen vor mir rum. Ich erklärte, dass ich nur mit einer Anwältin rede. Dann wurde einer direkter, dass wenn ich ihnen helfe, dass es dann zu keiner Auslieferung kommen würde, die ich mir nicht einmal erträumen könnte. Sogar mit einer Belohnung von 80 Tausend könnte ich rechnen. Ich sagte die ganze Zeit kein Wort und dann sagte der eine, dass er wieder zurück fahren könnte in die Haftanstalt. Die zwei Chefs unterhielten sich ständig und immer wieder dazwischen drin versuchten sie mit mir zu reden, einen auf guten Kumpel zu machen und ob sie mir was Gutes tun können wie etwa Motorradzeitungen. Ich verneinte ALLES! Dann sagte der Chef aus Niedersachsen, dass man es sicher arrangieren könnte, dass ich ein Handy in der Zelle habe und sie würden das schon mit der Anstalt abklären, so könne ich zu den Menschen besseren Kontakt herstellen. Dabei diskutierten sie welches für mich am Besten wäre. Und der Brandenburger LKA Chef meinte (er zeigte mir seine Uhr), dass eine Telefonuhr für mich gut wäre, aber ich dürfte das keinen Mitgefangenen erzählen. Ich dachte echt ich spinne, was sie mir da angeboten haben. Ich wollte schon sagen, dass ich das nicht brauche, weil ich ja offiziell telefonieren darf. Aber das habe ich mir gleich verkniffen, nicht dass sie auf die Idee kommen, dass sie das Abhören wollen.

Während der ganzen Fahrt zurück sagte ich kaum ein Wort und immer wieder unterbrachen sie ihre eigene Unterhaltung und redeten auf mich ein, immer wieder mit dem Vorschieben der Auslieferung. Kurz vor der Anstalt sagte der aus Berlin, dass ich es mir überlegen soll, dass ich niemanden davon erzählen darf, auch nicht meiner Anwältin, niemand und selbst die Anstalt weiß von NICHTS, sondern denen wurde so wie mir auch erzählt, dass ich zur Generalstaatsanwaltschaft wegen der Auslieferung nach Berlin gefahren werde. Dann steckte einer mir seine Adresse in die Hosentasche und wir fuhren in die Schleuse, wo man mir die Fuß- und Handfesseln abmachte und ich zog sofort die Weste aus. Ich bekam meine Zigaretten und mein Feuerzeug und ein Beamter brachte mich sofort zurück auf die Station in mein Haus, wo gerade Aufschluss gemacht wurde.

Der eine vom LKA wollte mir noch die Hand geben und verabschiedete sich. Ich sagte kein Wort und gab ihm auch nicht die

Hand. Von den Beamten fragte mich niemand, was das für eine Aktion bzw. Einsatz das gewesen ist. Ich hörte in der Schleuse Sekunden bevor ich zurück gebracht wurde, wie der vom LKA Niedersachsen zum Beamten sagte, dass man das Telefon wieder frei schalten kann. Diese Wichser! Nun weiß ich warum das Telefon für mich am Morgen gesperrt gewesen ist. Ich hatte den ganzen Tag nichts zu Essen und nichts zu Trinke, und rauchte nur zwei Zigaretten. Zurück auf der Station rief ich gleich meine Frau an, erzählte ihr aber nichts von dem Überfall auf mich.

Aber am nächsten Tag fingen die ersten Probleme an. Ich unterhielt mich mit zwei Gefangenen mit denen ich mich hier abgebe (ich erzählte auch ihnen nichts) und tagsdarauf kam gleich in der Früh einer von den beiden und erzählte mir, dass die Beamten durch die Blume ihn auf etwas angesprochen haben, was sie NICHT wissen können und über das wir uns Tags zuvor unterhalten haben. Solche Ereignisse sind nun bis heute vier mal vorgekommen, zwei mal als wir das testeten, ob wir vielleicht nur paranoid sind und uns einbilden, aber ich bin mir nun sicher, dass ich abgehört werde sobald ich mit einem anderen Gefangenen rede! Die Beamten können gewisse Dinge gar nicht wissen, unmöglich und niemand sonst hat es mitbekommen. Also bleibt nur noch, dass ich abgehört werde. Die letzten Tage kommt plötzlich auch immer ein Gefangener vorbei, der mit mir derbe einen auf guten Kumpel machen möchte und das durchschaute ich sofort. Der wurde von den Beamten angesetzt. Ich sagte immer, wenn der Gefangene kam, ich hätte keine Zeit, sondern muss dieses oder jenes machen. Heute kam er noch kein einziges Mal. Ich brauchte einige Tage, um das alles zu verarbeiten und schreibe heute das erste Mal darüber, wie sie versuchten mich zu erpressen.

Ich bin fassungslos und schockiert, dass man versucht meine Ängste so auszunutzen. Als ich zurück kam von den Schweinen, habe ich wirklich überlegt, ob ich meinem Leben nicht doch am Besten gleich ein Ende setzen soll. Und nachdem ich nun auch hier drinnen sehr auf der Hut sein muss, macht es das Leben für mich noch viel schwieriger, schon fast unerträglich! Durch die Veröffentlichung dieser Zeilen will ich allen klar machen zu was sie im stande sind und welche Macht sie ausüben können, diese Schweine! Seit meiner Inhaftierung war das LKA vor diesem Großeinsatz schon drei mal bei mir und versuchte mich zu bearbeiten. Diese verdammten asozialen Drecksschweine! Und man muss sich nun vorstellen, selbst ein Handy würden sie reinbringen, wofür andere über Wochen in den Arrest müssen, wenn man sie erwischt. Selbst die Anstalt tanzt nach ihrer Pfeife.

Ich muss die Tage so vorsichtig sein, mit wem und was ich rede. Denn sie versuchen um jeden Preis an Informationen zu kommen. Ich habe die Befürchtung und ernsthafte Sorge, dass wenn die Anwältin kommt, sie diese Unterhaltung genauso abhören. Damit muss ich rechnen und es wäre auch nicht das erste mal bei Gefangenen, dass solche staatlichen Praktiken angewendet werden. Ich erinnere nur an die damaligen Inhaftierten der RAF in Stammheim, wo die Gefangenen dann durch einen Test mit der Äußerung zu einer Geiselnahme, die Schweine überführten. Denn der Statt reagierte auf das abgehörte Gespräch zwischen den Verteidigern und Inhaftierten ohne zu wissen, dass dieses Gespräch nur ein Test gewesen ist. Jahre später räumte ein Untersuchungsausschuss diese Abhörmaßnahme auch ein.

Ich bekomme es auch auf andere Weise zu spüren, hier in der Haft. Und zwar werden alle Anträge von mir, wirklich ALLE, entweder nicht eröffnet, manche sind gar nicht mehr auffindbar, oder so wie ich es am Montag den 16.10. selbst gesehen habe: Ich sollte zu diesem verlogenen Arschloch an stellvertretenden Hausdienstleiter Herr Buchner. arroganter Hund der Wunder was glaubt, was er ist. Ich musste zu ihm ins Büro, wo folgendes passiert ist: Er händigte mir endlich nach mehreren Einbehaltungen, die letzten zwei Ausgaben der Gefangen Info aus, die man vorher zensierte und er sagte, sollte er bei irgendeinem anderen Gefangenen diese Zeitung oder andere Schriften finden, hätte ich mit Konsequenzen zu rechnen. Ich war so sprachlos, dass ich nichts darauf erwiderte. Plötzlich sah ich auf seinem Tisch zwei Anträge von mir, in denen ich beantragte, dass man mich nach Berlin verlege, da dort meine Verlobte und alle Freunde wohnen und so weiter. Diese Anträge sind zwei Monate alt und wurden noch nicht einmal bearbeitet! Die lagen einfach nur da und man ignorierte das einfach. Er hat nicht damit gerechnet, dass ich die Anträge entdeckte und wahrscheinlich hat er auch nicht daran gedacht, diese wegzuräumen. Ich sagte sofort zu ihm, dass ich nun meine Anwältin kontaktiere und sie sich mit ihm in Verbindung setzen wird.

Kein Wort sagte er dazu – nichts! [...]

Ich bitte, dass so mit Namen zu veröffentlichen! Ich habe KEINE Angst! Ich werde mich NIEMALS hinter einer Anonymität verstecken, sondern ich stehe zu ALLEM was ich sage, dass ist mir ganz wichtig! Würde ich mich nur einmal verstecken, ich könnte NIE mehr in den Spiegel sehen und ich würde meine Ehre verlieren! Mit so was könnte ich nicht leben! Und jeder der mich kennt, der weiß, dass das mein Markenzeichen ist, dass es kein Verstecken gibt, egal welche Konsequenzen auch immer mich erwarten könnten!

Dieser dreckige Naziknast übertrifft alles! Drei Prozent Ausländeranteil und diese Gefangenen haben nur Angst. Denn die anderen Gefangenen machen hier ganz offiziell und auch auf den Gängen vor den Beamten ihre Hitler Sprüche oder rechtsradikalen Begrüßungen. Die Beamten stehen nur lächelnd da uns sympathisieren mit den Gefangenen. Hier ist das Verhältnis zwischen den Rechten und den Beamten so innig, dass sie gemeinsam lachen, rauchen, sich auf die Schippe nehmen, als ob sie die besten Freunde wären.Gestern Abend zum Beispiel spielte über mir ein Gefangener bei offenem Fenster mit seiner Gitarre rechte Lieder mit krassen Texten. Die anderen Gefangenen grölten und applaudierten. Das hören auch die Beamten, da sie fünf Meter weiter ihr Rauchereck haben. Unabhängig aber davon ist es so laut, dass sie es gar nicht abstreiten können. Aber niemand unternimmt hier etwas dagegen. NIEMAND! Und fast alle Gefangenen fahren dieses Schiene! Wenn man als Neuer hier rein kommt, sieht man sofort bei den Mitgefangenen (75 Prozent) ihre rechten Tätowierungen. Alles sichtbar, teilweise sogar am Hals, an den Armen und einigen sogar im Gesicht. Sie tragen es offen zur Schau. Ich unterhielt mich mit einem lieben Menschen aus Syrien, der mir im gebrochenen Deutsch sagte, dass die Beamten gemein zu ihm waren und nicht helfen, ihm keine Hilfestellung bei Sachen geben, die den Vollzug betreffen. Ein anderer wurde von den Beamten schon so dumm angemacht, obwohl er kein Wort deutsch verstand. Seit Wochen ist er ohne Fernseher und geht nicht zu den Beamten. Wenn ein Deutscher kommt und kein Fernseher oder Radio hat, bekommt er spätestens tagsdarauf alles, was er braucht. Tja, das ist der tiefe Osten und hier steht die Zeit still. Die wenigen ausländischen Mitgefangenen sind alleine und gehen auf die Beamten nicht zu, genauso wenig zu den Deutschen. 200 Gefangene sind hier und davon 180 rechter Gesinnung, was ganz offen zur Schau gestellt wird, ohne das jemand einschreitet! Sollte mir hier innen nur einer zu nahe kommen, werde ich eine Lektion verpassen, die sie nicht vergessen werden. Vielleicht werde ich ja dann endlich verlegt.

Das ist also meine derzeitige Haftsituation. Und es gibt noch viel viel mehr, was es zu erzählen gäbe und was passiert ist. Ich hoffe, dass diese Zeilen eine breite Öffentlichkeit erreichen und dass vielleicht Menschen auf die Barrikaden gehen um diese Zustände zu beenden.

Ich kämpfe Tag für Tag, ich stecke Erniedrigungen, Ausgeliefertsein und meine Angstzustände wegen einer eventuellen Auslieferung nach Italien und was mich dann WIEDER erwartet, weg.

Aber es ist schwer!

Ich möchte keine Angst mehr haben müssen. Ich möchte so gern, dass mein Kopf wieder frei ist, ohne das Chaos darin. Diese Schweine haben so viel in mir kaputt gemacht und mit jedem Tag ein Stück mehr von mir!«

Haftverlegung durch SEK und Psychoterror

30. Dezember 2017

»Am 4. Dezember 2017 gegen 11.30 Uhr saß ich in meiner Zelle in der JVA Volkstedt und schrieb gerade einen Brief, als meine Zellentüre aufging und zwei Beamte davor standen und meinten, dass ich kurz aus meiner Zelle kommen soll. Ich ging davon aus, dass mein Haftraum durchsucht wird und ging raus auf den Gang.Hier bemerkte ich schon im Vorfeld, dass etwas nicht stimmt. Zwanzig Meter weiter am Ende des Ganges stand der Hausdienstleiter und der Sicherheitschef, beides Arschlöcher vom Dienst, die meinten ich soll in den vor ihnen liegenden Raum. Ich trat ein und war total erschrocken. Vor mir standen fünf schwarz vermummte und ich erkannte sofort, dass es sich um ein SEK-Einsatzkommando handelt.

Sofort sagte einer: »Sie werden jetzt in eine andere Haftanstalt gebracht – sind sie kooperativ?«
Ich: »Wohin geht es?«
Er: »Das können wir ihnen nicht sagen.«
Ich: »Ich würde gerne meine Anwältin anrufen!«
Er: »Jetzt im Moment nicht.«

Dann musste ich mich vor insgesamt neun Personen nackt ausziehen. Dabei verlangte man von mir, dass ich meine Arschbacken auseinander ziehe und dabei vorne über beuge, sowie meinen Intimbereich anhebe so dass man unten rum alles sehen kann. Die Fußsohlen zeigen und dann wurde mit einer Taschenlampe mein ganzer Mundbereich durchsucht. Eine unglaubliche Erniedrigung und ich fühlte mich total eingeschüchtert. Während dieser Untersuchung kontrollierte ein anderer meine ganze private Kleidung, die ich vorher am Leib hatte. Ein anderer holte aus meiner Zelle eine Anstaltsjacke, in der ich in der rechten Tasche noch eine Tablette versteckte. Diese Jacke wurde auch sehr gründlich kontrolliert, aber trotzdem entdeckten sie die Tablette nicht. Ich durfte mich anziehen und dann wurde ich komplett an Händen und Füßen gefesselt. Die ganze Situation war dermaßen schockierend und ich hatte scheiß Angst auf Grund meiner Vergangenheit und was ich schon für Schläge bekommen hatte! Ich redete kein einziges Wort mit ihnen! Die ganze Zeit überlegte ich, warum die das mit mir tun, was ich verbrochen habe, was der Anlass ist. Ich kam auf nichts, weil ich nicht das geringste getan habe! Ich wurde durch die SEK-Leute in ein Fahrzeug gebracht und der Weg kam mir so lange vor und ich hatte durch die Fesselung Schwierigkeiten zu laufen. Alles lief in meinem Kopf wie in Zeitlupe ab und in meinem Kopf rauchte es! Von meinen ganzen Sachen aus meiner Zelle bekam ich NICHTS und ich musste alles zurück lassen. Mit Autos und schwerst bewaffnet mit Pistolen und Maschinengewehren fuhren sie mit mir aus der Anstalt und kurz darauf auf die Autobahn. Ich dachte zuerst, dass es nach Berlin geht und dass es genau die Strecke gewesen ist. Aber als man nach einer über einstündigen Fahrt abbog Richtung Burg, wusste ich Bescheid. Wir fuhren zur JVA Burg zur Torwache, wo sofort die Schleuse aufging und die Wagenkolonne mit mir rein fuhr. In der Anstalt angekommen lud man mich aus und erlöste mich von den Fesseln. Dann ging es zu einem Raum und es warteten schon unzählige Beamte auf mich! Sie wussten alle Bescheid, nur ich nicht! Ich klemmte mir meine geschmuggelte Tablette zwischen meine Finger und dann stand ich erst mal vor allen diesen Menschen, die mich mit ihren Blicken musterten, so ungefähr: Das ist also dieses schwere Kaliber. Dann musste ich mich wieder nackt ausziehen und das gleiche Prozedere, Arschbacken auseinander, Intimbereich anheben, Fußsohlen zeigen, Mund öffnen und Handflächen zeigen. Ich bekam Anstaltskleidung (Privatwäsche ist hier verboten) und wurde mit mehreren Beamten dem Anstaltsarzt vorgestellt. Auwaia, ich kenne diesen und da werde ich mich auf einiges gefasst machen müssen! Ein schlimmeres Arschloch als der andere! Bei meiner Inhaftierung am 31.7 kam ich für eine Woche in die JVA Burg, wo ich ebenfalls diesem Arzt vorgestellt wurde, dem ich sofort erzählte, dass ich draußen ein Schmerzpatient bin und täglich 16 mg Subutex seit über 2 ½ Jahren nehme. Er lachte nur blöd und stellte mich als Lügner hin. Nichts bekam ich BIS HEUTE! Ich wurde also nach der Vorführung mit mehreren Beamten auf eine normale Station gebracht und bekam einen Haftraum zugewiesen. Auf der Station kann ich mich ganz normal bewegen. Allerdings sobald ich außerhalb der Station irgendwohin muss, begleiten mich immer mehrere Beamte! Auch in meiner Zelle kommt nie ein Beamter allein! Erst seit kurzem kann ich wieder telefonieren und ich bekam auch erst alle meine Sachen aus Volkstedt nachgeschickt und bis auf Privatkleidung ausgehändigt. Ich hatte mehrere Wochen nichts, keine Schreibsachen, keine Hygieneartikel zum Waschen, keinen Tabak, einfach gar nichts! Ich konnte niemandem schreiben oder mal ganz kurz anrufen. Nun sind einige Wochen vergangen und ich habe mich etwas eingelebt. Die Gefangenen sind hier genauso fast alle rechts eingestellt wie in Volkstedt. Ich gebe mich also bis auf eine Person mit niemandem ab und selbst wenn Aufschluss ist, bleibe ich in meiner Zelle. Ich denke, dass es früher oder später sicher Ärger geben wird, wenn die Rechten erfahren, wer ich bin. Es ist schlimm für mich, wenn man sich selber so isolieren muss und auch sonst keinen zum Reden hat! Einzig positiv ist, dass die Beamten mir meine Ruhe lassen. Soweit sind sie sehr höflich und einer kam vor Tagen auf mich zu und erzählte mir, als ich hier in Burg angekommen bin, waren alle in heller Aufregung und sie erzählten sich, dass da jemand von der RAF kommt. Vor einer Woche stellte meine Anwältin die JVA Volkstedt zur Rede, warum man so mit mir umspringt. Daraufhin kam eine total verlogene Stellungnahme vom dortigen Anstaltsleiter, bei welcher meine Anwältin und ich sowie meine Partnerin und Freunde aus allen Wolken gefallen sind! Nicht nur dass er einen Scheiß geschrieben hat, sondern er hielt mir auch meine Kontakte vor und dass er Hinweise hätte zu einer Gefangenenbefreiung. Ich denke, dass war die Quittung, weil ich mich in jeder Hinsicht zu einer Zusammenarbeit mit LKA und Anstalt weigere! Und das wird sich auch NIE ändern! Und dazu kommt noch durch meine letzten Zeilen und die Veröffentlichung, dass selbst Politiker hellhörig wurden, was das LKA mit mir abgezogen hat. Psychisch geht es mir total beschissen und ich kann nicht mehr schlafen. Manchmal schlafe ich kurz im Sitzen ein, aber versuche dann mich zu zwingen wach zu bleiben. Ich habe Angst vor dem Schlafen, so verrückt sich das für den ein oder anderen anhören mag. Und ich muss gestehen mit allem was mir passiert ist, dass ich vierundzwanzig Stunden am Tag, ob Tag oder in der Nacht nun immer mit irgendeiner neuen Aktion rechne! Ich bin bei geringsten Geräuschen irre schreckhaft! Das alles ist ein reiner Psychoterror! Und von meinem körperlichen Zustand ganz zu schweigen! Ich habe fast täglich Nierenschmerzen und ab und an fällt mir das Laufen und meine ganze Motorik schwer. Letzteres teile ich oft schon den Ärzten hier mit, aber immer vergebens und ich sag auch schon nichts mehr! Es interessiert eh keinen! So ist also mal wieder der Stand der Dinge. Ich warte, dass die Zeit vergeht, ich warte auf eine nächste Aktion gegen mich und ich warte darauf, ob man mich nun nach Italien ausliefert.

Ein furchtbarer grausamer Zustand ist das!«

Über verweigerte ärztliche Behandlung, Gewalt unter Gefangenen und den Alltag in der JVA Burg

JVA Burg, den 17.3.2018

»Nun sind es fast 3 ½ Monate seit meiner Zwangsverschleppung durch das SEK aus meiner Zelle in der JVA Volkstedt. 3 ½ Monate bin ich nun hier in Burg und meine Zeit geht nun langsam dem Ende zu bis zur Auslieferung. Je näher der Tag kommt, je nervöser und depressiver mit vielen Ängsten verbunden werde ich. 3 ½ Monate wurde ich jedes Mal, wenn ich die Station wegen irgendetwas verlassen musste, ob Besuch oder sonstiges, von mehreren Beamten begleitet, egal wohin es ging. Selbst bei vertraulichen Arztgesprächen in der Krankenstation waren sie mit anwesend und hatten mich immer im Auge. Auf der Station kann ich mich zwar frei bewegen, aber ich weiß und merke, dass ich nach wie vor ganz genau beobachtet werde. Wenn ich während der Aufschlusszeiten mich einmal Tage lang nicht blicken lasse, weil ich ohnehin mit fast allen Gefangenen nichts anfangen kann (dazu gleich mehr), dann kommt schon mal jemand aus dem Dienstzimmer und erkundigt sich nett und höflich, ob alles in Ordnung wäre und es mir gut geht. Natürlich wissen sie auch, dass ich körperlich wie auch von meiner Psyche angeschlagen bin.

Erst vor kurzem habe ich mich von einer schlimmen Erkrankung nach fast zwei Wochen erholt. Ich lag fast 24 Stunden am Tag im Bett, hatte ständig Fieber, konnte kaum noch etwas essen und mir fiel es irre schwer meinen täglichen Anruf zu tätigen um Bescheid zu geben, wie es mir geht und so weiter. Von Anfang an habe ich die Vorführung zum Anstaltsarzt Dr. Klose verweigert. Ich war schon einmal für eine Woche hier in der JVA Burg bis man mich auf Grund der Zuständigkeit nach Volkstedt verlegte. In dieser Woche wurde ich bei meiner Einlieferung auf die Krankenstation gebracht und wurde dem Arzt vorgestellt. Durch das asoziale Verhalten des SEK bei meiner Festnahme (ich kam gar nicht dazu mich zu wehren) hatte ich eine Kopfverletzung. Dieser Arzt stellte sich mir erst auf Nachfragen mit seinem Namen vor. Ich erklärte ihm sofort, dass ich seit über zwei Jahren Medikamente nehme und ständig Blut pisse. Ich sagte ihm, dass ich täglich mehrere Tabletten, also mindestens 16mg Subutex nehme. Mit einer Arroganz stellte er mich als Lügner hin und behandelte mich wie das letzte Arschlosch. Er hörte nicht mal zu, erzählte mir etwas von einem Drogenausweis, den ich haben müsste und so weiter. Ich hatte keine Ahnung, was er damit meinte mit einem solchen Ausweis, versuchte ihm mehrfach zu erklären, dass ich mit Drogen nichts zu tun habe, sondern Schmerzpatient bin, und ich gab ihm die Adresse von meiner zuständigen Ärztin. Den Typen hat wirklich nichts interessiert, er war so scheiß arrogant. Keine Blut- oder Urinuntersuchung, einfach nichts. Während meines Arztgespräches habe ich Dr. Klose auch darauf hingewiesen, dass ich seit Monaten ein Schreiben meiner Hausärztin wegen meiner Medikation, welche ich seit über zwei Jahre als Schmerzpatient bekomme, in meiner Krankenakte befindet. Er blätterte erstmal ewig in der Akte herum und ist dann endlich auf das Schreiben gestoßen (daran sieht man mal, dass niemandem dieses Schreiben meiner Ärztin interessierte und dieses nur ignoriert wurde). Dr. Klose meinte dann nur, dass das doch ein Gefälligkeitsschreiben wäre und er so was auch schon gemacht hätte. Ich war sprachlos und konnte dazu einfach nichts mehr sagen. Wo bin ich hier nur hingeraten? Warum macht man das mit mir? Warum hat keiner Rücksprache mit meiner Hausärztin gehalten um nachzufragen? Was unterstellt man uns? Meine Partnerin schickte vor Monaten sogar Röntgenbilder von meiner Hüfte in die JVA Volkstedt als ich mich noch dort befand. Auch darauf bekam ich nie eine Antwort, obwohl auf den Bildern zu sehen ist, dass mit meiner Hüfte etwas nicht richtig ist. (Bilder, die kurz vor meiner Inhaftierung gemacht wurden.) Ich weißt einfach nicht mehr weiter und sowas nennen sie hier drinnen Ärzte. Die wollen nichts tun, haben draußen wahrscheinlich versagt und arbeiten darum Drinnen. Ich musste ein paar Tage auf der Krankenstation bleiben und als ich Tags darauf auf die Toilette ging pinkelte ich wieder Blut. Sofort und ohne zu spülen, drückte ich die Glocke der Notrufanlage und schon hörte ich jemanden. Nach kurzer Schilderung kam nach nicht einmal einer Minute ein Beamter, eine Schwester und Herr Klose. Er sah in die Toilette, sah also dass Blut und dann tastete er meine Seiten am Oberkörper ab, wo die Nieren sitzen und meinte, dass die nicht geschwollen wären, also alles nicht so schlimm sei.

Es gab KEINE Untersuchung anschließend und es wurde dabei belassen. Ich fühlte mich jedoch so angeschlagen, dass ich nichts weiter darauf sagte, aber mich auch nicht wirklich mehr traute. Mehrfach am Tag sagte ich allerdings, dass es mir nicht gut geht, weil ich mein Medikament bräuchte. Auch darauf wurde NICHT reagiert, obwohl ich immer wieder darum gebeten habe, dass man doch meine Hausärztin kontaktieren soll, was auch nicht getan wurde. Mir ging es immer schlechter!

An einem Mittwoch oder Donnerstag, ich glaube nach drei Tagen Aufenthalt in der Krankenstation wurde ich auf eine normale Station verlegt, in einen Einzelhaftraum. Ich war, obwohl es mir körperlich so mega schlecht ging, total sprachlos, weil fast ständig die Zellen offen gewesen sind und es sogar Telefon auf der Station gab. (Ich kenne ja nur Bayern). Nur hatte ich leider noch keine Möglichkeit zum Telefonieren, sondern musste erst einmal einen Antrag hierfür stellen. Ich lernte jedoch einen Gefangenen kennen, der mehrfach täglich mit seiner Partnerin telefonierte und ich hatte ihn darum gebeten, ob er nicht über seine Frau meine Partnerin kurz kontaktieren könnte, um sie über meine aktuelle Situation zu informieren. Natürlich hat er das auch gleich gemacht. Er gab seiner Frau die Telefonnummer und so konnte man einen kleinen Kontakt herstellen. Ich hatte ja nichts, keine Schreibutensilien, einfach nichts. Körperlich ging es mir immer schlechter und so ging ich zu einer Stationsbeamtin, die gerade da war und erzählte ihr alles wegen meiner fehlenden Medizin. Sie sagte, dass sie mir leider nicht helfen kann, aber wenn ich wollte, dann würde sie versuchen, dass ich wieder auf der Krankenstation aufgenommen werde. Ich überlegte, sah es aber als sinnlos an, weil warum sollte dieser Arsch im Spital seine Meinung ändern? Ich war doch der Lügner und ein Stück Dreck. Genau so hat er mich behandelt und das ist auch keine Einbildung oder Überreaktion. Denn es gibt den ein oder anderen Beamten, die mich verstanden und selbst sagten, dass seine Arroganz gegenüber Gefangenen einfach unterste Schublade ist. Diese Beamtin also hat mir aber angeboten, dass ich über sie telefonieren darf, wenn ich möchte, was ich sofort dankbar angenommen habe und ich mir dabei gleich dachte: Das wäre in Bayern gar nicht möglich, niemals! In Bayern darf man mal anrufen, wenn zuhause wirklich was schlimmes passiert ist und dann auch nur im Beisein des Beamten, der mithört. Nicht zu vergessen, dass man aber vorher einen Antrag mit Begründung schreiben muss. Die einzige legale Möglichkeit, dass man in Bayern hin und wieder mal telefonieren darf, ist wenn man sich mit einem der beiden Kuttenbrunzer (auf gut bayrisch gesagt) gut stellt und auch regelmäßig ihren Gottesdienst besucht. Die Anstaltsgeistlichen in Bayern haben auch immer in ihrem Büro ein ganzes Arsenal an Tabak und Bomben (Kaffeegläser) im Schrank eingesperrt und wenn man mal richtig blank ist – und dass sind wir alle fast immer – rückt einer der beiden Kuttenbrunzer immer mal etwas raus, natürlich gegen eine Gegenleistung. Man sollte also hin und wieder sich Sonntags zur Kirche melden über den Stationsbeamten und in der Kirche irgendwie am Besten bemerkbar machen, vielleicht am lautesten singen, damit der Pfarrer auch registriert hat, dass du da gewesen bist. Ein oder zwei Tage darauf schreibt man dann ein paar persönliche Zeilen im verschlossenen Umschlag, dass man gerade so knapp bei Kasse ist. Der kommt dann auch irgendwann persönlich vorbei und bringt einem eine Kleinigkeit.

Na auf jeden Fall war ich hier in Burg über die Beamtin total überrascht, dass sie mich einfach hat anrufen lassen ohne dass ich dieser Frau eine großartige Story habe erzählen müssen. Als meine Frau abgehoben hat, erzählte ich ihr sofort von meinem Problem mit diesen Anstaltsarzt Klose und dass er mir irgendetwas von einem Giftausweis erzählte und mich abservierte ohne dass er mir half, wie als wäre ich ein Lügner. Meine Frau, die auch viel im Medizinischen Bereich tätig ist, verstand sofort, was er meinte und sagte, dass sie eine ärztliche Bestätigung von unserer Ärztin besorgt und auch unsere Hausärztin darüber verständigt. Die Beamtin, die bei dem Telefonat mit anwesend war, hörte also selbst, dass ich keinen Schmarrn erzählte, konnte mir aber trotzdem nicht helfen. Einige Tage später sagte sie aber zu mir, dass sie die ersten Tage schon befürchtete, dass ich durch den Entzug meiner Medizin umkippen würde und ein Arzt gerufen werden müsste. Ich kam ja dann nach einer Woche wegen der Zuständigkeit (da ich zu der Zeit offiziell nur wegen Fahren ohne Führerschein in Haft war) in die JVA Volkstedt und dann, wie bereits berichtest, mit dem SEK Anfang Dezember wieder zurück in die JVA Burg. Fast siebzehn Jahre Hafterfahrung besitze ich und habe alles im bayrischen Vollzug abgesessen, bis zum letzten Tag. Und darum habe ich noch nie einen Vollzug erlebt wie es ihn hier gibt. Knast ist Knast, so oder so ist man seiner wertvollen Freiheit beraubt, aber ich bin sowas von sprachlos über diesen Vollzug! Alles was ich hier nun schreibe, habe ich noch nie in einem bayrischen Vollzug erlebt, was man hier als Gefangener für Möglichkeiten hat. Nicht ansatzweise wäre ein Vollzug wie er hier ist, in Bayern vorstellbar! Das fängt schon an beim Aufschluss. Auch beim Essen gibt es wirklich nichts zu meckern! Während des Aufschluss kann man wirklich tun und machen, was man möchte, etwa in den Billiardraum oder Tischtennisraum gehen, auf dem Gang telefonieren, Dart spielen, oder in der Stationsküche, die groß und voll ausgestattet ist, kochen und backen. Beim Einkauf habe ich noch nie in fast 17 Jahren so eine Einkaufsliste gesehen! Man bekommt wirklich Alles! Bis auf den Auf- und Einschluss sieht man auch keinen Beamten, wenn man nicht unbedingt am Dienstzimmer klopft. Wenn man möchte, hat man seine Ruhe und ich muss sagen, im Vergleich zu Bayern sind alle Beamten bis auf einen vom Besuch, worauf ich noch kommen werde, verdammt höflich und nett. Ich muss es nochmals sagen, falls sich der ein oder andere wundert, weil ich sogar über die Bediensteten berichte, ich kenne sowas nicht aus Bayern! Da sind die Beamten super unhöflich, nicht wirklich alle, aber sicher 90 Prozent von denen. Hier hört man immer ein »Bitte« oder »Danke« und sogar bei allgemeinen Durchsagen, die ganz selten vorkommen, »Bitte« oder »Danke«. Ich fühlte mich hier bis auf die ärztliche Versorgung mehr als Mensch behandelt als in Bayern. Dort ist es meist so, dass man einfach nur weggesperrt wird und die Beamten sich einen Scheißdreck um einen kümmern. Man bekommt es täglich zu spüren und die Hauptsache dort ist, dass der Gefangene in seiner Zelle sicher untergebracht ist. Ich habe vom bayrischen Verwahrvollzug, nicht anders kann man diesen bezeichnen, einen wirklichen Dachschaden davon getragen. Und gerade Familie, Freunde und Partnerin, die einen kennen, die bekommen nach einer langjährigen bayrischen Inhaftierung einen ganz anderen Menschen zurück! Verhaltensgestört, eher schlimmer als vorher, wird man dort entlassen. In Bayern wäre es ihnen am liebsten, wenn der Gefangene sich gleich von Anfang an zur Ratte entwickelt. Wenn man ihnen schön fest in den Arsch kriecht und seine Mitgefangenen verrät, dann kann man vielleicht etwas erhoffen und leider gewinnen sie oft mit ihren Systemen. In meinem jetzigen Vollzug darf man seine Zelle richtig gemütlich ausstatten, man darf hier Musik-CDs haben, große Stereoanlagen, Playstation, Kaffeemaschinen, DVD-Player und, und, und. Klar gibt es auch Nachteile wie etwa, dass man sich keine Briefmarken schicken lassen darf, oder etwas private Sportkleidung. Sogar Langzeitbesuch darf hier jeder haben, dass ist alles unvortsellbar in Bayern. Ein Freund zum Beispiel durfte mir nie in Bayern Bücher schicken, hier schon. Selbst meine Anwältin sagte, dass wenn sie hier anruft, sie noch keine Anstalt erlebt hat, die so kooperativ ist. In Bayern oder auch in den meisten Anstalten in der BRD darf der Inhaftierte nur zwei Mal im Monat Besuch haben. Hier darf man so oft man möchte und es die Kapazitäten her geben Besuch haben. Maximal am Stück zwei Stunden. Wenn man also zeitig die Besuchsanträge stellt, kann man auch zwei mal in der Woche Besuch empfangen. Das ist erst mal abgefahren! In Volkstedt hatte ich nur einmal im Monat 2 Stunden Besuch und die hat es nicht interessiert, woher deine Angehörige kommen, ob aus Berlin oder Bayern. Die waren knallhart! Und auch in Bayern sind zwei Stunden Besuch im Monat die Regel. Allgemeine Anträge, die man hier stellt, werden so schnell bearbeitet, wie ich es wirklich sehr selten erlebt habe. Bei diesem Pack in Volkstedt konnte man froh sein, wenn man nach ein paar Monaten eine Antwort bekam. Meistens musste man dort zig Mal nachfragen, sonst wäre überhaupt keine Antwort gekommen. Zwar waren die Bediensteten auch sehr höflich und man hatte seine Ruhe, aber schlimm war es mit dem Pack, die nach den Stationsbeamten kamen. Und deswegen ging ich auch so oft an die Decke! Denn das, was sich dort stellvertretende Hausdienstleitung, Hausdienstleitung oder das Oberarschloch von Anführer, dieser Anstaltsleiter »Winterberg«, erlaubten, ist eine richtig krasse Nummer gewesen! Man belog meine Anwältin, als sie nachfragte, was es mit meiner Zwangsausführung durch das LKA auf sich hat und so weiter. Als ich mit dem SEK hierher verschleppt wurde, war hier eine helle Aufregung wegen mir. Der muss denen eine Story erzählt haben, dass hier richtige Sicherheitsauflagen wegen mir verfügt wurden. Bis noch vor circa drei Wochen waren immer mehrere Beamte an meiner Seite, egal wohin ich musste und ich habe erst lange nicht verstanden, warum das so ist und fragte mich, was ich verbrochen habe, dass man so mit mir verfährt. Nach und nach kapierte ich es dann. Volkstedt bzw. ein Hausdienstleiter machte eine Anzeige gegen mich wegen Beleidigung gegen seine Person im Internet. Das ist mir aber scheiß egal!!! Von mir aus kann er mich auch zwanzig mal anzeigen, ich werde meine Schilderungen niemals zurück nehmen. Es passte nur keinem in Volkstedt, dass ich so offen über ihre Machenschaften berichtete und sie und das LKA waren angepisst, weil ich niemals zu einer Zusammenarbeit bereit gewesen bin, egal was mir droht!!! Auf das Übelste wurde ich in einer Stellungnahme aus der JVA Volkstedt von diesem Schwein »Winterberg« schlecht gemacht. In dieser Stellungnahme war gleichzeitig auch eine Stellungnahme von der Führungsaufsichtsstelle. In dieser wurde ich als gefährlich und in keinster Weise kooperativ dargestellt. Als Begründung gab man an, dass ich keine Deliktaufarbeitung zu einer Tat machte, welche ich 1999 begangen habe. Dieser miese Bericht der Führungsaufsicht stammt aus dem Jahr 2016. Führungsaufsicht hatte ich zum Schluss nur wegen ganz anderen Dingen und als Auflage vom Gericht galt es nur Arbeit- und Wohnortwechsel festzuhalten. Darum habe ich es nicht als notwendig angesehen, mit einem fremden Menschen, der ohnehin meines Erachtens keinerlei Feingefühl für einen Menschen wie mich hatte, über eine Tat zu reden, die zig Jahre zurück liegt und die nichts mit der jetzigen Verhängung der Führungsaufsicht zu tun hatte. Darum gab es für mich keinen Grund, warum ich mit dieser Person mehr reden sollte als notwendig. Dieser Typ wollte von Anfang an alles Private bis ins kleinste Detail wissen und das wollte ich nicht! Ich habe über diese Tat aus dem Jahr 1999 noch nie mit jemandem gesprochen, warum also jetzt nach so vielen Jahren, und dann auch noch mit einem Wildfremden. (…) Ich bin so erschrocken, als ich die Stellungnahme aus Volkstedt gelesen habe. Ist er Gutachter? Der ist doch gar nicht kompetent ein solches psychologisches Profil zu erstellen. Nun dann sage auch ich, dass der Anstaltsleiter »Winterberg« und der Mensch von der Führungsaufsicht eine narzistische Persönlichkeitsstörung mit sadomasochistischen Neigungen haben. Leider würde es den Rahmen sprengen, wenn ich die Stellungnahme der beiden oben genannten Personen mit veröffentlichen würde. […]

Als ich von meiner Zwangsvorführung mit dem LKA voriges Jahr berichtete, wurde das nach Bekanntwerden sofort von »Winterberg« und so weiter abgestritten. Ich stand da wie ein Lügner und nur Wenige glaubten mir. Erst als eine Abgeordnete eine offizielle Anfrage stellte, wurde allen klar, dass ich bis ins kleinste Detail die Wahrheit gesagt sagte. Mittlerweile bin ich froh, dass ich hier bin und der Vollzug wäre so ganz gut auszuhalten, wenn nicht die meisten Gefangenen so krass drauf wären! Ich weiß nicht woran es liegt, dass die Gefangenen hier im Osten schlimmer drauf sind als woanders. Auch hier in Burg ist die Mehrzahl der Gefangenen rechts eingestellt. Zwar nicht ganz so wie in Volkstedt, da die Menschen dort ihre rechte Gesinnung viel offener ausleben können, wie ich bereits berichtete, aber dennoch genauso extrem. Natürlich ist hier der Ausländeranteil viel höher, aber da scheren sich die Rechten einen Dreck drum. Ich hatte leider erst vor kurzem zwei Auseinandersetzungen in Folge, die ich aber auf meine Art ganz gut geklärt habe. Hier gibt es keinen Zusammenhalt, wenn es drauf ankommen würde, so wie ich es eigentlich kenne. Ganz im Gegenteil. Bei mir auf der Station wurden Mitgefangene ohne Grund auf das Übelste schikaniert und misshandelt. Es gibt viele, die gerne den Chef raushängen lassen, die in einer Gruppe von vier Mann auftreten, einen auf Gangster machen und sich den Kleinsten und Schwächsten auf der Station aussuchen und dann auf den Gang rufen: »Hey du Arschficker, komm her sonst gibt's eine auf die Fresse« und so weiter. Das geht soweit, dass sie ihm sogar ein Knastmesser an den Hals halten. Habe es mehr als einmal mitbekommen. Dieses Opfer war dermaßen verstört, voller Angst und eingeschüchtert, dass sogar ein Blinder erkennt, dass mit dem etwas nicht stimmt. Ich möchte gleich dazu sagen, dieser Kerl ist kein Vergewaltiger oder ähnliches ist, kein Verräter und hatte nur wenig Schulden. Es gab keinen Anlass für diese Schweinerei! Leider habe ich es viel zu spät bemerkt, was sie mit dem Kerl gemacht haben, sonst hätte ich Partei ergriffen, so wie ich es sonst auch mache. Er hat sich auf eine andere Station verlegen lassen und nun suchen sich diese Schweine ein neues Opfer. Es gibt hier viele, die sich nicht so wehren können und auch nicht gerade die hellsten Glühbirnen sind. Solche werden erst mal von ihren Elektrogeräten erleichtert. Ob der Typ will oder nicht, er gibt sein Zeug ohne irgendein Widerwort her. Es gibt auch Leute, die noch so jung sind, dass sie regelmäßig ihr eigenes Kindergeld auf ihr Gefangenenkonto einbezahlt bekommen. Es dauert nicht lange und die halbe Station sitzt bei denen in der Zelle und zieht sie ab. Sie lassen sich Alles von denen kaufen, bis sie nichts mehr haben. Sie machen das natürlich total gerne, weil sie glauben, dass das gerade alles ihre Freunde sind. Aber plötzlich, als dreitausend Euro auf den Kopf gehauen bzw. aufgeteilt wurden, waren alle weg. Leider sind das keine Einzelfälle und es beteiligt sich die halbe Station an diesem Raub. Diese Menschen werden dann durch ihre Mitgefangenen wieder wie der letzte Dreck behandelt. In manchen Gefängnissen woanders, da hätten solche Ratten von den Mitgefangenen auf's Maul bekommen! Es gibt auch welche, die zu sexuelle Handlungen gezwungen werden. Auch das passiert immer öfter. Das Schlimme ist für mich, dass hier alles mit Kameras überwacht wird und jedes Stationsbüro mit mindestens drei Beamten besetzt ist, aber niemand von denen sieht das oder will das mit den Mißhandlungen sehen. Es nimmt mich schon sehr mit, wenn ich sehe, wie sich die Gefangenen untereinander fertig machen! Sowas, also solch ein Verhalten kenne ich nicht aus Bayern! Die Menschen konzentrieren sich mit ihrer überschüssigen Energie auf Aktionen gegen das System. Aber niemals würde es sowas geben, dass die eigenen Jungs sich Gefangene suchen und dann mißhandeln in irgendeiner Form! Das würden schon die Gefangenen untereinander nicht zulassen! Hier sind jeden Tag irgendwelche Vorfälle. Es gibt auch die, die das Gerücht streuen, sie wären Angehörige berühmter Rockerbanden. Das wird dann auch noch geglaubt und die Leute scheißen sich dann so richtig ein vor denen. Ich habe noch nie so viele Leute im Knast getroffen wie hier in Burg, die zu großen Rockerclubs gehören, oder sich hier dann sich mit Namen von Anführern aus diesen Clubs profilieren. Sicher gibt es auch einige wenige, die wirklich dazu gehören. Dann gibt es hier viele, die bis oben hin zu sind mit irgendwelchen Mitteln und die stürzen dann den ganzen Abend auf dem Gang herum. Teilweise sind die so platt, dass sie kaum mehr richtig laufen können. Diese Schwachköpfe interessiert gar nicht, dass hier alles optisch überwacht wird. Aber dann wundern sie sich, wenn hier große Filzaktionen durch eine Sicherheitstruppe mit Drogenhund gemacht werden und dann Gefangene erwischt werden mit irgendetwas, wegen der Dummheit und Arroganz von anderen. Und wenn dann Großfilzung ist und viele erwischt werden, dann heißt es sofort: Verrat, Verrat! Das sie dafür verantwortlich sind, soweit denken sie gar nicht nach. Andere leiden dann dadurch und werden erwischt. Viele Gefangene kennen gar nichts anderes als den Knast in Burg.

Ich genieße manche Möglichkeiten regelrecht. So zum Beispiel mache ich mir alle paar Tage ganz viele und leckere Pfannkuchen! Zu geil, dass man hier kochen kann und auch noch was man möchte! Oder das Telefonieren! Wahnsinn und ich bin immer ganz aufgeregt, auch nach sieben Monaten, wenn ich zum Telefonhörer greife! Für mich ist das Alles gar nicht selbstverständlich! Man hat hier beim Einkauf sogar die Möglichkeit von Pornozeitungen. Wenn ein Beamter in Bayern so eine Zeitung bei einem Gefangenen finden würde, gäbe es richtig Ärger und ein Disziplinarverfahren. Ja, das Wichsen ist und auch nicht erlaubt in Bayern. Ist das nicht abgefahren? Ich kann nur jedem, der mit dem Vollzug zu tun hat, das Buch »22 Jahre Knast« von Dimitri Todorov empfehlen! Er spricht mir so aus der Seele! Allerdings verharmlost er vieles. So habe ich in Bayern oft erlebt, dass wenn schwule Gefangene in Amberg oder Straubing bei sexuellen Handlungen erwischt werden, sie ein Disziplinarverfahren bekommen. Das ist keine Seltenheit gewesen und habe ich sehr oft mitbekommen. Ich kann das Buch nur empfehlen, egal ob für Insassen oder Leute draußen. Zu meinem Erschrecken hat sich bis HEUTE kaum etwas im bayrischen Vollzug geändert. Die Erzählungen aus der Haft fangen in den 70er Jahren an und gehen bis Ende der 90er Jahre. Bis auf dass der Gefangene nun ein TV-Gerät haben darf, ist die Zeit weiter stehen geblieben und Alles, was er darin schildert, ist auch heute noch so.

Seit einigen Wochen ruft meine Anwältin regelmäßig bei der Anstaltsleitung an, weil es mir gesundheitlich immer schlechter geht. So kann ich zum Beispiel immer schlechter Laufen und meine Beine tun scheiße weh. Die Motorik ist nicht mehr in Ordnung und egal in welcher Stellung ich mich befinde, ich könnte schreien. Vor einigen Tagen knickte ich dann auch noch weg und zwei Mitgefangene mussten mir auf die Beine helfen. Ich bekomme zwar deswegen seit einem halben Jahr 3x täglich 100er Tramadol, aber bis auf einer Abhängigkeit helfen sie nicht bzw. nicht mehr. Da ich also Probleme mit dem Anstaltsarzt habe, hat sich die Anstaltsleitung diesen vorgeknöpft und mit ihm gesprochen. Daraufhin meldete ich mich per Antragsschein bei ihm und zu meiner Überraschung (bis auf ein paar Klugscheißereien) war er wie ausgewechselt. Verschiedene Untersuchungen brachten nichts und ich wartete nun auf die Vorstellung zu einer Neurologin, die bald in die Anstalt kommen soll. Ich erklärte ihm (Hr. Klose), dass ich gerne noch vor der Auslieferung richtig untersucht und gegebenenfalls auf Medikamente eingestellt werde, da leider in Süditalien/ Napoli ein ganz anderes Lüftchen weht. Der Klugscheißer versteckte sich hinter der EU und er wolle das nicht glauben. Bis er dann verstanden hat, dass ich dort schon in Haft gewesen bin. Da ich draußen Schmerzpatient war und immer wieder von Ärzten die Sprache vom Verdacht auf MS gewesen ist (ich berichtete bereits mehrfach darüber) – auch mit meiner Hüfte ist ein Problem aufgetreten, sagte er zu mir fast wortwörtlich: »Kein Krankenhaus stimmt für eine stationäre Aufnahme zu, da dies für eine ausführliche Untersuchung notwendig wäre.« Das Krankenhaus verweigert die Aufnahme von mir deswegen, weil ich laut Dr. Klose gewisse Sicherheitsauflagen habe und nur mit SEK ausgeführt und rund um die Uhr an meiner Seite hätte. Da es also zu einem Schusswechsel kommen könnte, verweigert man die Aufnahme von mir. So seine Aussage. Ich war sowas von sprachlos und weiß gar nicht mehr, was ich darauf sagen soll! Laut Dr. Klose wären sie im Recht und es würde alternativ kein Haftkrankenhaus in der ganzen BRD geben, wo solche ausführlichen Untersuchungen gemacht werden. Außerdem, so meinte er, wäre eh nicht mehr genug Zeit hierfür, da der Auslieferungstermin nicht mehr weit weg ist. Ich verließ den Arzt und dachte nun seit dieser Aussage von ihm nach, wie es mit mir überhaupt weitergehen soll. Ich verstehe das immer noch nicht, da ich in Volkstedt vier mal, plus eine stationäre Aufnahme wegen einer Nieren-OP, vorgeführt wurde, mit zwei bis drei normalen Vollzugsbeamten. Nun plötzlich mit SEK? Darüber kann sich nun jeder, der das liest, seine eigenen Gedanken machen. Wie es weiter geht, weiß ich nun auch nicht. Ich bekomme auf jeden Fall keine Hilfe! Seit einigen Tagen bemerke ich, dass meine Beine total heiß und dick sind. Dazu kommt, dass ich immer öfter ob links oder rechts, keine Kraft in den Armen und Händen habe und sogar immer öfter die Zigarette aus meine Fingern verliere. Ebenso schmerzt das Schreiben. Auch wenn ich den Telefonhörer in der rechten Hand halte, geht das nach kurzer Zeit nicht mehr. Das mit meinen Armen und Händen habe ich noch niemandem erzählt, aus Angst dass man mir nicht glaubt oder als Lügner hinstellt. Das wäre ja nicht das erste Mal. Also belasse ich es dabei. Tja mir fehlen einfach die Worte zu dem, was dieser Arzt da erzählt und ich bin am überlegen, dass ich gar nicht mehr zum Arzt gehe. Dann spare ich mir jeden Ärger und muss mir nicht eine solche Scheiße anhören! Ich schütze mich einfach selbst. Ich möchte gar nicht wissen, wie vielen Menschen hier innen es ähnlich geht wie mir.

Circa vor einer Woche traf mich ein weiterer Hammer. Ich bekam 17 Seiten vom italienischen Gericht, davon einige Seiten in einem unglaublich schlechten Deutsch übersetzt, dass man die Zusammenhänge erraten musste. Hier wurde nur mitgeteilt, dass ein Verhandlungstermin für den 9.5.18 angesetzt wurde, zu meinem Entsetzen mit fünf Angehörigen, jeder mit seinem Anwalt, wovon jeder in der Verhandlung angehört wird. Für mich war hier schon klar, obwohl ausreichende Beweise für mich sprechen (Videomaterial), dass die Verhandlung ein Drama wird und schon im Vorfeld alle voreingenommen sind! Keiner dieser fünf Angehörigen kennt mich persönlich, noch war irgendjemand bei dem Unglück mit dabei. Acht Geschworene sind mit anwesend, die bereits im November vereidigt wurden. Es stand also da schon ein Termin für die Verhandlung fest, ohne dass wir hier in Deutschland etwas wussten. Als ich diese Unterlagen bekam, hatte ich Tags darauf Besuch von meiner Partnerin und einer guten Freundin. Ich wollte diese wichtigen italienischen Unterlagen mit zum Besuch nehmen und beim Besuch meinen Angehörigen diese Unterlagen übersetzen und mit ihnen gemeinsam Punkt für Punkt besprechen, da es ja auch um die bevorstehende Auslieferung geht. Ich stellte nach Erhalt der Unterlagen vom italienischen Gericht einen Antrag mit der Bitte, diese Dokumente mit meinen Angehörigen besprechen zu dürfen, da das meiste darauf italienisch geschrieben ist und keiner von ihnen italienisch lesen und sprechen kann. Zudem handelte sich einiges um Fristsachen. Meine Angehörigen arbeiten zudem eng mit meiner Anwältin zusammen. Auf der Station hieß es, dass das kein Problem wäre und ich wurde kurz vor 13 Uhr mit den Unterlagen und dem Antragsschein zum Besuch gebracht. Mein Stationsbeamter sprach noch kurz mit dem Besuchsbeamten, bekam aber keine Antwort von ihm. Auf dem Weg zum Besuchsraum wurden mir dann die italienischen Unterlagen von diesen Besuchsbeamten »Herr Kirste« abgenommen. Ich dachte erst, er sieht sich diese erst mal an. Aber als ich dann aufgerufen wurde zum Besuch, meinte dieser mit einer Arroganz und Hochnäsigkeit vor den ganzen anderen Mitgefangenen, dass ich das vergessen und nicht mit meinem Besuch besprechen kann. Wir sollten das gefälligst per Brief machen. Ich erklärte, dass es um meine Auslieferung u.a. geht und diese unmittelbar bevorsteht. Da meinte er nur, ach mit ihrer Auslieferung, da ist noch Zeit. Worauf ich meinte, dass er dann mehr wüsste als mein Anwalt. Entweder machte er irgendeine Grimasse oder ähnliches, denn ich hörte Gelächter aus dem Warteraum, wo die anderen Gefangenen auf ihren Besuch warten und bei denen der Beamte gestanden ist. Oder diese Nazis haben sich darüber lustig gemacht, dass wieder ein Ausländer abgeschoben wird. Sie kannten mich ja nicht und aus dem Gespräch zwischen mir und den Beamten ging nur hervor, dass ich ausgeliefert werde. Es war auf jeden Fall richtig gemein von diesem »Kirste« und er hat es mich richtig spüren lassen, dass er der Chef hier ist. Es war ihm egal, was man mir auf der Station sagte. Es interessierte ihn auch nicht, dass mein Besuch das Italienische nicht versteht. Ich sprach kein Wort mehr, auch als er zu mir und meinem Besuch kam und einen neuen Besuchstermin vereinbarte. Einer meiner Besucher stellte ihn zur Rede und fragte, ob wir diese Unterlagen nun haben können, woraufhin er plötzlich meinte, dass er unsere Situation versteht (der Heuchler!), aber wenn das jeder machen würde blablabla – wie »jeder«? Mir drohen dreißig Jahre und man will mich in Kürze ausliefern und er spricht von »jeder«? Was zum Teufel hätte dagegen gesprochen, wenn ich mit meiner Angehörigen gemeinsam diese italienischen Unterlagen durcharbeite, besonders weil verschiedene Termine anberaumt wurden, also Fristsachen? Was hat ihn das zu interessieren, es kann ihm wurscht sein, was wir besprechen. Hier geht es schließlich um etwas und ich würde nie fragen, wenn es nicht wichtig wäre, nie! Ich rede nie wieder solange ich hier bin ein Wort mit dem. Schlimm, wenn man einer Situation so ausgeliefert ist, er hat diese wichtigen Unterlagen meinen Angehörigen nach dem Besuch auch nicht ausgehändigt, obwohl ich darum gebeten hatte. Erst spät Abends bekam ich diese Unterlagen zurück auf meine Station. Nun mal abwarten, wie es bei mir in der Auslieferungssache und der ärztlichen Behandlung weitergeht. Die Angst bleibt und meine Nächte haben sich nicht gebessert – immer noch so gut wie ohne Schlaf. Ich sitze so oft auf dem Stuhl oder auf der Bettkante und blicke Stunden lang in das Leere, mit den Gedanken total abwesend. Aber auch meine Schmerzen schaffen mich mittlerweile. Ich möchte mich noch bedanken, bei allen für ihre Solidarität und Anteilnahme, dass ich nicht alleine bin und wir, meine Partnerin und ich, soviel Unterstützung bekommen! Vielen Dank an euch alle! Es ist schön jeden Tag zu wissen, dass ich so viele liebe Freunde an meiner Seite habe! Ohne diese würde ich das alles nicht durchstehen. Es gibt vereinzelt liebe Menschen für die mein Schicksal eine große Belastung ist. Sie stecken ihre ganze Energie in meine Sache und das tut mir Leid, weil sie auch leiden. Aber sie sollen wissen, dass ich ihnen für alles sehr dankbar bin. Ich sende euch allen herzliche Grüße und jeden einzelnen eine dicke Umarmung.

Euer Andy«

Brief aus Italien; Dezember 2018

»[…] Teilweise ist das Anstaltsessen nur ungenießbar ohne Zusatznährwerte wie etwa Vitamine oder Ballaststoffe. Die Gefangenen können selber kochen mittels Lebensmitteln, welche sie durch die wöchentlichen Besuche erhalten, die Aufstrich und vorgekochtes Fleisch vorbeibringen können, bis 20 Kilo im Monat. Gekocht wird mittels eines 130 Gr. Campingkochers, wobei man sich alles, auch Topf und Pfanne, selber kaufen muss. Mit einer Grundausstattung ist man locker bei 100€. Dann noch Espressomaschine und so weiter, summiert sich das total. Sogar ein Kamillentee kostet mit 25 Beutel (keine Marke) drei Euro. Alles darf man auch nicht von den Angehörigen bringen

lassen. Schlimm an der Sache ist, dass alles an Geschirr aus Plastik ist und man es sich selber kaufen muss. Es gibt kein Toilettenpapier, aber dafür ein Bidet. Das Waschbecken ist sehr klein und man muss seine Töpfe und Tupperboxen im Bidet (heißes Wasser existiert), wo man vorher seinen Arsch gewaschen hat, abspülen. Ich glaube, man kann das noch so sauber schrubben, Bakterien bzw. Skorbut lässt dennoch grüßen! Vor drei Tagen war es dann soweit, dass ich kaum noch laufen konnte, nur noch mit Krücken und vor der Zelle steht ein Rollstuhl für längere Wege. Ich befinde mich auf eigenen Wunsch in der Zugangsabteilung mit einer Person meiner Wahl in einer Zwei-Mann-Zelle. In der Zugangsabteilung ist 23 Stunden und 40 Minuten Einschluss, der Rest beschränkt sich auf maximal 20 Minuten duschen. In einer normalen Station ist man mit 4 – 5 Mann in einer Zelle und es ist von früh 8 Uhr bis Abends 20 Uhr offen. Aber das sind alles Nazis, und ich sah selbst, wie sie einen Afrikaner schlugen, ohne dass Beamte eingegriffen haben, sondern den Typen alleine auf den Zugang legten. Der hat niemanden was getan oder jemanden verraten. Jeder zweite hat eine Stichwaffe im Arsch und es wird täglich mit dem Leben gedroht! Strafen werden verteilt, was ich in dem Stil noch nie so erlebt habe. Jeder spielt sich auf und wirft mit dem Ruf der Camorra oder der Mafia aus Sizilien um sich. Zum Besuch gehen die Leute so aufgebrezelt, komplett mit Armani, als wären sie auf einer Modenschau oder was auch immer sie glauben zu sein. Außen hui und innen pfui! Aber die Gefangenen sind wirklich schlimm und es kommt auch vor, dass sie sich gegenseitig mit ihrer Stichwaffe verletzen. Linke wie ich dürfen sich am Besten nicht outen, auch die, und gerade die Ausländer, werden einfach nicht auf den Stationen gewollt. Dafür werde ich nicht mehr von den Beamten misshandelt. Nach der Veröffentlichung über die Geschehnisse in Deutschland und durch die Anfrage der deutschen Staatsanwaltschaft ist man mega-höflich zu mir, bis auf den Anfang, als zwei Vorfälle in kürzester Zeit gewesen sind. Die Gesundheitsfürsorge ist unter aller Kanone! Im Behandlungsraum wird geraucht und nebenbei morgendliche Serien am TV angesehen. Man wird schnell mit Psychopharmaka abserviert.

[…] Mein Zellenkollege ist der einzige, mit dem ich mich hier abgebe, und der nicht wie alle anderen rechts ist und Vorurteile gegen Linke hat. Darum habe ich mich auch mit ihm zusammen getan, und wir sind auf dem zugangsüberwachten Bereich in einer Zwei-Mann Zelle. Wir haben uns das freiwillig angetan. Auf einer normalen Station wären wir behandelt worden wie Aussätzige und uns wurde oft gedroht. Die einzigen, die uns relativ normal begegnen, sind die Afrikaner, weil sie mittlerweile mitbekommen haben, wie wir zu den anderen stehen und dass auch wir bei so manchen Typen vorsichtig sein müssen. Es ist schon sehr gruselig zu wissen, dass die Neapolitaner mit Ausländern tun und lassen können, was sie wollen. Allerdings stehen wir unter ständiger Beobachtung der Beamten, die uns und besonders mich in Ruhe lassen. […]«

Brief über die Situation im Knast in Neapel; März 2019

»[…] Heute ist der zehnte Tag an dem ich nichts mehr esse und ab heute beschränkt sich mein Trinken auch nur noch auf einen halben Becher 0,2 l Wasser. Ich weiß natürlich nicht, wohin mich das führt, aber ich bleibe bei meinem Standpunkt und einer kompletten Verbesserung meiner Haftbedingungen. Leider sind alle Personen, die laut geschrien haben, dass sie sich an meinem HS beteiligen, umgefallen. Keiner hatte das Rückrad und keiner hielt es nur einen Tag ohne Essen aus! Leider ist es so, dass ich unter den Gefangenen keine einzige Solidarität erlebe und niemand steht mir zur Seite hier drinnen! Gestern war ich wieder kurz bei der Ärztin, die mir erklärte, dass weiterhin Blut in meinen Nieren ist, und sie sehr besorgt ist. Darum veranlasste sie auch, dass ich ins Krankenhaus muss, und das war vor über zwei Wochen. Nichts ist passiert.

Gestern hätte ich nach über zwei Monaten zum Zahnarzt kommen sollen, aber das war gestern und ich warte noch immer! Bin nur vollgepumpt mit 400mg Tramadol und zig anderen Sachen. Das zum Thema ärztliche Versorgung! Ich zittere am ganzen Körper, mein Kreislauf spielt verrückt und seit gestern kann ich auch wieder mal nicht richtig laufen!

Jeder sieht den körperlichen Verfall und dass ich nicht richtig laufen kann, aber keiner reagiert oder macht etwas dagegen! Selbst ein Sani sagte zu mir auf mein Nachfragen, was das alles soll, »ach Andreas, was soll ich dir dazu noch sagen.« Er weiß um meinen Zustand und kann nichts tun.

Vor einigen Tagen war ich nach unzähligen Anträgen und Briefen endlich bei der Anstaltsleiterin im Beisein des Inspektors. Ich wurde gefragt, was ich möchte und ich zählte alles auf. Sie meinte, dass man sich um alles kümmern wolle, und auch will man versuchen mir deutsche Bücher vom Goethe Institut hier in Neapel zu besorgen. Ich soll doch bitte gleich meine Bücherwünsche aufschreiben und die Liste wird noch heute von ihrer Vertreterin abgeholt. Das war vor einigen Tagen und niemand kam zu mir! Einzig das ich heute mit meiner Frau zehn Minuten am Telefon reden durfte, gibt es sonst nichts Positives zu berichten! Zehn Minuten telefonieren und das sechs mal im Monat. Aber wer glaubt, dass es ganz reibungslos abläuft, einfach zum Hörer greifen und anrufen, der täuscht sich gewaltig! Für jedes Telefonat muss ich kämpfen und immer wenn ich anrufe, wird das Gespräch nach 2 Minuten abgebrochen, so dass ich anschließend beim Pfleger im Büro stehe und wieder darum kämpfe, die noch ausstehenden Minuten mit meiner Frau telefonieren zu dürfen. Also ein Kampf von Telefonat zu Telefonat und jedes Mal ist etwas anderes! […]

So wie es gerade von meiner Gesundheit um mich steht, bin ich mir sicher, wenn sich nichts ändert, dass ich das nicht überleben werde! Ich kenne mich und wenn ich ein Ziel verfolge, dann mit allen Konsequenzen! Leider kümmert sich niemand von der Botschaft um mich! Groß die Klappe aufgerissen, als sie vor Monaten von Rom zu mir fuhren, mit Versprechungen machten mir Kaffee und meinen leckeren, leckeren Milchreis zu besorgen. Das war vor vier Monaten und ich warte noch immer auf sie aus Rom. Und von wegen wie in ihren Zeilen gestanden war, dass sie auch als Beistand bei meinen Gerichtsterminen anwesend sein werden und mich auf Wunsch betreu-

en. Nichts von dem, was sie sagen oder schreiben, haben sie gemacht! Ich frage mich, für was es sie dann überhaupt gibt? Um Steuergelder auf den Kopf zu hauen und auf Vorteile mit ihren scheiß Diplomatenausweis zu kriegen? Ich fühle mich so angepisst, dass es mich wütend und stärker für meinen HS macht. Ich frage mich so oft, was muß man im Leben noch ertragen? Soll es das gewesen sein, man verreckt hinter Gittern? […]

Habe gerade erfahren, dass man schon wieder Blut von mir abnehmen möchte morgen Früh. Komisch, erst vor einer Woche wurde mir Blut genommen. Die kommen, glaube ich, selber nicht zurecht und sind etwas überfordert. Mittlerweile ist die Ärztin aber sehr besorgt, denn ich verliere sehr schnell, super viel Gewicht und bin ständig nur müde. Naja mal weiter abwarten wie sich alles entwickelt! Kann nur hoffen, dass bald etwas positives passiert, sonst geht das ganze nicht gut aus!

Wieder hat einer auf meiner überwachten Station (die Anstalt sagt hierzu Observationsstation) einen HS angekündigt und schmiss sein Brot durch das Zellengitter auf den Gang. Nachdem er aber dann kurz beim Inspektor war, hat er genüsslich in seiner Zelle gefressen. Was haben die doch für ein Rückgrad! […]

Ich habe heute wieder mal erfahren, dass man in Poggioreale einen Mitgefangenen umgebracht hat. Näheres war natürlich nicht heraus zu bekommen. Es sind nämlich drei Gefangene aus Poggioreale zu mir auf die Station gekommen. Wir sind hier insgesamt 15 Personen und die Station ist somit gerade voll. Das kann sich aber von Tag zu Tag ändern und dann werden schlagartig zehn Leute einfach verlegt. Einer ist/hat hier in Neapel seinen Lebensmittelpunkt und wurde ganz plötzlich ohne ersichtlichen Grund nach Bolzano verlegt. Man stelle sich da mal vor! Dann gibt es noch eine krass schärfere Unterbringung und das wissen die Wenigsten in anderen Ländern. Es gibt nicht nur die Unterbringung nach 41 bis, sondern noch eine viel viel schärfere Form, die 14 bis, wenn ich mich nicht täusche, heißt. Wird aber nur noch in gewissen Regionen Italiens praktiziert. […]

Gerade sehe ich wie ein Gefangener ein paar auf's Maul bekommt von einem Beamten. Das passiert genau vor meiner

Zelle und ich konnte durchs Gitter alles sehen. Vorhin ist ein Gefangener vor meinem Zellenfenster auf ein Dach geklettert und die Beamten unten riefen ständig, er soll runter kommen und es wird ihm nichts passieren. Der Gefangene sagte aber, dass er vor dem Beamten Angst hat und dass sie ihn mit Sicherheit schlagen werden! Er kommt erst runter, wenn die Anstaltsleiterin kommt. Tja und dreißig Minuten darauf erscheint wirklich die Anstaltsleiterin und der Gefangene klettert runter und geht mit der Leiterin weg. Das konnte die halbe Anstalt beobachten. Hier ist jeden Tag etwas los! Ich habe mittlerweile erfahren, dass ich schleunigst ins Krankenhaus muß, da man etwas entdeckt hat, eine Art Tumor im Bauchraum und meine Blutwerte alles andere als in Ordnung sind. Dazu habe ich extrem an Gewicht verloren.

Dann gibt es noch ein Ereignis, von dem ich unbedingt berichten möchte. Und zwar rief man mich endlich zum Dentist, also zum Zahnarzt und als ich den Raum betrat, traf mich der Schlag! Total dreckig und sogar die ganzen Gerätschaften, die einem in den Mund gesteckt werden, sind total versifft! Ich setzte mich auf den schon abgetragenen Behandlungsstuhl und eine komische Ärztin klopfte auf einen Zahn und sagte dann: Da kann ich nichts machen und ihre Familie muss draußen einen Zahnarzt kontaktieren, der dann in die Anstalt kommt und alles richtet. Die Kosten müssen dann die Angehörigen tragen. Ich stand auf und ging. Ich wusste gar nicht mehr, was ich darauf sagen soll, sondern war einfach nur total sprachlos! Nicht genug, dass alles offensichtlich extrem verdreckt ist, sondern ich muss die Behandlung selber zahlen und soll nun weiter mit Schmerzen herumlaufen. Ich sag's ja, was habe ich alles schon erlebt und gesehen. Aber man lernt nie aus und jeden Tag kommt was Neues, was das Alte übertrifft! […]

Eines wollte ich noch erzählen. Vor einigen Tagen bekam ich von einer gemeinsamen Freundin zwei Briefe und ich habe mich mit dem, was sie geschrieben hat, riesig gefreut! Denn sie schrieb mir, das sie ganz fest in Erinnerung hat, was ich in meinem Vortrag erzählte, zum Thema Gefangenen Schreiben und dass jedem bewusst sein muss, dass das auch eine sehr große Verantwortung ist. Ich erzählte damals, warum und weshalb es so eine große Verantwortung ist und zählte verschiedene Punkte auf. Es ist sehr schön zu wissen, dass das, was ich damals und bei verschiedenen Veranstaltungen sagte, bei vielen Menschen bis heute in den Köpfen hängen geblieben ist. Ich würde so gerne mehr tun, aber von hier aus ist es doch sehr schwierig. Oft denke ich mir, als ich noch in Deutschland war, habe ich genug getan? Hätte ich noch mehr machen können? Ich könnte Stunden lang von dem erzählen, was ich erlebt habe, was aus den Menschen gemacht wird! Auf jeden Fall habe ich mich vor Tagen so sehr darüber gefreut, was diese Person mir geschrieben hat! Und es zeigt mir, es war nichts umsonst! [...]

Ich schrieb vor ca. einem Jahr oder etwas mehr, einer ebenfalls guten Freundin etwas, was ich vorher nie so offen erzählte. Und zwar wurde ich in der Rigaer Str. 94 sehr sehr herzlich aufgenommen und hatte ein total cooles Zimmer! Aber ich konnte oft Nachts nicht schlafen und lenkte mich mit Putzen im Haus ab. Ach war das schön, denn ALLE ließen mich tun und machen, und sie waren ALLE sowas von lieb zu mir und standen mir uneingeschränkt zur Seite! Aber mir ging es von der ganzen Psyche nicht gut und mich haben Geschehnisse verfolgt. Ich war mit vielem so überfordert, dass ich oft an einen Punkt gewesen bin, wo ich überlegte mich aus dem Fenster zu stürzen. Das, was mich davon abgehalten hat, war, dass ich nicht wollte das diese Menschen durch meine Handlungen in Schwierigkeiten kommen! Versteht ihr? Anfangs konnte ich keine 50 Meter vom Haus weg und auf Wunsch war immer jemand an meiner Seite, so lieb waren alle! Eine schöne Zeit in der 94, die ich sehr vermisse! [...]

Als ich nach meiner Entlassung die erste Nacht in Freiheit verbrachte, bezogen meine zwei lieben Begleiter ein Zimmer und ich ein anderes ganz alleine für mich. Aber diese Nacht war dann doch furchtbar und ich fühlte mich plötzlich nicht wohl und hatte das Gefühl von Angst, die ich selber zu diesem Zeitpunkt nicht verstanden habe. So habe ich meine beiden lieben Begleiter am nächsten Tag darum gebeten, ob wir nicht gemeinsam ein Zimmer nehmen könnten, da es mir letzte Nacht nicht gut ging. Ach sie waren sowas von lieb und das schöne an allem, ich musste kaum etwas erklären! Es sind Er-

eignisse nach der Haft gewesen, die ich niemals im Leben vergessen werde! Oder zum Beispiel als ich mein Zimmer in der 94 zum ersten mal sah! Oh, das war schön, denn ein gemeinsamer Freund von uns hatte das Zimmer sowas von schön für mich hergerichtet und auf einen kleinen Tisch stand als Begrüßung leckere Schokolade, eine Flasche Bier und eine Schachtel Zigaretten. Das war so lieb und ich muss in den letzten Tagen ständig an diese schönen Ereignisse denken, und nur bei der Vorstellung kommen mir immer wieder die Tränen! Nie werde ich das Alles vergessen und wie sich alle um mich kümmerten!

Auch als ich meine jetzige Frau kennen lernte! Ach was hat sie alles mit mir durchgemacht! Aber sie hat mit irre viel Verständnis und ganz viel Liebe auf mich eingewirkt! Sie ließ mich meine Kreativität ausleben und hat mir immer zugehört, wenn ich erzählte! Oft saß ich nachts auf dem Bettenrand, konnte vor lauter Albträumen nicht mehr schlafen, weinte leise oder hatte Angst. Sie wachte auf und wirkte sofort auf mich ein, das alles gut ist und so weiter. Die Gute könnte so viel von mir erzählen und was dieses Schweinesystem mit mir machte! Ich bin sehr froh, dass ich sie habe und es ist nicht leicht einen Menschen zu finden, der mit so viel Liebe und Verständnis auf jemanden einwirkt und mit einem gemeinsam alles durch steht! […]

Heute ist der 22. Tag meines HS und ich fühlte mich sehr schwach, da mein Kreislauf öfters zusammenbricht und ich dazu starke Schmerzen habe! Leider hat sich an meiner Lage immer noch nichts geändert und die Führungsspitze ist hier in Secondigliano ausgewechselt worden. Habe vor zwei Tagen erfahren, dass eine Demo für mich gemacht wurde, und das machte mich sehr stolz! Nur leider wird kaum jemand davon Kenntnis genommen haben. Man muss die Menschen mit dem Vorschlaghammer treffen! Dann werden sie einem erst zuhören. […] Ich verspüre einen unglaublichen Hass, aber auch Traurigkeit über so viel Ignoranz.

Ich weiß einfach nicht mehr weiter! Ich liege den ganzen Tag auf dem Bett, habe nichts mit dem ich mich etwas ablenken kann, sondern vegetiere nur vor mich hin! In Poggioreale ist wieder etwas ganz schlimmes passiert und ein Gefan-

gener ist tot. Nachzulesen in der Tageszeitung Il Mattino vom 18.02.2019. Darüber hier und jetzt zu schreiben würde den Rahmen sprengen und ich habe heute nicht die Kraft dafür. Mir geht es selbst immer schlechter und ich weiß ehrlich gesagt nicht wie lange das noch gut geht. Nicht umsonst schreibe ich dieses Art Tagebuch des HS!

Tag 23 und ich kann mich kaum richtig konzentrieren. Zudem pocht es in meinen Nieren. Sitze oder liege da wie ein Depp. Dennoch bewahre ich Haltung und bin weiterhin ruhig, höflich so wie man mich kennt, aber absolut zielstrebig und sehr wohl überzeugt von meinem Tun! Wenn nicht bald etwas passiert, dann überstehe ich das nicht! Meine Brust schmerzt und es ist, als wolle mein Herz heraus springen aus meinem Brustkorb.«

Interview über das Leben hinter neapolitanischen Gittern

Brief vom 12./13. Juli 2019

Beschreibe bitte kurz das Gefängnis, in dem du dich befindest. (Anmerkung: Es ist das Carcere Di Secondigliano in Neapel/Italien. Dieses ist das zweitgrößte in Neapel und liegt im Stadtteil Scampia, einem der ärmsten Gegenden der Region.)

Das Gefängnis zu beschreiben ist sehr schwierig, denn es sind Betonblöcke, verdreckt und zum größten Teil verschimmelt. Jedes Haus ist von einer Standard-Mauer umgeben, in jedem Eck sind Türme, und die Beamten laufen auf der Mauer – wenn nötig – ihre Runden. Dazu in jedem Winkel Kameras.

Der Müll fliegt aus dem Fenster, und dementsprechend ist auch Ungeziefer ganz normal. Neben der Anstalt befindet sich eine große Kaserne, in der viele Beamte schlafen. Es ist fast unmöglich, die baulichen Seiten des Knasts zu beschreiben, da ich nur mein Haus kenne. Aber um eine winzige Vorstellung zu bekommen, hier eine kleine Skizze:

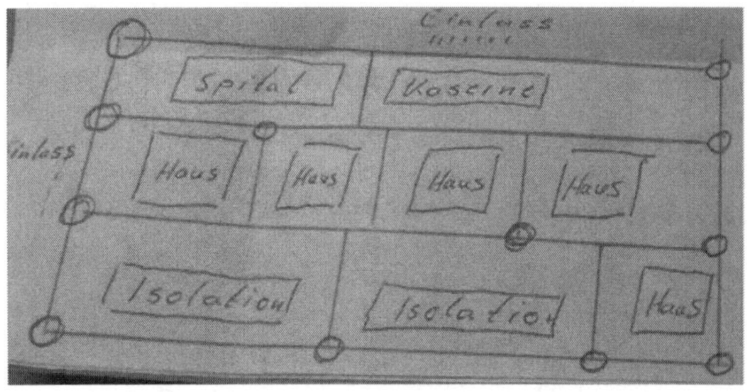

Ca. 1600 Gefangenen befinden sich hier in der Anstalt. Das rote sind Mauern, die Kreise sind Türme.

Welche Menschen werden hier eingesperrt?

Durchweg werden hier alle Menschen mit verschiedenen Delikten eingesperrt. Jedoch sind Camorra-Angehörige separat in einem Haus. Homosexuelle ebenfalls, Transsexuelle auch und auch Sexualdelikte sind in einem anderen Haus. Das heißt, alle sind strikt voneinander getrennt und keiner hat Kontakt zu einem der Häuser. Wären alle zusammen gemischt, wie in Deutschland, da kann ich euch garantieren, es käme jeden Tag mindestens zehn Tote.

Wie ist der bauliche Zustand? Ist Hitze oder Kälte ein Problem?

Die Hitze gerade jetzt ist kaum auszuhalten, und bei der Kälte verhält es sich ganz genauso. Im Winter geht die Heizung kaum und durch das anliegende Meer ist der kalte Wind noch viel schlimmer. Wenn mir nicht eine gemeinsame Freundin voriges Jahr eine Decke geschenkt hätte, so hätte ich nicht mal diese! Denn von der Anstalt gibt es NICHTS! Keine Kleidung oder Decken!

Hitze und Kälte ist fast unerträglich und an manchen Tagen kaum noch auszuhalten! Über die medizinische Versorgung wisst ihr ja schon einiges von mir. Keiner will mehr tun als nötig, *alles*, auch die Krankenhäuser sind verdreckt ohne Ende und nichts ist wirklich steril. Ich erschrecke immer wieder aufs Neue.

Was üblich ist, gerade in den Krankenhäusern, dass Menschen ein paar Scheine auf den Tisch legen, damit sie anständig behandelt werden.

Wie läuft das mit dem Duschen? Mit Trinkwasser und Verpflegung? Kannst du selber kochen?

Duschen kann ich am Tag so oft ich will, weil die Station geöffnet ist. Jedoch gibt es von der Anstalt KEIN Trinkwasser. Man muss sich *alles* selbst kaufen! Ich kann in meiner Zelle mittels Campingkocher kochen, da ich mir dank euch allen Gas, Kocher, Topf und Pfanne und so weiter als Grundausstattung kaufen konnte. Die Sachen zum Kochen selbst sind sehr, sehr überteuert und eine Einkaufsliste habe ich euch ja einmal geschickt.

Meist ist es so, dass man immer wieder um Gelder betrogen wird, das war gerade am Anfang echt schlimm. Die Verpflegung der Anstalt an sich besteht täglich aus Pasta. Manches kann man nehmen, aber muss es etwas verfeinern. Andere Dinge sind zum Teil nicht wirklich genießbar, und zwei bis drei Mal in der Woche gibt es Fisch, den ich nicht anrühre. Im Allgemeinen esse ich kaum noch bzw. nehme von der Anstalt keinerlei Essen mehr an. Und das seit ein paar Monaten. Manche Essen vertrage ich auch gar nicht.

Ich bin schon so oft beklaut worden, zum größten Teil von Gefangenen, das ist einfach nicht mehr normal.

Wie schaut deine Zelle aus?

Meine Zelle ist in etwa wie in Deutschland. Toilette ist abgetrennt, nur das ein Bad vorhanden ist und es ab 7 Uhr morgens heißes Wasser gibt. Der Zelleneingang hat ein Gitter, das ab 20 Uhr verschlossen wird und davor noch eine richtige Stahl-Zellentüre.

Gibt es einen Gefängnis-Seelsorger? Einen sozialen Dienst? Einen Pfarrer? Einen Arzt? Einen Psychologen?

Katholische Anstaltsgeistliche gibt es, aber das ist gerade in meinem Fall sehr schwierig, mich mit ihnen zu unterhalten, weil ich kaum an etwas glaube und auch allen sehr misstraue. Einen sozialen Dienst bekam ich nie zu Gesicht und was die Psychologin betrifft, naja, ohne Worte… Sie sind zwar ständig präsent, aber sie machen nicht wirklich etwas außer Psychopharmaka verschreiben.

Ein nichtsnutziges Pack! Wer will schon ernsthaft seiner Arbeit nachgehen? So gut wie keiner und darum werden die Gefangenen sich selbst überlassen! Die Beamten sitzen zum größten Teil in ihren Büros und sehen den ganzen Tag TV oder kommen einfach nicht zum Dienst, weil sie den Vortag draußen die Sau rausgelassen haben. Und das sage ich nicht nur so, sondern höre es direkt von den Beamten, wenn sie untereinander ihre Gespräche führen!

Gibt es eine Tagesbeschäftigung für die Gefangenen? Die Möglichkeit Sport zu machen? Eine Bibliothek?

Zum Thema Tagesbeschäftigung möchte ich einiges sagen. Bis auf die Observationsstation, die ständig zu ist, sind hier alle Abteilungen von früh morgens 8 Uhr bis abends kurz vor 20 Uhr geöffnet. Es gibt einen Kicker auf jeder Station, den ich am liebsten zusammenhauen würde und nur gewisse Gefangene dürfen zwei bis drei Mal in der Woche ohne Aufsicht in den total versifften Kraftsportraum. Warum nur gewisse Gefangene kann ich nicht nachvollziehen. Dass ich von 7 Uhr morgens bis ca. 10 Uhr trotz meiner gesamten Verfassung für sie arbeiten soll, kann ich genauso wenig nachvollziehen.

Die Bibliothek umfasst vielleicht großzügig gerechnet 300 Bücher, die entweder von der Kirche handeln oder Gesetzesbücher, die jedoch schon mindestens 30 Jahre alt sind, meist noch älter. Teilweise ALLES in Italienisch. Ich habe diese verschissene Bibliothek mehrfach in Augenschein genommen, daher kenne ich sie nicht nur vom Hörensagen.

Hofgang ist getrennt für jede Abteilung. Der Hof hat etwa 50 m² und ist von einem Käfig aus Beton mit sechs Meter hohen Mauern umgeben. Man kann nur hin und her laufen. Alles ist verschmutzt und verschimmelt. Ich ging nie zum Hofgang, denn ich bin ein Mensch und kein Tier. Selbst im Tierheim haben es die Tiere schöner und einen ausgiebigeren Auslauf.

Hofgang ist von 9 bis 10 Uhr und von 13 bis 14 Uhr. Aber wie gesagt, das ist einfach nur menschenunwürdig.

TV-Programme gibt es nur in Italienisch, nichts in anderen Sprachen oder aus anderen Ländern. Und was für eine Scheiße da kommt. Nur Morde, Korruption und EU-Probleme. Wie oft sagte man mir »Aber Krebs, wir sind hier in Italien!«, und ich darauf »Und weiter? Wir sind in der EU, solche Zustände dürften nicht sein!«. Als Antwort bekomme ich dann nur ein Schulterzucken.

Faul sind die meisten der Beamten. Seit drei Wochen versuche ich Post abzusenden, immer wieder wird dies sabotiert, dies und jenes passt nicht mit der Frankierung und ständig kam sie zurück. Nun hoffe ich, dass es diesmal klappt und alles ankommt. Reine Provokation, vielleicht um zu sehen, wie weit man bei mir gehen kann?

In deinen Briefen schreibst du viel über die Gewalt im Knast. Die Gefangenen werden mehr oder weniger sich selbst überlassen. Gibt es dennoch auch Akte der Solidarität?

Solidarität gibt es nur vereinzelt unter den Gefangenen. Im Großen und Ganzen kann ich nicht behaupten, dass sich in meiner Zeit hier – etwas über ein Jahr – Leute zusammengeschlossen hätten, um gegen das System oder allgemeine Ungerechtigkeiten etwas zu unternehmen. Der Grund liegt offen auf der Hand: Denn jeder Gefangene, der sich gut führt, bekommt alle sechs Monate 45 Tage der Haft erlassen. So hat man sie unter Kontrolle.

Also eine wirkliche Konsequenz seitens der Gefangenen etwas durchzusetzen, gibt es nicht. Ich sah es am besten Beispiel, als ich meinen Hungerstreik durchführte. Die reden hier mit den Beamten, als wären sie beste Kumpels und sowas habe ich noch nie gesehen. Ich rede kaum, und wenn, dann nur, was für ein Dreckssystem das hier ist. Ich sage immer nur die Wahrheit zu ihnen, und wie meine Sicht und Einstellung ist, wenn ich überhaupt was rede.

Ihr könnt euch gar nicht vorstellen wie oft ich schon von Gefangenen beklaut wurde oder man meine Gutmütigkeit ausnutzte, was ich Jutta schon einige Male in meinen Briefen schrieb.

Glück habe ich mit meiner aktuellen Station, die wirklich von den Gefangenen her in Ordnung ist. Man respektiert, was ich mache und ich erhalte einiges an Zuspruch! Wie bereits einmal erwähnt, ist diese Station eine Art Vorzeigestation und aus ganz Italien kommen Bewerbungen von Gefangenen zum Studieren, die dann nach Auswahlverfahren hierher verlegt werden. Naja, aber die meisten wollen hier gar nicht in den Süden von Italien, weil es eben vom System her so schlimm ist.

Warum glaubst du ist es so schlimm hier?

Die Zustände in italienischen Gefängnissen liegen klar auf der Hand, es ist kaum Geld vorhanden. Und warum? Weil alle korrupt sind, die Gelder in die Taschen der Politiker wandern und jeder nur noch die Hand aufhält. Jeden Tag wird in den italienischen Nachrichten darüber berichtet, aber gemacht bzw. geändert wird nichts.

Es sind einfach Zustände die mich jeden Tag wirklich alles in Frage stellen lassen.

Der Knast hier ist sowas von verdreckt und voller Schimmel, da braucht man sich nicht mehr wundern, dass Menschen krank werden oder, noch schlimmer, sterben. [...]

Gibt es die Möglichkeit der Selbstorganisation im Knast?

Zu mir selbst sind alle sehr höflich, doch liegt vieles sicher auch daran, weil von außen Druck gemacht wird. Eine Selbstorganisation, wie etwa eine Gefangenengewerkschaft oder eine Knastzeitung, gibt es hier nicht und wird es auch NIEMALS geben.

Welchen Einfluss hat die Mafia im Knast?

In dem Haus, in dem die Camorra bzw. deren Angehörige sitzen, haben diese den größten Einfluss, da fast alle Beamten Angst haben.

Es gibt ein sehr gutes Beispiel: Ein Beamter, der Gefangene schikanierte, wurde eines Tages vor der Anstalt von Unbekannten erschossen.

So tragen also fast alle Beamten vor der Anstalt eine Waffe und ich hörte einmal, dass sich einer nicht traute, einen Gefangenentransport vor der Anstalt zu parken.

Bis vor einigen Jahren muss es hier noch wesentlich schlimmer zugegangen sein, aber durch gewisse Vorfälle durch die Camorra hat sich doch alles etwas beruhigt und die meisten Beamten verhalten sich höflich. Aber hier gilt das Sprichwort: Wie man in den Wald hinein schreit, so kommt es zurück! Auf meiner jetzigen Station ist es relativ ruhig und die Gefangenen gehen untereinander sehr höflich miteinander um. Ich bin einzeln untergebracht, was nicht üblich ist. Doch durch den Schaden, den ich durch die deutsche Haft erlitten habe, geht man in einigen Dingen auf mich ein. Ich brauche meine Ruhe und bin es leid und müde, mich noch großartig zu unterhalten.

Offener Brief aus dem Knast in Neapel zu den Anti-Knast-Tagen in Berlin 2019

»Mein Lieblingsspruch aus König Richard der III von William Shakespeare: »Das wildeste Tier kennt doch des Mitleids Regung. Ich kenne keins und bin daher kein Tier…«

[…] Ich werde schreiben, wie es mit in den Kopf schießt, das Leben und auch der Tod, Hoffnung, Träume, Verzweiflung und so weiter. Werde auch versuchen, jeden Tag einige Seiten zu schreiben, obwohl es mir zurzeit sehr sehr schwer fällt, die Gedanken zu sammeln und dazu fehlt mir die komplette Motivation. Dennoch sehe ich es als meine Pflicht an Menschen mit diesen Zeilen zu erreichen. Nicht nur für mich sondern für die ganzen zahlreichen Inhaftierten auf der ganzen Welt!

Da man mir seit Monaten versprochen hat, dass ich täglich an einen PC zum schreiben darf, warte ich nicht länger, lasse mich nicht verarschen und ruhig stellen, sondern mache alles mit der Hand. Soll die Obrigkeit mich doch mal gerne haben und ich werde nicht noch einmal danach fragen! Das verbietet mein Stolz und meine Ehre!

Euer Andreas

Sorry, mit geht es zurzeit nur noch beschissen! […]

Ich befinde mich nun für mich gefühlt eine halbe Ewigkeit im Knast von Secondigliano, davon ein Jahr auf einer Observationsstation, wo ich fast 24 Stunden unter Bewachung/ Beobachtung unter Verschluss war. Erst seit etwa zwei Monaten (ich habe jegliches Zeitgefühlt verloren) wurde ich auf eine Station verlegt, die von 8-20 Uhr täglich offen ist. Eine Vorzeigestation, wo nur Studenten sind, und Bewerbungen von Gefangenen aus ganz Italien kommen. Keine Ahnung, was ich auf dieser Station soll, wenn man mich doch an Schule oder ähnlichem nichts machen lässt. Trotz meines gesundheitlichen Zustandes arbeite ich von 7 Uhr früh bis mindestens 13 Uhr mittlerweile. Jeder sieht, dass etwas nicht passt, aber man glaubt mir damit einen Gefallen zu tun, damit ich nicht soviel Nachdenke. Da täuschen sie sich.

Die meisten Beamten sind mittlerweile sehr höflich zu mir. Respektvoll, doch das musste ich mir erst erkämpfen, indem ich einmal richtig ausflippte, und niemand mich so bisher erlebt hat. Doch dieses Gefängnis an sich ist eine reine Katastrophe! Es funktioniert hier nichts! Anträge, Schreiben werden einfach unbeantwortet gelassen und immer wieder höre ich den Spruch: Wir sind in Italien. Worauf ich sage: Nein, in der EU. Die ärztliche Versorgung ist einfach unter aller Sau und sowas von unhygienisch, das habe ich noch nie erlebt!

Was ich hier ganz gezielt ansprechen möchte ist der Rassismus. Es ist eine Schweinerei, was mit vielen ausländischen Gefangenen gemacht wird, ganz besonders auch die afrikanischen Gefangenen! Hier ein paar Beispiele und alles habe ich selbst erlebt und das jeden verdammten scheiß Tag. Die Gefangenen, die sich für die Arbeit versammeln vor der Zentrale im Erdgeschoß, kommen oft die Äußerungen von Gefangenen vor den Beamten »Hey Negro, aus dir mache ich statt schwarz weiß!«. Oder Äußerungen von Beamten (ob Spaß oder nicht) »Wir sind hier in Auschwitz, ich will nichts hören oder sehen«.

Viele ausländische Gefangene lassen sich das gefallen, lächeln und sind dennoch weiter höflich. Die meisten Beamten sind relativ respektvoll, aber es gibt solche und solche. Ein ausländischer Gefangener möchte ein Telegramm in seine Heimat schicken, die Idiotie an der ganzen Sache, nur auf Italienisch. Wie soll das also gehen? Einer will nach Ghana oder ich nach Deutschland schreiben, aber nur auf Italienisch? Das liegt nicht einmal an der Anstalt, sondern direkt an der Deckspost, die in jeder Hinsicht zu faul sind. Oder Lebensmittel. Kein Ausländer kann sich aus seiner Heimat Lebensmittel bringen oder auch schicken lassen (meine Frau Jutta kann ein Lied davon singen). Es heißt dann: Nur italienische Lebensmittel, nicht anderes! Ich wollte mit eine englische CD über den Kaufmann bestellen und als Antwort bekomme ich zu hören, nur italienische Musik CDs – spezielle CDs muss man sich von den Angehörigen neu schicken lassen.

Naziäußerungen gehören hier zum alltäglichen Leben! Und der Rassismus ist hier im Süden schon sehr extrem. Menschen schlitzen sich auf, versuchen sich zu erhängen und die Beamten sehen nur zu. Sie wollen sich auf keinen Fall mit irgendetwas anstecken. Da habe ich nun schon von so vielen Beamten gehört, die ich deswegen zu Rede stellte. Bis auf die ausländischen Gefangenen halten sich alle nun etwas von mir zurück, weil sie Angst haben, mit dem was ich schreibe und keiner will hier in eine linke Schublade.

Anfangs versorgten sie mich noch mit Zeitungsartikeln über Revolten hier im Süden in anderen Anstalten, aber das haben sie dann doch schnell wieder gelassen. Im Prinzip stehen alle Gefangenen unter Druck, denn sie bekommen vom Staat alle 6 Monate 45 Tage von der Haft entlassen – bei guter Führung. Die ausländischen Gefangenen begrüßen mein Tun und jeder einzelne von ihnen, wenn er mich sieht, drückt mich herzlich, selbst wenn ich gerade beim Arbeiten bin und wie bei diesem Wetter total verschwitzt.

Zurzeit, also die letzte Woche, war es relativ ruhig und es gab nur wenig Vorfälle, wo sich Menschen aufschlitzen. Das Schlimme ist, dass ich jeden einzelnen kenne, der das macht und mitten in der Nacht werde ich geholt, um die Zentrale, Wände und das Büro des Sanis zu putzen. Dann stehe ich oft in riesigen Blutpfützen. Ich sage kein Wort dabei, ziehe Handschuhe über und bin dann teilweise zwei bis drei Stunden beschäftigt, das Blut weg zu machen. Aber es belastet mich so sehr, dass auch das ein Grund ist, warum ich nachts aufwache, am Bettrand sitze und darüber nachdenke, was sich da für ein Drama abspielt.

Ein Gefangener, ein Russe, drehte durch, weil er keinen Besuch hatte, so griff er sich den Pulver-Feuerlöscher und besprühte die

Beamten, griff dann in seinen Munde und holte einer Rasierklinge raus und schlitzte sich den Bauch auf. Als sie, die Beamten, nach zwei Stunden zugegriffen haben, brachten sie ihn in die Isolation und da bekam er zusätzlich noch schlimme Schläge. Ich sah ihn eine Woche später hier im Haus und er erzählte mir alles. Kurze Zeit später wurde er ans andere Ende von Italien verlegt.

Italienische Gefangene laufen hier sogar teilweise mit zig Schlüsseln von Beamten rum, um raus auf dem Anstaltsgarten zu arbeiten oder für sonstige Türen. Ein Beamter wollte mir vor Tagen so einen Schlüsselbund geben und ich weigerte mich und sagte, dass er der Beamte ist und nicht ich. Gepasst hat es ihm nicht, denn er musste ja jetzt zusätzlich arbeiten und mir Putzkammern und so weiter öffnen. Im Gemüsegarten wird fast alles, was wächst und nachwächst, von Beamten mit nach Hause genommen, und nur die zwei, die dort arbeiten, bekommen etwas ab.

Keiner von denen will zu viel machen! Egal, was für Anträge ich schreibe, nicht kommt von denen beantwortet zurück! Ich will nicht sagen, dass alle Beamten so sind, aber 75 % schauen wirklich nur TV und sitzen den ganzen Tag rum. In letzter Zeit wurden auch einige Gefangene verlegt, die etwas hier zu melden haben, und so sind Übergriffe mit Stichwaffen auf anderen Stationen weniger geworden.

Dennoch ist es ein Schweinesystem, wo nichts funktioniert, der Gefangene nur belächelt und belogen wird. Seit Wochen verspricht man mit, dass ich am Tag 2 Stunden bezahlt bekomme, das war im Juli. Die Kosten für Medikamente, Brille, Kopien und Versand haben mir mein ganzes Geld aufgefressen. Und dem Wunsch einer genauen Auflistung ist man immer noch nicht nachgekommen. Seit zwei Wochen haben ich nichts mehr zum Trinken (von der Anstalt gibt's ja nichts, außer einmal im Monat 2 Rollen Klopapier) und nichts mehr zum Essen. Zu den Leuten gehe ich nicht mehr, die sind mir zu arrogant und glauben, dass es einen Dreck bringt, was ich alles über hier schreibe und dass sich eh nichts ändert. Ich solle mich damit abfinden. Kein Wunder, dass sich nichts ändert, wenn niemand etwas tut! Was für Wichser! Das Leitungswasser ist hier reines Gift und gerade für meine Nieren extrem kalkhaltig und niemand rührt das Leitungswasser an!

Ich möchte auf ein paar Seiten noch etwas zu den Anti-Knast-Tagen sagen und die Notwendigkeit. Bis vor dem Jahr 2012 wusste ich nicht einmal, dass es sowas wie die Anti-Knast-Tage gibt, und darum hatte ich damals auch viel über so manches erzählt!

Ein beeindruckendes Moment ist dieses Jahr im Januar bei mir geblieben, und da schrieb mir jemand, dass die Person sich das sehr zu Herzen genommen hat mit dem, was ich erzählte, und die Verantwortung, die man hat, wenn man einem Gefangenen schreibt. Er ist letztendlich wie ein kleines Kind, das man auch nicht so einfach fallen lassen kann! Leider wollte ich dieser Person schon dreimal schreiben, doch jedes Mal kam die Post unzustellbar zurück. Das fand ich schade, denn dieser Person war die Verantwortung sehr wohl klar. Liebe Grüße, falls die Person gerade anwesend ist.

Die Anti-Knast-Tage sollten auch auf andere Länder übergreifen, denn von den Gefangenen mit der ich in Deutschland oder hier sprach, kennt das niemand. Bitte macht damit weiter und egal was kommt, hört damit niemals auf!!

Was wäre zu tun? Einzelne Gefangene könnten so viel Reklame hinter den Mauern machen, auch hier! Wie oft habe ich in meiner Zeit in Haft Soli-Hungerstreiks gemacht, ob für die griechischen Gefangenen oder andere! Und alle von der Obrigkeit haben gekuscht. Das lag aber auch zum größten Teil an der Öffentlichkeitsarbeit von euch! Ich hatte einen gewissen Schutz um mich rum. Das, was ich verlangte für uns alle, war noch nicht mal übertrieben. Einfache normale Dinge. Vielleicht sollte man genug Flyer vor den Anstalten an Angehörige verteilen, um so noch eine viel breitere Masse zu erreichen? Es ist schade, dass ich diesmal nicht dabei sein kann, aber es würde den ganzen Rahmen sicher auch sprengen, was ich zu erzählen hätte, und jetzt nun auch noch aus einem sogenannten EU-Staat. [...]

So vieles was im Kopf ist, was ich innerhalb der Mauern sah, Freunde gingen ganz plötzlich über Nacht und am Morgen stand der Leichenwagen da. Menschen, mit denen ich täglich zusammen gewesen bin! Ich gedenke oft den Toten und von der wahren Zahl haben wir alle keine Ahnung. Wie viele wurden durch Wärters Hand getötet, wo ich hörte: »Ja hau drauf, da gleich nochmal und hier hast du noch eine.« Am nächsten Tag war er in Landshut tot. Denen *(Anmerkung: Den Wärtern)* ist nichts passiert!

Oder die Drecks Nazi-Knäste, in denen ich zuletzt war… Hier kann ich kaum etwas ausrichten, wie und mit wem? Ich ziehe mich zurück, rede mit wenigen, aber dennoch haben sie Respekt von beiden Seiten, da ich, wie gesagt, einmal richtig ausflippte und 12 Beamte sich nicht an mein Gitter trauten. Vorher schlug ich einen durchs Gitter eine in die Fresse, weil er frech wurde und meine Kicks hörte man im ganzen Haus. Als ich immer wieder gegen das Gitter schlug und den Beamten anschrie, komm mach dieses Gitter auf. Das sprach sich rum und man hat verstanden, Respekt gegen Respekt, dass ich alleine in einer Zelle sein möchte und ganz besonders kein großes Gequatsche. Wie oft sagte ich, ich mache ernst, denn mittlerweile und mit dem was man mit mir gemacht hat, ist mir so langsam aber sicher alles scheißegal!!!

Ich will nicht mehr reden, denn es bringt nichts mehr und mit der Wand zu reden ist sicher besser. Vor einigen Tagen kippte jemand vor mir um, und ich sah sofort, dass er Epilepsie hat und die Atmung nicht passt. Ich hielt nur seinen Kopf, streichelte sein Gesicht und redete beruhigend mit ihm. Gefangene wollten seine verkrampften Finger öffnen und ich stieß sie weg und sagte, dass sie das lassen sollen. Die Beamten standen rum und die Sanitäterin schaute nur blöd. Total hilflos! Ich schrie sie an, dass sie die notwendige Spritze holen soll, was sie machte. Und man lies mich machen, zweimal passierte das. Daran sieht man, wie hilflos man ist! Es brauchte längere Zeit, bis es ihm besser ging und ich blieb die ganze Zeit bei ihm. Schlimm, wenn Menschen sich einmischen wollen, aber keine Ahnung haben, was man in so einem Fall zu tun hat und unterlassen muss.

Einmal band ich jemanden mit Druckverband die Pulsader ab. Das zum Thema ich und ein Mörder…[...]

Ich schäme mich oft mit dem, was alles für mich getan wird und auch von meiner Partnerin, die mir ständig einen Teil ihres HartzIV-Geldes schickt, um mir Essen und Trinken zu kaufen und was man sonst noch so braucht, weil man einfach in allem sich selbst überlassen ist. Aber ich weiß, dass das Leben draußen auch kein Zuckerschlecken ist und für jeden einzelnen jeder Cent wichtig ist. Darum will ich vieles gar nicht! Bis zur nächsten Instanz kann es noch ewig dauern und diesmal dauern die Verhandlungen noch viel, viel länger. Ich schaffe das nicht mehr. Zum ersten, wie es mir gesundheitlich geht und zum anderen der ganze Psychoterror! Vor einigen »Monaten« schrieb ich lieben Menschen einen Text zum Thema Tod hinter Gittern. Wie viele Lebenslängliche kenne ich, die sich lieber die Todesstrafe wünschen, sofort! Aber die, die ich kenne, bringen die Kraft selbst nicht dafür auf, dem allen ein Ende zu setzen. Ich habe keine Angst davor, das was mich einzig und allein belastet ist der Schmerz, den Menschen, wie meine Frau und alle anderen lieben Menschen dadurch durchleben. Das einzige, was ich mir jedoch wünschte, wäre die günstigste Lösung auf den Spandauer Friedhof. Ich weiß, dass sicher bald etwas passieren wird, denn so mache ich nicht weiter!

Darum beeile ich mich auch so mit dem Schreiben, gerade auch für die Anti-Knast-Tage, weil ich dieses so unglaublich wichtig finde! Menschen sollen verstehen, was einem durch den Kopf geht und was er alles durchleben muss! Für mich persönlich ist es so oder so Mord. Ob auf Raten oder sofort in einem Zug! Und mir ist wichtig, selbst zu bestimmen, was mit mir passiert und nicht diese Schweine. Ja, es sind dreckige Schweine, egal welcher Staat!

Manchmal ist mir zum Heulen, dann gehe ich auf die Toilette, schließe die Türe und lassen den Tränen freien Lauf! So sieht es keiner, ich bewahre Haltung und laufe nur noch wie eine Maschine durch dieses Haus. Vor Tagen sagte ein Beamter, dass er sieht, dass es mir nicht gut geht und ich sagte zu ihm »Und weiter?« Nicht mehr sagte er. Zum Glück bin ich einer von ganz wenigen, die alleine in einer Zelle untergebracht sind, aber es war ein Leichtes, dem Trottel von Psychologen oder Psychiater was vorzumachen. Der Psychologe hat eh nur mehr Interesse an seinem BMW-Motorrad und fragt mich ständig um Rat. Und die andere… naja! Dumm wie Brot und nicht ein klein wenig Interesse an den Gefangenen. Und wer sich schneidet, wird abgefüllt mit Psychopharmaka und das mehrfach täglich.

Heute sah ich wieder wie zwei neue ausländische Gefangene beim Arzt behandelt wurden wie Scheiße! Die beiden Gefangenen haben nicht verstanden, was wirklich los ist, und was die von denen wollen. Also ab zurück auf die Zelle. So einfach ist das. Dumm aus der Wäsche haben sie gesehen, aber was hätten sie auch machen sollen? Ein Arschloch von höherem Beamten sagte heute zu mit etwas über die Politik in Deutschland, was mich gar nicht so interessierte. Und dann meinte er, fehlt nur noch der Schnurrbart und ich hätte Ähnlichkeit mit Hitler. Sowas muss man sich gefallen lassen. Ich ließ alles stehen und liegen und ging einfach, ohne sein verficktes Büro zu putzen. Das machen die nicht nur bei mir, sondern auch bei anderen Gefangenen und gerade auf den Rassistenabteilungen. Keine Ahnung, was diese Art von Späßen sein sollen, aber mich wundert auch nicht was in den meisten Programmen läuft, nur Hitler und Mussolini. Tja, und dazu die Sau von Salvini!

Heute fragte ich doch ganz offen, warum Gefangenen sich so viel von der Anstalt gefallen lassen und nicht mal gleich einige auf die Barrikaden gehen. Als Antwort bekam ich zu hören »Ja, da kommen dann gleich mehrere Beamte und verprügeln einen!«. Ich sagte »Ja und weiter? Wie viele Beamte wollen sie denn dafür aufbringen, 300?« Richtig organisiert, da machen die Beamten einen Scheißdreck und im Gegenteil, ratzfatz würde man Zugeständnisse machen. Kein Beamter würde sich da noch trauen und selbst wenn, für eine gute Sache ein paar Schläge?! Aber dazu würde es gar nicht erst kommen, weil die Beamten nur bei einzelnen Gefangenen gewalttätig werden, aber niemals in einer größeren Zahl. Ich sagte zu den Gefangenen auf der Station, alles klar und ich habe noch besser verstanden. Was für ein Scheiß-System! Aber es unterscheidet sich vom Verhalten kaum etwas wie in Deutschland. Kein Wunder, dass ich so sehr am Ende bin und einfach keinen Bock mehr habe! Diese Hosenscheißer!

Man hat das schon gut im Griff hier. Als Beispiel: Werfen Gefangene zu viel Müll aus dem Fenster, werden alle bestraft, indem man im Monat einmal weniger anrufen darf. Tja, und dann das mit den 45 Tagen, alle sechs Monate, was ich schon angesprochen habe. Durch Kleinigkeiten, egal wo, werden die Gefangenen schön ruhig gestellt. Es gibt hier ein paar Beamte, die von mir schon Spitznamen bekommen haben. Einer zum Beispiel heißt Mareschalo Göring, führt sich auf, aber so blöd dass er nicht mal weiß, wer Göring gewesen ist. Ein Arschloch, der Typ, der mich aber auch mittlerweile in Ruhe lässt.

Einer heißt doch wirklich Rex, und ich sage dann immer, ah da schau an, Kommissar Rex ist wieder am Start. So viele, die richtig geile Namen bekommen haben, aber zu dumm sind zu wissen, wer diese Menschen waren. Obwohl doch im TV Tag und Nacht Programme sind, wo nur über – wie schon geschrieben – Hitler und Mussolini berichtet wird. [...]

Heute wurde mir gesagt, dass ich keine weiteren Medikamente mehr bekomme, da ab heute, 30.09.2019, alles ausgelaufen ist. Ich dachte, ich höre nicht richtig, aber ihre Drecksarbeit darf ich machen, scheißegal, ob ich Schmerzen habe. Ich antwortete nur, ich komme nicht mehr zum Sani und mir reicht es endgültig! Mittlerweile wird wieder schön in der Ambulance geraucht und TV gesehen, was eigentlich eine Zeit lang eingestellt war. Wie viele Anwälte oder auch Fremdärzte, die ich unten beim Putzen treffe, sagen zu mir, dass das hier ein richtiger Dreckstall ist! Ich weiß nicht mehr, was ich darauf sagen soll. Aber so sieht es hier aus, einfach katastrophal!

Wie viele von euch werden dann den Raum verlassen und in einer Woche noch an meine Zeilen denken? Wir brauchen uns da nichts vormachen, viele haben draußen genug Probleme, ob persönliche oder andere und vergessen dann, was für ein Drama sich hinter den großen Mauern abspielt. Man darf die Menschen hinter diesen Mauern einfach nicht vergessen und gerade die Anti-Knast-Tage sind ein wichtiger Bestandteil, sich intensiv damit auseinander zu setzen, dass es hinter den Mauern eine andere Welt gibt, eine Welt die sich kaum jemand vorstellen kann, der nicht selbst einmal hinter Gittern gewesen ist!

Ich befinde mich leider in einer noch viel schlimmeren Welt, in einem anderen Land, wo man zwar glaubt, es ist die EU und alles läuft wie in Deutschland oder auch Österreich. Nein, hier zählt nichts, einfach nicht und man ist sich selbst in jeder Form überlassen!

Nun hoffe ich euch allen einen kleinen Einblick davon gegeben zu haben, wie es in einem anderen »EU«-Land vor sich geht, wie man sich an Regeln hält und doch auf die Menschen scheißt. Ich werde, solange ich kann, weiter schreiben, trotz des Vorwurfs, ich bin ein linksextremer Terrorist. Meine Unschuld an der Tat, für die ich hier bin, habe ich bewiesen. Aber es wird einfach nur alles ignoriert. Nun habe ich euch genug Stoff zum Nachdenken gegeben. Und vielleicht macht man etwas draus, erweitert die Anti-Knast-Tage und nimmt es zum Anlass, mehr auf die Barrikaden zu gehen.

Vielleicht kann ABC Wien, die in engeren Kontakt zu mir stehen, dazu noch etwas mehr sagen oder gewissen Briefe von mir vorlesen.

Ich grüße alle einzelnen von euch, die hier gerade anwesend sind und auch die, die gerade aus welchen Gründen auch immer, nicht da sein können! Macht einfach weiter! Damit, denn die Anti-Knast-Tage sind und bleiben einfach eine gute Sache! Nur aus meiner Sicht muss mehr gemacht werden, diskutieren alleine hilft nicht mehr!

Ich grüße euch alle ganz herzlich und bin in meinen Gedanken an diesen Tagen ganz besonders fest bei euch ALLEN!

Euer Andreas

Danke für alles!

Schwarze Liste der Gefängnisindustrie

Bau und Instandhaltung von Knästen

Ed. Züblin AG: Bauunternehmen, das am Bau verschiedener Knäste beteiligt war

BAM Deutschland: u.a. Bau und Instandhaltung von Knästen

Kötter Security: u.a. Wärter in Privatknästen; Verwaltung und Transporte von und in Knäste etc.

Bilfinger GreyLogix GmbH: Planung, Bau und Instandhaltung der JVA Burg

Chubb Deutschland GmbH/ Nord-Alarm: weltweit agierendes Sicherheitsunternehmen, das Sicherheitstechnologien wie z.B. Kameras, Personenschleusen und Bewegungsmelder vertreibt, installiert und wartet. Hat Verträge mit Knästen, Gerichten und zahlreichen anderen Behörden.

G4S: die Firma, die Menschen kontrolliert, die sich unter elektronischer Überwachung durch eine Fußfessel befinden; außerdem auch weltweit Partner für Staaten um Gefangene zu überwachen.

Johnson Control/ Tyco: Sicherungssysteme, wie bspw. Alarmsysteme und Chips, die in Knästen zur Anwendung kommen.

SPIE: profitiert mit dem Bau und Einbau von Knastausstattung

VINCI Konzessions- und Baukonzern: baut u.a. Knäste und Internierungslager

Dräger: Sicherheitstechnik u.a. für Knäste.

Kone: baut Aufzüge, unter anderem in Knästen

Hentschke Bau GmbH und **VSTR AG Rodewisch:** bauen zusammen die 1,32 km langen und 6m hohen Mauern der JVA Zwickau-Marienthal

Architekturbüro **Frick Krüger Nusser Plan 2 GmbH:** Planung verschiedener JVAs und Gerichte

Kieler Wachschutz: Securityfirma, vor allem zuständig für Abschiebeknäste

steep GmbH / Tochterunternehmen von **serco GmbH:**
Überwachung vom Privatknast Hünfeld

Hectas Facility Services: u.a. Instandhaltung und Betrieb der JVA Bremervörde

Von draußen nach drinnen

Dussmann Service GmbH: Verpflegung der Abschiebeknäste mit Lebensmitteln; verkaufen überteuerte Snacks in Haft-Besuchsräumen etc.

Sodexo/ GA-tec: beliefert Knäste mit völlig überteuerten Lebensmittel und hält das Angebot möglichst gering, sodass Gefangenen keine andere Wahl bleibt, als ihr weniges Geld für den Profit dieser Firma auszugeben.

ISS: Zusammenarbeit mit Abschiebeknästen (bspw. In Belgien).

Telio Communications GmbH: »Europas Marktführer für Telefonanlagen im Justizvollzug« zu extrem hohen Preisen.

GERDES Communications GmbH/ PriSec [Prison Security]: Neben dem Großanbieter Telio ist es vor allem GERDES, die ihr Geld mit der Gefängnistelefonie verdient.

Massak Logistik GmbH: beliefert deutschlandweit Knäste u.a. mit Lebensmitteln zu völlig überhöhten Preisen.

Edeka: beliefert Knäste, z.B. JVA Diez, mit Lebensmitteln, die an Gefangene völlig überteuert verkauft werden.

Stiftung Grone-Schule: Träger von Aus- und Weiterbildung im Gefängnis.

bfw – Unternehmen für Bildung: Träger von Aus- und Weiterbildung im Gefängnis.

Unternehmen, welche im Knast produzieren lassen Knastbetriebe bundesweit (eine Auswahl)

- **Daimler** (mit der größte Knastproduzent, den es weltweit gibt)
- **BMW Group** (ebenso einer der größte Knastproduzenten, die es weltweit gibt / Share Now ist das neue Carsharing-Unternehmen, das car2go und DriveNow unter einem Dach betreibt, und auch Tochterunternehmen von Daimler und BMW)
- **L'Oreal Paris**
- **Enercon**
- **Miele**
- **Siemens AG**
- **Bruder Spielzeugwaren**
- **MTU Aero Engines**
- **Dallmayr**

Weiter Bücher bei immergrün:

»Haftantritt ausgesetzt« erzählt die authentische Geschichte eines Antifaschisten, der sich nicht hat brechen lassen. Nach einer zehnmonatigen Untersuchungshaft im Knast Stammheim, beschließt Karl 2013, nachdem ihm weitere Jahre hinter Gittern drohen, unterzutauchen und in die Illegalität ins Exil zu gehen.

Sein Buch möchte Smily als Dankeschön für die Unterstützung, die er erfahren hat, verstanden wissen, sowie als solidarischen Akt, für all jene, die vor ähnlichen Kämpfen und Entscheidungen stehen oder mittendrin sind.

Smily
Haftantritt ausgesetzt.
Über Knast, Untertauchen und Solidarität

978-3-910281-12-7

»Haftantritt ausgesetzt« erzählt die authentische Geschichte eines Antifaschisten, der sich nicht hat brechen lassen. Nach einer zehnmonatigen Untersuchungshaft im Knast Stammheim, beschließt Karl 2013, nachdem ihm weitere Jahre hinter Gittern drohen, unterzutauchen und in die Illegalität ins Exil zu gehen.

Sein Buch möchte Smily als Dankeschön für die Unterstützung, die er erfahren hat, verstanden wissen, sowie als solidarischen Akt, für all jene, die vor ähnlichen Kämpfen und Entscheidungen stehen oder mittendrin sind.

gata preta
Ich vermisse euch wie Sau
Eine Auseinandersetzung mit Flucht, Exil und Illegalität

978-3-910281-02-8

Sheila – die »Hündin des ›Terroristen‹« – erzählt von Harry in einer Zeit sozialer und linksradikaler Aufbrüche: Von den Essener Songtagen 1968 über die Arbeit mit proletarischen Kindern und Kontakten mit Stadtguerillaaktivist:innen und der folgenden Isolationshaft in den 1970/80er Jahren sowie den Hausbesetzungen und der Solidarität mit Gefangenen und Drogenabhängigen im Westberlin der 1980/90er Jahre.

Sheila & Harry Stürmer
Der Hund des Terroristen
Autobiografischer Roman

978-3-910281-14-1

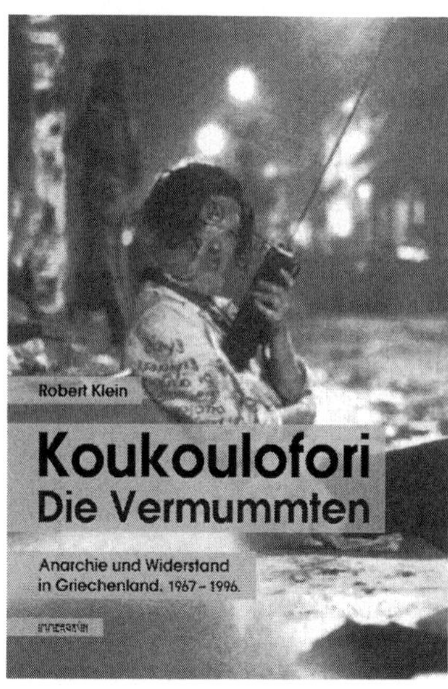

Während des hier behandelten Zeitraums war Griechenland von unterschiedlichen sozialen Kämpfen geprägt, in denen sich linkes und linksradikales Aufbegehren, meistens in den verschiedenen Varianten des kommunistischen Klassenkampfes, äußerte.

Die einzelnen Kapitel beschreiben die jeweiligen Tendenzen der Stadtguerilla, die kulturellen Einflüsse und die Orte, aus denen sich das diffuse Spektrum bildete, dass heute den anarchistischen Raum darstellt.

Mit der hier vorliegenden Abhandlung wird ein Schlaglicht auf eine historische Periode einer spezifischen Region geworfen.

Robert Klein
Koukoulofori – Die Vermummten
Anarchie und Widerstand in Griechenland 1967–1996

978-3-910281-11-0